정부의 실패와 민주주의 위기

Presidents, Populism, and the Crisis of Democracy by William G. Howell and Terry M. Moe
© 2020 by The University of Chicago
All rights reserved

Korean translation © 2025 by Sahoipyoungnon Academy, Inc.
Licensed by The University of Chicago Press, Chicago, Illinois, U.S.A.
Through Bestun Korea Agency, Seoul, Korea
All rights reserved

이 책의 한국어 판권은 베스툰 코리아 에이전시를 통하여
저작권자와 계약한 ㈜사회평론아카데미에 있습니다.
저작권법에 의해 한국 내에서 보호를 받는 저작물이므로
어떠한 형태로든 무단 전재와 무단 복제를 금합니다.

정부의 실패와 민주주의 위기

윌리엄 하웰·테리 모 지음
백창재 옮김

사회평론아카데미

정부의 실패와 민주주의 위기

2025년 6월 11일 1쇄 찍음
2025년 6월 19일 1쇄 펴냄

지은이 윌리엄 하웰·테리 모
지은이 백창재

편집 김천희·이근영
디자인 김진운
마케팅 유명원

펴낸이 윤철호
펴낸곳 ㈜사회평론아카데미
등록번호 2013-000247(2013년 8월 23일)
전화 02-326-1545
팩스 02-326-1626
주소 (03993) 서울특별시 마포구 월드컵북로6길 56
홈페이지 www.sapyoung.com
이메일 academy@sapyoung.com

ISBN 979-11-6707-187-3 93340

* 사전 동의 없는 무단 전재 및 복제를 금합니다.
* 잘못 만들어진 책은 바꾸어 드립니다.

차례

서론 7

포퓰리스트가 대통령직을 차지하다 · 10
무능력한 정부의 문제 · 13
포퓰리즘 · 16
무능력한 정부라는 간과된 문제 · 21
보다 효과적인 정부 만들기 · 22
정치와 개혁, 그리고 미래 · 27
우리의 주장 · 29
트럼프를 넘어서 · 31

1 포퓰리즘 정치의 동인 33

과거의 경제적 격변과 포퓰리즘 운동 · 35
만연한 부패, 허약한 제도, 라틴 아메리카 포퓰리즘의 파괴적인 역사 · 42
경제적 쇠퇴와 대규모 이민: 서유럽의 포퓰리즘 확산 · 44
동유럽에서 번성하는 포퓰리즘 · 62
미국 공화당에 뿌리 내린 포퓰리즘 · 67
   이민 · 75 / 세계화와 기술 변화 · 79 / 뷰캐넌과 페로 · 84
정부의 실패와 포퓰리즘의 발흥 · 86

2 포퓰리스트의 등장과 권력 장악 89

선동가 후보 · 92
공화당 엘리트들의 패배 · 97
"썩어빠진 힐러리"의 패배 · 103
   포퓰리즘 지지기반 · 106 / 공화당 · 109

포퓰리스트 선동가 대통령·116
    부패 일소·117 / 행정부 조직화·121 / 연합의 정치: 공화당 주류
    만족시키기·126 / 연합의 정치: 포퓰리스트 기반 만족시키기·132
민주주의를 파괴하는 대통령·138
    뮬러 조사·139 / 트럼프, 러시아, 돈·144 / 우크라이나와 탄핵·145
    세계적 맥락: 공격받는 민주주의·152
위험에 처한 미국·155

3 무능력한 정부의 지속 159

무능력한 정부의 문제·163
병든 의회·169
    대굴욕: 의회의 오바마케어 처리 과정·171 / 또 하나의 엉터리 세법·178
    러시아의 선거 개입에 대한 의회의 경멸스런 조사·185
효과적인 정부의 필요성·196
제도 개혁의 장애물·201
    헌법 숭배·203 / 양극화·206 / 공화당·209
개혁의 방향·215

4 대통령직의 개혁과 개선 219

정상적 시기의 대통령직·221
포퓰리스트의 손에 들어간 대통령직·228
정상적인 대통령직은 사라졌는가?·232
딜레마·238
대통령직의 재구성: 세 가지 대개혁안·241
    개혁 1: 대통령의 의제 설정 권한 확대·241 / 개혁 2: 정보기관과 법무부의
    독립·249 / 참고: 단일 행정부론·256 / 개혁 3: 대통령의 임명권 제한·259
대통령의 일방적 권한·264
마지막 두 가지 개선·277
    개선 1: 대통령 사면권의 폐지·277 / 개선 2: 이해 충돌 제거하기·279
두려움, 약속, 그리고 효과적인 정부·282

주·298

서론

미국은 오랫동안 전 세계 민주주의의 상징이었다. 하지만 앞으로도 그럴 수 있을지, 심지어 지금도 과연 그렇다고 할 수 있는지는 매우 의심스럽다. 이제 미국은 200여 년 이상 한 나라와 한 국민으로서 우리를 규정지어 왔던 민주주의 정부체계가 위협당하고 있는 위태로운 새 시대에 접어들었다.

이러한 위협을 가장 잘 보여주는 인물은 도널드 트럼프(Donald Trump)이다. 그의 2016년 깜짝 승리는 미국 역사에서 분수령이 되었고, 권위주의적 성향과 법치를 경멸하는 이 포퓰리스트 선동가에게 대통령직을 넘겨주면서 심각한 문제가 닥칠 것임을 예고했다. 그리고 그 신호는 현실이 되었다. 트럼프는 대통령으로서 막대한 권한을 사용해—그리고 남용해—국가기관을 공격하고 민주적 규범을 위반했으며, 법과 관행을 무시하는 스트롱맨으로 행동해 왔다. 2019년 말 하원에서 이루어진 탄핵은 그가 마땅히 받아야 할 엄중한 공식적 질책이었다.

그러나 트럼프 자체가 미국이 이처럼 혼란한 시기를 맞게 된 주원인은 아니다. 그는 다만 현대성(modernity)이 촉발한 막강한 사회경제적 추동력들에 의해 생겨난 한 가지 증상일 뿐이다. 이 현대성의 거센 힘은 서구 선진 사회 전반에서 국민들의 삶과 정치를 뒤흔들었고, '국민'을 내세우는 정치적 수사를 사용하지만 실제로는 반민주적인 행동을 일삼는 극우 포퓰리스트 정치인들에 대한 지지를 크게 강화시켜 주었다. 이 사회적 추동력은 미국에서도 작동하고 있었지만, 2016년 트럼프의 대선 승리 이전까지 별로 주목받지 못했었다. 설사 민주당이 백악관을 장악하고 잠시나마 정상적인 상태가 복구된다 해도, 이 추동력들은 트럼프가 떠난 뒤에도 여전히 강력할 것이며 대단히 위협적일 것이다.

사실, 어느 당이 대통령직을 차지하든 지금은 정상적인 시기가 아니다. 지금은 포퓰리즘의 시기이자, 반민주적인 시기이다. 만약 새로운 대통령이 선출되면서 일시적인 정상성의 회복이 느껴진다 해도, 그것은 현실을 외면하려는 자기기만에 불과할 것이다. 최근 포퓰리즘에 의해 벌어진 혼란에 대해 일시적인 위로가 될 뿐, 그 혼란의 원인은 해결되지 않은 채, 민주주의가 계속해서 후퇴할 가능성은 여전히 남아 있기 때문이다.

미국 민주주의가 보존되기 위해서는 두 가지가 필요하다. 첫째, 우리는 이 위기의 본질을 파악해야 하고, 왜 이 위기가 생겨 났는지, 그리고 앞으로 어떻게 진행될지 이해해야 한다. 둘째, 이러한 이해를 바탕으로 우리는 맞춤형 개혁과 정책을 통해 포퓰리즘의 위협을 해소하기 위해 무엇을 할 수 있을지 모색해야 한다.

이 책은 이 두 가지 과제를 다루고 있다. 미국 민주주의의 위기를 이해하려는 노력이자, 위기 해소를 위해 무엇을 할 수 있을지 모색하려는 노력이다. 우리는 모든 답을 가지고 있다고 주장하지 않는다. 하지만 이 위기의 시기를 둘러싼 복잡한 안개를 헤쳐나감으로써 실제 무슨 일이 벌어지고 있는지 명확히 할 수 있고, 근본적인 문제들을 연결해 부각시킬 수 있다고 믿는다.

포퓰리스트가 대통령직을 차지하다

먼저 어떻게 포퓰리스트 선동가가 미국 대통령으로 선출될 수 있었는지 살펴보자.

그 이유의 상당 부분은 1970년대 이래 계속되어온 세계화와 기술 변화, 그리고 이민이라는 거침없는 추동력들 속에서, 그리고 특히 서구 선진 경제에서 벌어진 장기간의 경제성장 둔화, 낮은 생산성, 정부 긴축정책에 의해, 전 세계가 혼란스러워졌다는 데 있다. 이에 더해 미국에서는 제조업 일자리가 급격히 줄고, 중산층이 붕괴되었으며, 가계 소득이 정체되고, 불평등은 급격히 심화되었다. 여기에 사회적·인종적 다양성이 커지고, 불법 체류자가 급증했다. 2016년 선거가 다가오면서 이 현상들이 많은 미국인들의 삶에 누적되면서 점점 더 정치적으로 중요한 문제가 되어가고 있었다.

가장 크게 영향을 받은 사람들은 교육수준이 낮은 백인 노동 계층으로 농촌 거주자인 경우가 흔했고, 특히 남성이었다. 이들은 이전에는 미국 사회에서 자신의 지위와 기회에 비교적 만족했지만 이제는 더 이상 그렇게 느끼지 않는 사람들이었다. 이들은 자신들에게 불리하게 작동하는 시스템에 분노했다. 이 시스템을 움직이는 기득권층, 곧 양당의 엘리트들, 모든 것을 알고 있다고 주장하는 전문가들, 월가의 금융 귀재들에게 분노했다. 그리고 이들은 미국 사회가 더욱 다양해지고 도시화되고 세계화되고 세속화되면서 자신들의 특권과 문화가 조만간 사라질 것을 우려했다. 트럼프는 이들의 우려를 이용했고, 자신이 그 분노를 대변하는 인물임을 내세웠다.[1]

트럼프는 포퓰리스트 선동가로 선거 운동을 벌이며 이 '잊혀진' 미국인들을 사로잡았다. 그는 미국을 암울하고 공포스러운 곳으로 묘사하면서 오직 자기만이 시스템에 반대하는 스트롱맨으로서 해결책을 가져올 수 있다고 주장했다. 그는 인종적 편견을 교묘히 활용했고, 음모론을 퍼뜨렸으며, 이민자와 무슬림, 그리고 현직 흑인 대통령을 악마화했다. 그는 미국의 경제적 어려움을 다른 나라 탓으로 돌리고, 정치적, 경제적 주류 세력들을 정당하지 않은 존재로 공격했다. 그는 푸틴(Vladimir Putin)과 다른 독재자들을 칭송했다. 그는 언론을 무시하고 위협했으며, 자신이 싫어하는 모든 정보 출처를 조롱했다. 그는 상대 후보 힐러리 클린턴(Hilary Clinton)을 감옥에 보내야 한다고 주장했고, 이 주장이 그의 지지자들 사이에서 구호가 되었다 ("그녀를 가둬라, 그녀를 가둬라!").[2]

미국 대통령들 중에서 트럼프의 리더십 스타일은 독특하다. 하지만 더 큰 맥락에서 보면 별로 특별한 것은 없다. 포퓰리스트들은 많은 나라에서 권력을 잡아왔고, 그들의 리더십 스타일은 꽤 익숙하고 검증된 바 있다. 트럼프는 아르헨티나의 후안 페론(Juan Perón), 베네수엘라의 차베스(Hugo Chaâvez), 이탈리아의 베를루스코니(Silvio Berlusconi), 그리고 미국의 휴이 롱(Huey Long)과 조지 월리스(George Wallace)를 포함한 전 세계의 많은 포퓰리스트 선동가들을 따라 하고 있다. 이 모든 포퓰리스트의 행동 방식, 대중 선동의 성격과 그들이 하는 비열하고 공격적이며 위협적인 말들에는 공통된 정치적 논리가 있다. 트럼프는 단지 그들이 했던 방식을 반복하고 있을 뿐이며, 효과가 입증된 공식을 따르고 있는 것이다.[3]

앞서 언급했듯이, 트럼프의 정치적 부상은 국민들 상당수에게 문화적으로 위협이 되고 경제적으로 타격을 준 사회경제적 추동력들에 의해 부분적으로 설명될 수 있다. 그러나 이에 못지않게 중요한 또 하나의 설명이 있다. 이 추동력들이 고통받는 국민들의 삶과 정신을 상당 기간 동안 끊임없이 괴롭히고 있는 동안, 정부가 이에 효과적으로 대응하지 못했다는 점이다. 정부에게는 충분한 시간이 있었고, 올바른 선택지도 있었다. 그러나 정부는 현대 미국 사회에서 점점 더 심각해지는 문제들을 해결하기 위해 체계적인 조치를 취하는 대신에, 절망과 분노가 번지는 것을 지켜보고만 있었다.

절박하게 도움을 바라는 상당수 국민들의 문화적 우려와 경제적 필요를 처리하기 위해 정부가 총력을 다해 이민 정책을 개혁·관리하고, 경제적 불평등을 완화하고, 새로운 일자리 기회를 만들어내고, 고숙련 기술 교육을 강화하고, 건강보험을 제공하고, 소득을 보전하고, 보육을 지원하는 등의 일을 했다면, 곤경에 처했던 수백만의 국민들이 혜택을 보았거나, 혹은 안정감을 느꼈을 것이다. 그러나 정부는 이 도전에 제대로 대응하지 않았다.

그렇다고 정부가 아무것도 하지 않았다는 말은 아니다. 정부는 표면적으로는 앞서 언급한 문제들을 해결하는 것처럼 보이는 수많은 기관, 프로그램, 보조금과 세제 혜택 제도를 갖추고 있다. 하지만 이러한 노력들은 미약하고 비효율적이었다. 결과적으로 문제들은 더욱 심화되었고, 국민들은 더 분노했으며, 포퓰리즘적인 호소는 호응을 얻게 되었다.

무능력한 정부의 문제

정부는 왜 현대성의 도전에 대응하는 데 실패했을까? 단순히 정책결정자들이 상황을 제대로 이해하지 못했거나, 올바른 정책을 마련하려는 노력을 하지 않았거나, 정치적 양극화로 인해 행동 방침에 합의하지 못했거나, 정치 자금이 미국 정치를 부패시켰기 때문이 아니다. 이런 주장들도 나름 일리가 있고 정부의 실패를 설명하는 데 도움이 되긴 한다. 그러나 더 깊고 근본적인 중대한 설명이 따로 있다.

근본적 설명이란, 미국 정부가 우리가 지금 논의하고 있는 것만이 아니라 거의 모든 정책 영역에서 대단히 무능력하다는 점이다.[4] 이러한 거버넌스의 문제는 시스템 자체의 구조에 내재되어 있다. 우리가 최근 출간한 『유물』(Relic)에서 상세히 논의했듯이, 이 문제는 헌법까지 거슬러 올라가며, 헌법 제정가들의 설계에서 비롯된 결과

물이다.⁵

따지고 보면 이는 그리 놀라운 일이 아니다. 헌법제정가들은 230년 전에 거의 모두가 농부였던 400만 명이 채 안 되는 사람들로 이루어진 단순하고 고립된 농경 사회를 위한 정부를 설계했다. 그 시절 정부는 많은 일을 하리라 기대되지 않았고, 그래서 제정가들은 의도적으로 정부가 많은 일을 할 수 없도록 설계했다. 권한을 여러 부처에 분산시키고, 거부권 행사 조항(veto points), 규칙, 절차를 만들어 일관된 정책 실행을 극도로 어렵게 만들었다. 상황을 더욱 어렵게 만든 것은, 법률 제정의 중심에 양원제 의회를 두었다는 점이다. 게다가 의원들이 지역 선거구와 밀접하게 연결되어 특수 이익 단체에 극히 민감하게 반응하도록 설계했다. 결과적으로 의회는 국가 이익을 위해 국가적 문제를 해결하도록 설계되지 않았으며, 수백 명의 사업가적 입법가들이 자신의 정치적 이익을 위해 이익집단의 요구를 반영하며 행동하도록 설계되어 있다. 무언가 하는 일이 있다면, 이것이 바로 이들이 일상적으로 하는 일이다.

거버넌스에 대한 이런 식의 접근은 1700년대 후반에는 별 문제가 없었을 수 있다. 하지만 오늘날 미국을 짓누르고 있는 중대한 난제들—자동화로 인한 일자리 상실과 구조조정, 관리되지 않는 이민, 테러, 부실한 건강보험, 환경오염과 기후변화, 불평등, 빈곤, 노후된 인프라, 오피오이드 위기(opioid crisis),* 지역 공동체의 파괴, 또 최근의 코로나 팬데믹 같은 난제들—에 대응하기에는 역부족이다. 현대

----

* 역주: 펜타닐과 같은 마약성 진통제 남용으로 벌어진 공중 보건 위기.

미국이 필요로 하는 것, 그리고 대부분의 미국민들이 요구하는 것은 현대 세계의 이 도전들에 대응할 수 있는 정부이다. 그렇지만 수 세대에 걸친 정치인들이 우리의 이 낡은 제도를 개선하고 개혁하는 데 실패한 결과, 지금 우리가 가지고 있는 정부는 우리 세계와는 전혀 다른 원시적인 세계를 위해 설계된 정부이다.

만일 미국이 현대적 문제들을 효과적으로 다룰 수 있는 제도적으로 잘 갖추어진 정부를 가지고 있었다면 트럼프가 대통령으로 선출되지 않았을 것이고, 우리의 역사는 훨씬 더 긍정적인 방향으로 전개되었을 것이다. 그러나 지난 수십 년간 새롭고 강력한 사회경제적 추동력들이 우리 사회를 혼란에 몰아넣는 동안 정부는 이 도전에 제대로 대처하지 못했고, 많은 국민들, 특히 교육수준이 낮은 백인들이 자신들의 필요를 충족시키지 못하거나 심지어 관심조차 없어 보이는 정부에 점점 소외감을 느끼게 되었다. 정부는 조롱과 불신의 대상이 되었고, 많은 사람들에게 트럼프는 오랫동안 미뤄져 왔던 거부의 표상이 되었다. 그의 대통령 당선은 미국 정부의 무능력과 이로 인해 남겨진 모든 분노, 우려, 증오에 의해 촉발된 것이다.

다시 말하지만, 여기서 벌어진 일은 독특한 사례가 아니다. 페론, 차베스, 그리고 다른 모든 포퓰리스트 선동가들의 역사적 부상은 빈곤, 불평등, 부패와 중대한 다른 사회적 문제들을 해결하지 못한 정부 체제에 대한 대중의 불만에 의해 촉발되었다. 이것이 바로 선동가들이 반항적인 스트롱맨으로서 권력을 추구하여 대중과 직접적인 연결고리를 형성하고 기존 제도를 우회하며, 민주적 법과 규범, 절차와 같은 방해물을 거부하게 되는 기본 조건이다.[6]

포퓰리스트들은 단지 사회경제적 불만만 먹고 자라지 않는다. 이들은 무능력한 정부 위에서 자라난다. 또한 이들의 가장 큰 호소력은 자신들의 독재적 권력을 통해 무능한 정부를 효율적인 정부로 바꾸겠다는 주장에서 나온다. 바로 이 일반 공식을 2016년 선거에서 트럼프가 따랐던 것이다.

포퓰리즘

일상적인 용어에서 포퓰리즘은 종종 사회에서 가장 취약한 계층을 대변하는 지도자나 운동과 연관된다. 포퓰리스트들은 약자를 대변한다. 또한 부자들에게 더 중한 세금을 부과하고, 빈곤층에게 소득을 재분배하고, 도움이 필요한 사람들에게 다양한 사회 서비스를 제공하고자 한다. 포퓰리스트들은 사회적 평등을 위해 싸운다. 이런 관점에서 볼 때, 포퓰리즘은 좌파 이념을 가진 사람들과 공감대를 형성하며, 사회 계층이 정당 소속감과 투표의 강력한 결정 요인이었던 전후 대부분의 시기 동안 민주당이 주장했던 것과 유사하다고 할 수 있다.

이는 포퓰리즘에 대한 익숙한 사고방식이지만,[7] 최근의 연구들과 잘 부합되지 않는다. 포퓰리즘에 관해서는 점점 더 많은 연구들이 나오고 있는데, 놀랍지 않게도 포퓰리즘에 대해 단일한 개념 규정에 합의하고 있지는 않으나, 포퓰리즘을 포퓰리즘으로 만드는 핵심 요소들에 대해서는 상당히 일치된 견해를 보인다.[8] 이 요소들은 위험스럽고 반민주적이다. 포퓰리즘의 역사와 현실 세계에서의 경험은 보다 평등한 민주사회를 위한 고귀한 투쟁에 대한 것이 아니다. 권력과 혼란, 그리고 종종 민주주의를 무너뜨리는 것에 대한 것이다.[9]

포퓰리즘은 민주주의만큼이나 오래된 것이다. 고대 아테네의 사상가들은 그들의 고귀한 민주주의 체계가 끊임없는 위험에 처해 있음을 인식했다. 대중들이 지도자들을 자유롭게 선택한다는 바로 그 본질적 성격 때문에 민주주의가 자기 파괴의 씨앗을 품고 있었기 때문이다. 특히 정부가 사회적 긴장 상황을 관리하는 데 어려움을 겪는 시기에는 투표권을 가진 대중들은 주류 엘리트들과 제도들에 대항하여 "인민"을 대변한다고 주장하는 자극적이고 권력추구적인 선동가들의 공격에 취약했다. 이러한 포퓰리스트 선동가들은 일단 선출되고 나면 권력을 자신의 손에 집중시켰고, 권력 행사에 방해가 되는 민주적 규칙과 권리들을 무너뜨렸다. 그들은 민주주의를 이용하여 민주주의를 파괴하곤 했다. 이런 식의 파괴적인 사건의 연쇄는 단순히 이론적인 가능성에 그치지 않았다. 실제로 여러 번 발생했으며, 저 유명한 클레온(Cleon)과 같은 선동가들이 출현해서 기존 체계에 대항하여 대중을 선동하고 아테네 민주주의를 무너뜨렸다.

전 세계적으로 민주주의가 확산되면서, 지난 세기에는 이런 문제가 상존한다고 보았던 아테네인들이 옳았다는 많은 증거들이 나타났다. 민주주의는 확실히 자기 파괴의 씨앗을 품고 있다. 그리고 그 파괴는 실제로 일어났거나 거의 일어날 뻔 했던 일들이 되풀이되었다. 히틀러와 무솔리니는 민주주의 체계 내에서 포퓰리즘적 선동을 통해 권력을 장악했고 파시스트 국가를 만들기 위해 민주주의를 전복시켰던 선동가였다. 라틴 아메리카 국가들은 안정된 민주주의를 수립하려 투쟁해 왔지만, 수십 년 동안 "인민"의 긴박한 필요를 해결하겠다고 약속한 수많은 포퓰리스트 지도자들에게 고통을 겪었다. 이들은 일단 선출되고 나면 자신만의 권력을 축적하고 부정 축재를 일삼고 민주주의를 훼손했다. 이차대전 이후 수십 년간 서구 선진국들은 포퓰리즘의 위협에 무관한 듯이 보였지만, 20세기 말의 강력한 사회경제적 변화들이 엄청난 사회적 혼란을 가져오게 되면서 갑자기 포퓰리스트 리더들이 출현하여 불만과 분노에 기반을 둔 위험스런 운동들을 지휘하게 되었다. 트럼프는 이런 반민주적 리더들 중 하나일 뿐이다. 역사적으로나 전 세계적으로 현재 벌어지고 있는 일은 단지 트럼프가 미국 대통령직 장악보다 더 큰 문제이다.

야샤 문크(Yascha Mounk)가 지적했듯이, "포퓰리스트들은 배신당한 다수와 경멸받는 소수의 정체성을 자기들의 필요에 따라 조정하곤 하지만, 그 기본적인 수사 구조는 전 세계 어디서나 놀라울 정도로 유사하다."[10] 포퓰리즘의 본질은 민주주의 정치를 "인민" 대 "시스템"의 종말론적 전투로 프레임하는 데 있다. 여기서 "인민"은 전체 국민을 의미하는 것이 아니라, 포퓰리스트 리더에 의해 국가의 유산과 정체성을 구현하고 있다고 지목된 분노한 집단들(예컨대 백인 기독교인)이다. 이 인민들만이 정치적 권위의 유일한 원천으로 인정되고 그들의 리더는 이 집단의 이익과 요구를 본능적으로 이해하고 대변한다고 주장한다. 반면에 "시스템"은 본질적으로 현상(*status quo*) 전체이다. 민주주의 제도, 선출된 대표자, 관료, 전문가, 기존 정당, 주류 언론 등 이 모든 것이 부패했고, 민심에 귀 기울이지 않으며,

도덕적으로 타락했고, 민주적 정당성조차 없다고 비난된다.

포퓰리스트 리더들은 각자 다양한 방식으로 자신을 포장한다. 좌파 포퓰리스트들은 가난한 자들의 이익을 수호하며 부자들이 저지르는 부패와 부정을 맹렬히 비난한다. 반면에 극우 포퓰리스트들은 국가의 본질과 국가적 유산의 "진정한" 표상들을 내세우며, 이민자들과 전문 엘리트들, 전통적 성도덕에서 벗어난 사람들, 그리고 진보적 지식인들을 공격한다. 하지만 이런 차이에 그다지 신경 쓰지 않는 것이 중요하다. 정치적 성향이 어떻든지 간에 모든 포퓰리스트들은 자신들이 보기에 인민을 배신한 기존 정치 체계에 정면으로 대항하는 태세를 취한다. 가장 단순하게 말하자면, 모든 포퓰리스트들은 권력을 지닌 자들이 저지르는 부정과 현대 민주주의 정치의 부정부패를 규탄한다. 모든 포퓰리스트들이 자신들에 대한 지지와 의미를 끌어내는 원천은, 문제를 해결하는 프로그램들을 만들고 제도를 수립하는 건설적인 어젠다가 아니라 인민들의 분노를 실패한 정치 질서에 연결시키는 데 있다.

그렇다면 포퓰리즘은 본질적으로 동원과 공격과 파괴의 작업이다. 포퓰리즘에는 어떤 건설적인 어젠다도 없으며, 시민들의 요구를 충족하고 민주주의를 복구하기 위한 일관된 정책들을 지향하는 좌파 혹은 우파의 이데올로기도 없다. 포퓰리스트 리더들은 승리하고 권력을 휘두르는 것 이외에 어떤 것도 믿을 필요가 없으며, 이들이 움직이는 방식은 어디서나 똑같다. 타자(미국의 경우, 비백인, 비기독교, 이민자)를 악마화함으로써 감정적 호소와 희생양을 만들어내고, 공포와 불안감, 충격과 분노를 조장하는 전략을 통해 대중의 지지를 끌어낸다. 이들의 단 하나의 적은 바로 "시스템"이며, 기존 제도와 기성 엘리트들을 약화시키고 정당성을 훼손하기 위해 가능한 모든 수단을 활용한다.

버니 샌더스(Bernie Sanders)와 엘리자베스 워렌(Elizabeth Warren)은 일반적인 의미에서 포퓰리스트로 간주될 수 있지만, 우리가 여기서 사용하는 의미의 포퓰리스트는 아니다. 이들은 어떤 면에서는 우리가 말하는 포퓰리스트적 측면을 지니고 있다. 예컨대, 둘 다 소외된 미국인들에게 주목하며, 기존 정치 질서에 대해 강력히 비난하고, 일부 공공정책의 전환을 주장한다. 그러나 샌더스와 워렌은 사회 문제들을 해결하고 새로운 프로그램들을 수립하려는 긍정적이고 제대로 만들어진 정책 정강을 가지고 있다. 또한 이들은 민주적 규범과 절차, 언론, 사법부와 개인의 권리를 적극적으로 옹호한다.

또한 권위주의가 포퓰리즘과 같은 것이 아니라는 점도 강조할 필요가 있다. 러시아의 푸틴은 권위주의자이지 포퓰리스트가 아니다. 중국의 시진핑도 마찬가지이다. 이에 더해 권위주의적 성향들은 미국을 포함한 민주주의 국가 시민들 사이에 상당히 존재하며, 이는 포퓰리즘 운동에 대한 지지를 부추긴다. 권위주의가 강할수록 포퓰리즘은 번성하며, 따라서 포퓰리스트 리더들의 핵심 특징이 독재적 통치라는 것은 우연이 아니다. 포퓰리즘의 수사는 모두 민주주의와 "인민"을 내세우지만, 포퓰리스트 리더들은 대중을 이용해 선거 권력을 획득한 후, 스트롱맨으로 권력을 행사하는 경우가 많다. 이들은 기존 정치 질서와 민주주의 제도들을 공격하며 이들의 공격에 박수를 보내는 포퓰리스트 지지층의 환호를 받는다.

노리스(Pippa Norris)와 잉글하트(Ronald Inglehart)가 이 점을 잘 지적한 바 있다. "프랑스 국민전선(French National Front), 스웨덴 민주당(Swedish Democrtas), 폴란드 법과 정의당(Poland's Law and Justice) 같은 정당들이나 오르반(Victor Orban), 베를루스코니, 트럼프 같은 리더들의 포퓰리즘적 언사는 권위주의적 권력 행사를 위장하는 외피에 불과하다. 포퓰리즘적 수사로 위장된 권위주의적 가치들의 조합이야말로 우리가 자유 민주주의에 대한 가장 위험한 위협으로 간주하는 현상이다."[11]

무능력한 정부라는 간과된 문제

미국 민주주의를 보호하기 위해 무엇을 할 수 있을까? 엄혹한 사실은 현재 세계를 뒤흔들고 포퓰리즘의 분노를 부추기는 사회경제적 추동력은 사라지지 않을 것이며, 막을 수도 없다는 점이다. 트럼프를 비롯한 포퓰리스트들은 수십 년 전에 존재했던 더 폐쇄적이고, 보다 동질적이며, 표면상으로는 더 평온해 보이는 상태로 돌아갈 수 있다고 약속한다. 그들의 약속은 거짓이다. 세계화나 기술 혁신을 막거나 문화적 다양성을 되돌릴 수 있는 방법은 없다. 그들이 상상하는 과거는 지나갔다. 혼란의 힘은 계속될 것이다.

포퓰리즘의 위협을 해소하려면, 그 포퓰리즘에 불을 붙여 온 다른 조건, 즉 무능력한 정부에 초점을 맞춰야 한다. 미국 민주주의는 구원될 수 있고 보다 안전해질 수 있지만, 그것을 실현하는 과제는 보다 효과적인 정부를 수립하는 과제이다. 앞으로 나아가기 위해서 제도 개혁은 우리 시대의 핵심 과제이며, 그 성공 여부가 민주주의 국가로서의 우리의 미래를 결정할 것이다.

현재로서는 보다 효과적인 정부를 수립하는 과제는 공개적인 어젠다 어디에도 없다. 이에 대해 진지한 논의도 되지 않는다. 그간 학자들도 여기에 거의 신경을 쓰지 않았다. 미국에서 트럼프 시대가 개막하고 다른 서구 민주주의 국가들에서 포퓰리즘이 급격히 확산하면서, 우리 시대의 이 혼란스런 정치를 조명하고 명확히 규정하려는 많은 연구들이 축적되었다. 이미 포퓰리즘에 대해, 그리고 그 문화적, 경제적 추동력이나 백인 정체성과 농촌 지역의 분노, 권위주의적 가치관, "민주주의가 어떻게 죽는지" 등에 대해 많은 것이 알려져 왔다.[12] 그렇지만 이 최근의 연구들은 아직 진행 중이며 너무나 많은 복잡한 문제들을 다루고 있어서, 민주주의에 대한 포퓰리즘의 위협과 싸우는 데 있어서 효과적 정부(그리고 효과적인 성취를 위한 제도적 역량을 개발할 필요)의 결정적 중요성에 주목하지 못하고 있다.

보다 효과적인 정부 만들기

미국의 역사적 위기를 극복하려면 포퓰리즘과 무능력한 정부 사이의 연관성을 인식하고 이를 개선하기 위한 조치를 취해야 한다. 합리적인 해결책은 무엇일까? 미국이 의회제나 그밖의 근본적으로 다른 형태의 통치구조를 채택하지 않을 것이다. 따라서 핵심 질문은 다음과 같다. 현재의 제도적 틀을 어떻게 수정하면 더 효과적인 성과를 내는 정부를 만들 수 있을까?

트럼프를 겪고 나니, 답은 뻔해 보인다. 미국이 필요로 하는 것은 무엇보다도 대통령의 권력에 대한 더 강력한 안전장치라는 것이다. 트럼프는 민주주의와 법치를 위험에 빠뜨릴 정도로 대통령의 공식적 권력을 거침없이 남용했다. 제도적 개혁을 추진한다면 제일 먼저 해야 할 일은 바로 불량한 대통령이 독재적인 목적을 추구하지 못하도록 대통령직에 대한 공식적 제약을 강화해야 할 것처럼 보인다.

헌법 제정가들은 독재가 확실히 방지되도록 견제와 균형의 구조를 고안했다. 200년 넘는 기간 동안 이들의 설계는 잘 기능한 듯하며, 시간이 지남에 따라 체계의 공식적 작동을 강화시켜주는 민주적 규범도 제대로 기능한 듯하다. 예컨대 레비츠키(Steven Levitsky)와 지블랏(Daniel Ziblatt)은 정치적 반대자에 대한 관용과 공식적 권력을 극한까지 밀어붙이지 않고 자제하도록 하는 규범들을 강조한다.[13] 또한 톰슨(Dennis Thompson)은 "시민의 기본권에 대한 세심함, 가장 광범위한 의미에서의 적법 절차에 대한 존중, 책임감, 반대에 대한 관용, 결정의 정당함을 입증하려는 태도, 그리고 무엇보다도 솔직함에 대한 헌신"을 강조한다.[14]

민주당과 공화당 간의 양극화가 심화되면서 이런 규범들은 무너지고 있다. 더욱이 트럼프의 권력 남용까지 벌어지면서, 미국이 오랫동안 의존해 온 공식적인 견제와 균형만으로는 충분하지 않다고 생각할 이유가 생겼다. 보다 나은 정부를 위해, 그리고 민주주의를 지키기 위해 불량 대통령으로부터 국민을 보호하기 위한 추가적인 조치가 필요하다. 대통령 권력에 대한 추가적인 제약들이 더 필요하며, 이에 대해서는 책의 후반부에서 구체적으로 논의할 것이다.

그렇지만 트럼프와 대통령 권력에 대한 공포에만 집착하는 것은 바람직하지 않다. 그렇게 되면 보다 효과적인 정부를 수립하는 과제를 지나치게 편협하고 일면적으로 바라보게 된다. 그런 시각에 따라 개혁이 진행된다면, 대통령직은 형식적인 제약에 얽매이게 되고, 결과적으로 지금보다 더 무능력한 정부가 될 수 있다. 트럼프 반대세력들은 의회의 명백히 비정상적인 행동들이 그의 통치를 어렵게 만드는 것을 보고 즐거워했다. 트럼프의 극우 어젠다들이 입법화되는 것을 원하지 않는 것이다. 하지만 미국 정부의 무능력을 반(反)트럼프 전략으로 수용하는 것은 잘못이다. 바로 정부의 이 무능력이 트럼프를 탄생시켰고, 이에 대해 아무 조치도 취하지 않는다면 앞으로도 포퓰리즘을 지속적으로 부치길 것이다.

이 점을 명확히 하자. 트럼프를 민주주의에 대한 위협으로 간주하는 사람들은 마땅히 대통령 권력에 대한 두려움을 가질 수 있다. 그렇지만 두려움을 넘어 더 큰 그림을 볼 필요가 있다. 즉, 포퓰리즘은 대중들의 진정한 필요를 충족시킬 수 있는 효과적인 행동을 취할 수 있는 정부가 존재할 때만 해소될 수 있다는 점이다. 무능력한 정부는 아마 트럼프 같은 대통령들에 대한 단기적 처방이 될 수 있겠으나, 효과적인 정부야말로 장기적 해결책이다.

그 목표는 단순히 대통령직에 새로운 제약들을 부과한다고 해서 이루어질 수 없다. 우리가 앞서 주장해 왔듯이, 무능력한 정부의 가장 근본적인 원인은 헌법, 특히 의회의 설계에 뿌리를 두고 있다. 의회는 특수 이익 정치의 요새로 설계되어 있으며, 따라서 국가적 문제를 해결할 수 있는 일관되고 잘 설계된 정책들을 수립할 능력이 없다. 우리는 의회에 기대서는 보다 효과적인 정부를 만들 수 없다. 사실, 의회의 병폐가 심각한 입법 과정과 같은 영역에서는 대통령에게 더 많은 권력을 부여하는 개혁이 효과적인 정부를 수립하는 데 필요하다고 주장할 수 있다.[15]

트럼프는 잠시 제쳐두자. 2세기 이상의 정치사로부터 대통령 리더십의 특성에 대해 우리는 무엇을 배웠는가? 대통령은 의회와는 상당히 다르게 움직인다는 것이다. 대부분의 의원들과 달리, 대통령은 제도적으로 국가적 문제에 대해 국가적으로 생각하게 되어 있으며, 자신의 역사적 유산에 대한 관심이 지대하기 때문에 긴박한 국가적 문제들에 대해 지속가능한 해결책을 찾으려 한다. 다른 어떤 선출직보다도 대통령이야말로 효과적인 정부의 핵심인 것이다. 말할 필요도 없이 대통령들이 항상 옳거나 성공적이라는 뜻은 아니다. 또한 선거에서 진 쪽을 지지했던 많은 사람들은 당선된 대통령의 어젠다에 강력히 반대할 수도 있다. 하지만 접근방식이 어떻든지 간에 모든 대통령은 국가의 최고 문제 해결사가 되기를 열망한다. 따라서 다른 조건이 같다면(이는 중대한 전제이다), 최소한 신중하게 선택된 영역에서 권력을 의회로부터 대통령 쪽으로 옮기는 것은 효과적인 정부를 수립할 가능성을 높일 수 있다.

특히 지난 100여 년간 대통령의 권력이 의회에 비해 점점 더 강력해진 데는 이유가 있다. 의회는 특수 이익 정치와 집합행동 문제에 빠져서 제도적 혼란 상태인 반면에 대통령들은 일관되고 효과적인 방식으로 통치하려 한다. 우리의 권력분립체계는 본질적으로 혼란스러운 것이며 일관된 거버넌스의 필요성이 대단히 크다. 대통령은 우리가 기댈 수 있는 가장 현실적인 희망이다. 물론 대통령 권한은 경계의 대상이기도 하다. 행정부에 너무 큰 권력이 집중되면 불량 대통령이 법치를 훼손하고 민주주의를 파괴할 수 있다. 하지만 대통령은 국가적 리더십을 제공할 수 있고 효과적인 정부를 옹호하는 점에서 큰 가능성을 지니고 있다. 스콧 제임스(Scott James)가 현명하게 지적했듯이, 미국 대통령제의 역사는 대통령 권력에 대한 기대와 두려움 간의 긴장으로 점철되어 왔다. 그리고 제대로 운영되는 민주주의를 추구하는 과정에서 국가가 직면한 과제는 이 둘 사이에서 적절한 균형을 찾는 일이었다.[16] 이는 과거에도 그랬고 앞으로도 마찬가지일 것이다.

트럼프가 정계에서 물러난다 해도 포퓰리즘의 위협은 저절로 사라지지 않을 것이다. 포퓰리즘의 불만을 추동하는 사회경제적 혼란은 여전할 것이며 이 혼란은 정부의 대응을 통해 해결되어야 한다. 민주주의가 살아남기 위해서는 정부가 제 역할을 해야 하며, 이는 정부가 효과적인 대응을 할 수 있는 제도적 역량을 갖출 때에만 가능하다. 이런 능력을 개선할 수 있는 열쇠는 대통령직에 있다. 즉, 현대 사회에 맞게 대통령직을 재구성하고 기대와 두려움 사이에서 적절한 균형을 찾는 개혁에 달려 있다.

정치와 개혁, 그리고 미래

이런 개혁이 실제 일어날 수 있을까? 기대해볼 만한 이유가 있다. 위기의 시기야말로 도전 과제들이 가장 명확히 인식되고, 이를 해결하기 위한 정치적 의지가 가장 강하게 형성되기 때문이다. 더욱이 지금 국민들 사이에서는 체계적인 제도적 변화에 대한 염원이 커지고 있다. 당연히 그럴 수밖에 없다. 미국은 1900년대 초기의 혁신주의 운동이나 1930년대의 뉴딜만큼이나 강력한 개혁 운동을 필요로 한다. 두 운동 모두 민주주의의 붕괴와 포퓰리스트들의 반란으로 이어질 수 있었던 엄청난 사회적 혼란에 대한 정부의 대응이었다. 오늘날 이런 규모의 개혁 운동이 일어나고 성공하려면, 이 운동의 리더들이 지금 마주하고 있는 문제들의 핵심이 무엇이고 어떻게 대응해야 할지를 정확히 이해하는 것이다. 이 책은 이러한 이해를 돕기 위한 기초작업이다.[17]

그렇지만 개혁을 가로막는 장애물은 거대하다. 개혁의 리더들이 문제를 완벽하게 이해한다 해도 이 거대한 장애물들은 남아 있을 것이다. 이것이 현실이다. 이 책은 이 과제의 본질을 명확히 밝히려는 시도이지만, 동시에 미국 정치가 지난 수십 년간 왜 이렇게 전개되었는지, 그리고 앞으로 어디로 향할 것인지에 대한 냉정한 평가를 제시하려는 노력이기도 하다.

개혁에 대한 정치적 전망이 전혀 없는 것은 아니지만, 그렇다고 좋지도 않다. 이에 대해 우리는 헌법 제정가들 탓을 해야 할 듯하다. 특히 사안이 중대하고 반대 세력이 강력할 경우 큰 변화를 가로막을 수 있는 거부점들로 가득 찬 미로 같은 정부를 그들이 만들어 주었기 때문이다. 개혁 세력이 선거 압승을 통해 정부를 압도적으로 장악하지 않는 한, 크게 성과를 거두기 어렵다.

개혁에 대한 저항은 다양한 곳에서 나올 것이다. 가장 걱정되는 곳은 공화당이다. 우리가 이렇게 말하는 것은 당파적 적대감 때문이 아니라 단지 사실을 따져보는 것이다. 지난 수십 년 동안 골드워터(Barry Goldwater)와 레이건(Ronald Reagan)의 정당은 완전히 다른 것으로 변형되었다. 전통적인 공화당 엘리트들에게는 불편한 일이지만, 공화당은 인종차별주의자와 권위주의자들의 정치적 본거지가 되었다. 더욱이 이 인종주의와 권위주의 위에서 번성하는 포퓰리즘과 트럼프가 득세하면서 보다 정통에 속하는 공직자들마저도 포퓰리스트 지지층에 의해 크게 영향받게 되었다. 이제 공화당은 미국의 포퓰리즘이 자신을 드러내고 권력을 행사하는 조직적 수단이 되었다.[18] 공화당원들은 자신들이 헌법과 자유의 수호자라고 여기고 싶어 하지만, 공화당은 우리 민주주의 체계에 대한 위협이 되었다.

정부의 능력을 강화하는 적절한 개혁을 통해 포퓰리즘을 해소하려면 민주당이 그 과제를 짊어져야 한다. 하지만 과연 민주당이 이러한 과제를 감당하려는 동기와 수단을 지니고 있는지는 따져보아야 할 문제이다. 설령 그렇다고 하더라도, 개혁 과정 전체에 어두운 그림자가 드리워져 있다. 개혁가들은 개혁을 가로막는 것이 상대적으로 쉬운 정부 구조 내에서 움직여야 하며, 공화당은 그들이 행사할 수 있는 모든 힘을 동원하여 개혁을 가로막기 위해 할 수 있는 모든 것을 할 것이다. 패는 그들 편이다.

공화당이 얼만큼 성공하느냐에 따라, 그 결과는 아무것도 이루어지지 않는 일종의 정체상태 이상일 것이다. 많은 일이 일어날 것이다. 미국 사회의 상당한 부분을 황폐화시켜 왔던 사회경제적 추동력은 수년간, 수십 년간 계속될 것이다. 이에 대응할 수 없는 교착상태(gridlock)의 정부로 인해, 포퓰리즘의 분노는 더욱 격해지고 확산될 것이다. 미래의 미국 정치에 있어서 교착상태는 단지 좌절을 불러오지만 않는다. 민주주의의 쇠퇴를 몰고 올 것이다.

우리 민주주의의 수호자들이 해야 할 과제는 이런 숙명으로부터 우리나라를 구해내는 것이다. 그들은 압도적인 선거 승리를 거둘 필요가 있다. 그렇게 되고 나면, 대통령직 개혁을 필두로 올바른 개혁과 프로그램들을 추진해야 한다. 이 모든 것을 이루는 것은 대단히 어려울 것이며, 그 결과가 미국 민주주의를 보존하게 될지에 대해 우리는 확신할 수 없다. 위기는 진정으로 존재한다.

우리의 주장

이 책에서 우리는 본질적으로 대단히 복잡한 정치적, 사회적, 역사적 전개 상황에 대해 일관된 논리적 주장을 개진하고 있다. 우리 주장의 핵심은 다음과 같다.

- 포퓰리즘은 현대성의 혼란스런 사회경제적 추동력과 정부의 무능력한 대응에 의해 서구 세계 전체에 걸쳐 추동되고 있는

민주주의에 대한 위협이다.
- 미국에서 무능력한 정부는 분노와 우려가 커지도록 했고 포퓰리즘에 대한 정치적 지지에 불을 붙였다. 이 무능력은 단순한 실수나 무시의 결과가 아니다. 현대 세계의 요구를 충족시키기에 부적절한 낡은 정부 구조를 가져 온 헌법의 구조물에 깊이 뿌리박혀 있다.
- 도널드 트럼프는 포퓰리즘의 대본에 따라 정부의 실패를 부각시키고 포퓰리스트들의 분노를 부채질하며 선동가 리더십 스타일을 따라 하면서 권좌에 올랐고 미국 민주주의에 대한 포퓰리즘적 공격을 이끌었다.
- 포퓰리즘을 이끄는 사회경제적 추동력은 멈춰질 수 없으며 트럼프가 사라진 이후에도 오랫동안 계속될 것이다. 미국에서 포퓰리즘의 위협을 해소시킬 수 있는 유일한 방법은 정부를 보다 효과적으로 만드는 것, 곧 현대 세계의 도전들에 대응할 수 있는 정부의 제도적 능력을 향상시키는 개혁을 하는 것이다.
- 효과적인 정부를 만드는 열쇠는 대통령직에 있으며, 대통령 권력의 기대와 두려움 사이의 균형을 맞추는 구조적 개혁에 달려 있다. 미국 민주주의를 살리려면 대통령직이 현대 세계에 맞게 재창조되어야 한다.
- 공화당이 반민주주의적으로 변형된 것과 함께 우리의 낡은 정부 구조는 개혁의 경로가 중대한 장애들로 뒤덮여 있도록 만든다. 따라서 포퓰리즘의 위협이 사라지고 미국 민주주의가 보존될지에 대해 낙관하기 어렵다.

트럼프를 넘어서

다음 장부터 우리는 현대 미국 정치에서 지니는 포퓰리즘의 힘에 대한 큰 그림을 그리면서 이러한 주장을 개진할 것이다. 구체적인 논의들은 상당 부분 도널드 트럼프와 연관된다. 하지만 이 책은 트럼프 자체에 대한 것이 아니며, 우리가 단순히 그의 대선 승리와 대통령직 수행, 그리고 미국이 겪도록 만든 모든 혼돈과 위험들을 추적하고 있는 것은 아니다. 많은 책들이 이런 일을 했고, 더 많은 책들이 나올 것이다.

우리는 정치학자이고, 우리 목표는 분석적인 것이다. 트럼프가 우리 분석에 중요한 이유는 그가 포퓰리스트이고 지금이 포퓰리즘의 시기이며 가장 이해되어야 할 것이 포퓰리즘의 논리와 민주주의에 대한 그 위협이기 때문이다. 이것이 바로 우리가 하듯이 그를 연구하는 이유이다. 트럼프의 당선과 대통령직 수행은 포퓰리즘이 우리나라의 정치와 거버넌스를 장악했을 때 어떤 일이 벌어지는지를 구체적으로 볼 수 있는 드문 기회를 제공한다.

아무도 놀라지 않았지만, 2019년 민주당 하원이 트럼프를 탄핵한 것은 공화당 상원에 의해 무효화되었다. 하지만 아마도 2020년 선거나 혹은 2024년 선거 이후 트럼프는 백악관에서 사라질 것이고 일종의 안정감이 돌아올 것이다. 이 때문에 안심해서는 안 된다. 아마 덜 분명하지는 않을지라도 미국 민주주의의 위기는 남아 있을 것이고 여전히 위협적일 것이다. 우리 일은 이 위기의 추동력을 이해하고 이 위기가 어디로 향하고 있으며 이에 대해 무엇을 할 수 있을지 이해하는 것이다. 이를 위해 우리는 필요할 때마다 트럼프 경험을 활용할 것이다. 하지만 우리가 하고 있는 분석은 트럼프와 전혀 상관없는 근본적인 것들, 곧 앞으로 누가 대통령이 되든지 항상 연관될 근본적인 것들에 근거를 두고 있다.

1

포퓰리즘 정치의 동인

오늘날 미국에서 무슨 일이 벌어지고 있으며 그것이 미국 민주주의에 어떤 영향을 미치고 있는지를 이해하기 위해서는 우선 한 발 물러서서 포퓰리즘 위협의 기원과 본질을 파악해야 한다.

따라서 지난 100년간 라틴 아메리카로부터 유럽과 미국에 이르는 민주주의들을 다루면서 포퓰리즘의에 대한 전 세계적인 역사적 조망으로부터 시작한다. 이 작업에서 우리는 대단히 다른 맥락과 시기에도 불구하고 포퓰리즘이 무엇이고 무엇을 하며 이를 추동하는 것이 무엇인지에 대해 공통점이 있음을 강조한다.

그 결론은 현재 미국이 겪고 있는 포퓰리즘은 과거 다른 곳의 민주주의들에서 지속적으로 발생했던 추동력들에 의해 이루어졌다는 점이다. 이 공통점들, 그리고 현대 미국에서 이것들이 구체적으로 발현되고 있는 방식이야말로 왜 우리가 역사상 중대한 기로에 처해 있는지를 이해하기 위한 열쇠이다.

과거의 경제적 격변과 포퓰리즘 운동

1787년에 미국 헌법 제정가들은 아테네의 교훈, 곧 민주주의가 본질적으로 포퓰리즘의 위협에 취약하다는 점을 예리하게 파악하고 있었다. 평등한 보통 사람들이란 관념에 사로잡힌 미국 사회를 보면서 이들이 가장 두려워했던 것은 "다수의 독재"(tyranny of majority)였으며, 대통령이 포퓰리스트 선동가가 될 가능성이었다. 이 위험을 완화시키기 위해 이들은 권력 행사에 대한 온갖 견제들로 채워진 복잡한 권력 분립 정부를 만들어 냈다. 이들은 대통령의 권력이 제한되도록 했을 뿐만 아니라, 대통령의 선출이 인민들에 의해 직접 이루어지지 않고 엘리트들로 구성된 선거인단을 통하도록 했다.

이 창의적인 고안은 결국 양날의 검인 것으로 판명되었다. 제정가들이 만들어 낸 정부는 권력을 분산시킴으로써 포퓰리스트가 출현하여 정부를 장악하기 어렵게 만들었고 견제와 균형을 통해 포퓰리즘의 위협으로부터 개인적 자유와 법치를 보호해 주었다. 그러나 이렇게 하면서 제정가들은 너무 복잡하고 다루기 힘든 정부를 만들어 냈다. 이런 정부는 사회가 점점 현대화되면서 현대성이 끊임없이 유발시키는 복잡한 사회문제들을 처리할 능력이 없었으며, 조만간 다가 올 사회적 위기에 정부가 효과적인 대응을 할 수 없어서 포퓰리즘이 대두되어 미국 민주주의를 위협하게 만들 수 있었다. 여기에 역설이 숨어 있다. 헌법 제정가들은 너무나 잘 보호되어서 자멸을 가져올 수 있는 시스템을 만들어냈던 것이다.[1]

1828년 선거에서 앤드류 잭슨이 당선된 것이 조기 경보를 울렸다. 잭슨은 당시 지배 엘리트들의 귀족적 분위기를 거부했고 보통 사람들의 대변자를 자처했으며, 기존 정부를 비민주적이고 무반응적인 것으로 평가했다. 대법관 스토리(Jeseph Story)는 잭슨의 취임식 광경을 "승리한 폭도의 왕"(KING MOB triumphant)라고 묘사했으며, 다른 반대파들은 잭슨이 종신 대통령이 되려고 할까봐 두려워했다.[2] 노예제의 확대에서부터 인종 청소나 다름없는 인디언 정책에 이르기까지 실제 잭슨 민주주의(Jacksonian democracy)는 권력 남용의 성격을 지니고 있었다.[3] 그러나 잭슨과 그 지지자들은 진정으로 헌법을 받아들였다. 그들이 원했고 실제 성취했던 것은 바로 민주주의의 심화와 확대였으며, 그 결과 신생국 미국은 근대 시장 경제가 대두되는 혼란한 상황을 헤쳐 나갈 수 있었고 대중 민주주의가 역사적 필연성이라는 토크빌의 주장에 힘을 실어 주었다.[4] 당선된 지 8년이 지난 후 이 "숲속의 나폴레옹"은 조용히 대통령직에서 물러났으며, 독재가 아니라 활력을 되찾은 정당체제를 남겨 주었다.

이후 거의 두 세기 동안 포퓰리즘의 위험성은 통제되어 왔다. 그러나 두 번의 사회적 혼란기에 위험스러우리만치 아테네의 교훈에 근접한 적이 있다. 첫 번째는 1800년대 말로, 산업화의 물결이 농촌의 삶의 방식을 혼돈에 빠뜨리게 되면서 농민들이 기업 엘리트들과 철도 산업, 은행들, 그리고 후견제와 정당 머신들에 뿌리박혀 있던 부패하고 무반응적인 정부에 분노하게 되었다. 사회적 혼란을 더 부추긴 것은 초기 단계의 세계화였는데, 셀 수 없이 많은 소농들이 세계 시장의 변동성에 취약해지면서 특히 남부와 서부에서 수백만이 생계를 위협당했다. 한 역사가가 기술하듯이, "리버풀과 런던 시장에서 마감한 금요일의 종가에 대해 텍사스 면화 지대와 캘리포니아 샌 호아퀸 밸리의 밀 재배 지대에서 열띤 논의가 이루어졌다."[5] 19세기 말에 실제 그랬듯이 세계시장 가격이 떨어지게 되면, 생산자 농민들은 빚더미에 묻히고 압류와 유랑에 직면하게 되었다.

어느 당이 장악했든 연방정부는 사회적 혼란을 완화시키는데 제 구실을 못했고,[6] 이로 인해 대두된 포퓰리즘 운동은 강력한 정치 세력이 되었다.[7] 각 지역 수준에서 끓어오르던 포퓰리즘 운동은 1892년 대통령 선거에서 농민과 노동 단체들의 연합이 아이오와주의 전 연방 하원의원 제임스 위버(James Weaver)를 제3당 후보로 지명하면서 전국적으로 세력을 확장했다.[8] 위버는 서부 4개주에서 승리하면서 100만 표 이상을 획득했으며, 4년 뒤 민주당은 그의 메시지를 받아들였다. 포퓰리즘 운동은 또한 비할 바 없는 선동가였던 윌리엄 제닝스 브라이언(William Jennings Bryan)의 리더십의 덕을 보기도 했는데, 브라이언은 강렬한 연설(예컨대 유명한 1896년 민주당 전당대회의 "금십자가"(Cross of Gold) 연설)로 수백만을 감동시켰으며, 정치적 기득권과 도시화와 산업화의 해악을 공격하면서 민주당 후보로 세 번의 대통령 선거(1896, 1900, 1908)에 출마했다. 그렇지만 점점 더 큰 표차로 브라이언은 낙선했다. 그리고 이 포퓰리즘 운동은 민주당의 전국적인 지지기반을 약화시킴으로써 공화당을 압도적으로 우세하게 만들고 개혁의 기수가 되게 만들었던 역사적인 정당 재편의 원인이 되었다.

최근의 역사가들은 이 포퓰리즘 운동이 제시했던 프로그램들에 동조하는 경향이 있다.[9] 그렇지만 포퓰리즘의 위험성은 특정한 어젠다에 있는 것이 아니다. 정치적 상이성을 순수한 "인민" 대 사악한 적 사이의 숙명적 대결로 변질시키는 데 있는 것이다. 1890년대의 포퓰리스트들은 이런 식의 어휘들을 받아들였다. 복잡하고 난해한 세계 금융은 음모가 되었고, 음모는 악당을 필요로 했으며, 이 악당 역할은 문화적으로 이질적인 도시인들, 영국인들, 궁극적으로는 유태인 금융가의 유령들로 채워졌다. 새로운 산업화 경제에는 당연히 여러 가지 추문과 음모가 끊이지 않았다. 그렇지만 진보적 사학자 호프스태터(Richard Hofstadter)가 1950년대 매카시즘을 통해 포퓰리즘 운동을 재평가하면서 지적했듯이, 포퓰리스트들의 실수는 역사 자체를 음모로, 곧 "사악한 음모의 무더기에 불과"한 것으로 보았다는 데 있다.[10] 포퓰리즘의 구체적인 요구들 상당수는 다음 세기 초에 혁신주의 개혁 운동의 일부가 되었다.[11] 그렇지만 포퓰리즘과 그 리더들의 수사와 어휘들은 그다지 건전하지 않은 의도로 사용되었다. 예컨대 1896년 선거에서 인민당(Populist Party)이 브라이언의 부통령 후보로 지명했던 조지아 주 신문의 편집장 톰 왓슨(Tom Watson)은 토착주의(nativism)에 불을 붙였었는데, 그가 새로운 쿠 클럭스 클란(Ku Klux Klan)을 만들자고 제안한 뒤 1915년에 악명 높은 레오 프랭크(Leo Frank) 린치 사건*을 초래하기도 했다.[12]

    1896년에 브라이언이 "인민"을 대변한다고 주장했으나, 사실 이 농촌 지역의 반란은 매우 지지층이 작았다. 농업 노동력은 전체 노동력의 40퍼센트 미만이었으며, 중서부의 부농들은 결과적으로 맥킨

....
* 역주: 1910년대 반유대주의에 희생되어 살인범으로 몰렸다가 감옥에서 납치되어 린치를 당해 사망한 사건.

리(William McKinley)의 공화당에 표를 던졌다. 그럼에도 불구하고 급속한 근대화는 미국 정부에 대한 만연한 불만을 촉발했고, 이 불만은 새로 대두되던 중산층과 상인 계층에까지 번지게 되었다. 변화에 대한 이들의 요구는 보다 폭넓은 지지층을 지닌 채 같은 시대에 부상하고 있던 혁신주의 운동으로 연결되어 얼마 뒤 미국 역사상 가장 강력한 개혁 운동이 되었다.

혁신주의는 루스벨트(Theodore Roosevelt), 우드로 윌슨(Woodrow Wilson), 라 폴레트(Robert La Folleette) 등 민주주의를 지지하는 저명한 개혁가들에 의해 이끌어졌으며, "좋은 정부"를 추구하면서 혁신주의자들은 보다 강력한 대통령직, 보다 전문성 있는 관료제, 과학과 능력의 수용, 정당과 선거제의 개혁 등을 통해 당시의 잘못된 정치제도들을 근대화시켰다. 잭슨 민주주의자들처럼 혁신주의자들도 중대한 결함을 지니고 있었다. 그들의 임기 동안 짐 크로우(Jim Crow) 법*들이 확산되었고, 어떤 개혁가들은 우생학에 열광하기도 했던 것이다.[13] 하지만 불과 몇십 년 만에 혁신주의자들은 선거권을 여성에까지 확대시켰고, 직선제를 통해 상원을 민주적 통제하에 들어오게 했으며, 소득세를 부과함으로써 연방 정부가 세입을 거두면서 동시에 소득 불공평을 감축시키게 했고, 연방 정부의 규제 능력을 향상시켰으며, 통화량을 관리하도록 강력한 중앙은행을 만들었다. 그 결과는, 근대화의 곤란한 문제들을 처리하는 데 더 알맞고 포퓰리즘의 분노를 (최소한 일시적으로는) 덜 일으키게 하는, 보다 반응성 있고 유능

....

* 역주: 남부 주들의 인종차별법들.

하며 덜 부패한 정부였다.14

이런 발전에도 불구하고 두 번째 중대 국면이 얼마 뒤 전개되었다. 1929년에 최악의 위기, 곧 대공황이 덮치면서 미국을 충격에 빠뜨렸다. 대공황은 평범한 사람들의 삶을 파탄에 이르게 했고 공화당 대통령 허버트 후버(Herbert Hoover)의 재임 기간 내내 대부분의 국민들은 정부가 처참한 실패작이라고 생각하게 되었다. 혁신주의가 보다 현대적이고 좋은 정부를 가져다 주었었지만, 대공황은 이런 정부 능력을 훨씬 벗어나 있었다. 국민들은 분노했고 절망에 빠졌으며, 많은 사람들이 민주 자본주의(democratic capitalism) 체제 자체의 정통성에 의문을 제기하기 시작했다. 극단적인 포퓰리즘과 이를 이끌 선동가들에게 유리한 상황이 조성되었던 것이다. 그러나 수십 년 전의 혁신주의 시기와 마찬가지로 다시 한 번 포퓰리즘의 위험은 해소되었다.

엘리트들이 장악한 대통령 후보지명 전당대회에서 민주당은 당내 실력자였던 프랭클린 루스벨트(Franklin Roosevelt)를 1932년 선거에서 허버트 후보에 맞설 후보로 지명했다.15 하지만 포퓰리즘이 완전히 차단된 것은 선거에서 압승을 거둔 뒤 루스벨트가 포퓰리스트 선동가와는 완전히 다른 방식으로 권력을 행사했기 때문이다. 이것이 불가피했던 것은 아니었다. 많은 사람들이 대공황의 늪에서 빠져나오기 위해서는 일시적 독재가 필요하다고 주장했다.16 그러나 루스벨트 행정부는 다른 길을 선택했다. 루스벨트는 결연하게 선언했다. "두려워해야 할 유일한 것은 두려움 자체입니다." 경제 붕괴에 대한 온 국민의 두려움을 이용하여 분노와 반-시스템적 적대감을 조장하는 대신, 루스벨트는 미국의 헌정 체제를 적극적으로 수용하고 두려움을 진정시키기 위해 이를 활용했다.

이를 위해 루스벨트는 뉴딜에 착수했는데, 뉴딜은 연방 정부의 규모와 범위를 크게 확장시켰으며, 복지 국가의 기틀을 마련했고, 국민들의 필요를 다루는 데 있어서 정부의 적극적 행동을 요구했다. 뉴딜의 성공 여부는 국민들의 지지에 달려 있었으나, 그렇다고 뉴딜이 "일반 의지"(geberal will)가 가져온 기적의 산물은 전혀 아니었다. 뉴딜은 고통스러운 타협과 실용적인 실험들을 요구했고, 진보적 개혁가들과 남부의 인종주의자 정당 보스들 간의 묘한 연합을 필요로 했다. 이 과정에서 코글린 신부(Father Coughlin)나 휴이 롱(Huey Long) 같은 위험스런 선동가들도 출현했는데, 이들은 루스벨트가 당연히 경계했어야 할 만큼 대중적 지지를 받고 있었다.[17] 하지만 루스벨트와 그의 뉴딜 프로그램은 선동을 통하지 않고도 보통의 국민들에게 백악관에 확실한 리더가 있고 정부가 그들의 이익을 보살피고 있음을 확신시켰다. 루스벨트는 확실히 대중과의 소통에 있어서 유능했다고 기억된다. 하지만 포퓰리즘의 위험을 사라지게 한 것은 정치적 수사 이상의 것들 덕분이었다. 루스벨트 행정부는 실제 성취를 가져다주었던 것이다. 이차대전이 전 국민을 단합시키고 공공 지출을 증대시키며 대공황을 종식시킴에 따라, 위기는 해소되었다. 그리고 나서 전후의 좋은 시절이 시작되었다.

20세기 미국의 그 모든 복잡한 정치적 전개 과정에도 불구하고 포퓰리즘은 정치 권력을 장악하고 아테네인들이 그렇게 두려워했던 어둡고 반민주적인 길로 미국을 끌고 갈만큼 호응을 얻지는 못했다. 대단히 다행스러운 일이었지만, 우연히 그렇게 된 것이 아니다. 그 이유 중 일부는 미국 정치체계에서는 권력이 대단히 분산되어 있고 제약되어 있어서 포퓰리즘 운동이 장악하기가 어렵다는 점에 있다. 그러나 보다 중요한 이유는 바로, 사회적 위기와 정부의 실패라는 포퓰리즘 발흥의 전제조건이 거의 갖춰졌을 때, 선거에서 승리한 민주적 리더가 정부를 재구성하는 대대적인 개혁을 이루고 이 정부를 가동하여 위기의 핵심에 있는 중대한 문제들에 구체적으로 대응했다는 점이다. 이런 식으로, 절망적이고 위험스러웠던 정부의 실패가, 상처받고 위협당한 국민들을 위한 적극적인 정부 행동으로 변환되었으며, 포퓰리즘 확산의 핵심적인 전제 조건이 제거되었던 것이다. 여기에 교훈이 있다.

만연한 부패, 허약한 제도, 라틴 아메리카 포퓰리즘의 파괴적인 역사

20세기를 통틀어, 그리고 21세기에 이르기까지 라틴 아메리카는 종종 극단적이고 반민주주의적인 포퓰리즘의 온상이었다. 그리 놀랄 일이 아니다. 라틴 아메리카야말로 포퓰리즘이 번성하기에 알맞은 곳이기 때문이다. 극심한 빈곤, 낮은 교육 수준, 깊이 뿌리박힌 사회적 불평등, 부패하고 무능한 정부, 이 모든 것들이 대중들을 소외시키고 분노하게 만들며, 포퓰리즘 선동가들의 딱 좋은 먹이가 되게 만드는 것이다.

전형적인 포퓰리스트 선동가 후안 페론은 1946년부터 1955년까지, 그리고 1973년부터 1974년까지 아르헨티나의 대통령이었다. 그는 "인민"과의 관계를 돈독히 했고, 빈민들을 위한 프로그램들을 진척시켰으며, 노조를 대변했다. 그러나 그는 또한 정치적 반대 세력들을 억압했으며, 언론을 위협하고 대학들을 공격하고 노조를 자기 정치 조직의 일부로 활용하는 등, 수많은 방식으로 민주주의의 근간을 훼손했다. 페론은 포퓰리즘의 옷을 입은 독재자였던 것이다.[18]

페론의 예는 많은 라틴 아메리카 지도자들이 따르게 되었고, 이들은 포퓰리즘의 공식을 통해 정치적 성공을 거두었다. 바르가스(Getulio Vargas, 브라질, 1930-45, 1951-54), 이바라(José María Velasco Ibarra, 에쿠아도르, 1934-35, 1944-47, 1952-56, 1960-61, 1968-72), 메넴(Carlos Menem, 아르헨티나, 1989-99), 콜로르(Fernando Collor de Mello, 브라질, 1990-92), 후지모리(Alberto Fujimori, 페루, 1990-2000), 차베스(Hugo Chávez, 베네수엘라, 1999-2013), 마두로(Nicolás Madiro, 베네수엘라, 2013-현재), 모랄레스(Evo Morales, 볼리비아, 2006- 현재), 코레아(Rafael Correa, 2007-17), 볼소나로(Jair Bolsonaro, 브라질, 2019- 현재) 등이 그들이다.[19]

이 지도자들 모두가 부패한 기득 엘리트들에 대항하여 자신들이 인민을 대변한다고 내세웠지만, 정책과 통치에 대한 접근은 각각 달랐다. 예컨대 바르가스는 빈자의 아버지로 불릴 정도로 사회적 프로그램들을 추진했으나 이와 동시에 철저한 반공주의자였으며 독재자가 되었다. 후지모리나 메넴, 콜로르 같은 1990년대의 포퓰리스트 리더들은 경제 위기 속에서 권력을 장악하게 되었고, 경제 위기를 다루는 데 있어서 낡은 좌파식 접근을 거부하고 자유시장과 긴축을 받아들였다. 이들에게 있어서 부패한 엘리트는 바로 강한 국가를 고집하고 자유 시장을 반대하는 자들이었다. 이런 접근은 경제적으로 훌륭한 결과를 낳았으나 대중들에는 대단히 인기가 없었으며, 결과적으로 2000년대에는 차베스, 마두로, 코레아 같은 좌파 포퓰리스트 리더들이 출현하게 되었다. 이들 모두 사회주의를 적극적으로 받아들였고, 결과적으로 국가 경제를 파탄으로 몰고 갔다.

이 모든 사례들에 있어서 정책 어젠다가 무엇이고 국가와 시장의 역할이 무엇이었든지 간에 라틴 아메리카 민주주의들은 끊임없이 위험에 처하게 되었고 종종 무너지기도 했다.[20] 포퓰리스트들의 권력을 강화하고 반대세력들을 약화시키기 위해 헌법이 개정되었고, 언론이 공격받고 통제되었으며, 법치는 무시되었다. 국민들의 기본적인 필요를 충족시키지 못한 정부를 맹비난했다가, 권력을 장악한 뒤 포퓰리스트들은 정부를 파괴하기 시작했다. 기성 정치인들을 부패하고 무책임하다고 비방했다가, 포퓰리스트들은 "인민"을 내세우며 정부를 이용하여 자신과 측근들의 배를 불렸다. 이렇게 하면서 이들은 포퓰리즘의 공식을 만드는 데 이바지해 왔던 셈이다.

경제적 쇠퇴와 대규모 이민: 서유럽의 포퓰리즘 확산

라틴 아메리카에 비해 서유럽 국가들은 포퓰리즘의 열기를 잘 막아내 왔다. 이 국가들의 선진 경제는 훨씬 높은 소득과 나은 교육, 낮은 수준의 불평등, 그리고 더 많은 중산층을 이루어 냈다. 오랜 기간 동안의 연구들에 기반을 두고 사회과학자들이 내린 결론은, 이런 특성들이 민주주의를 촉진시키며 서유럽에서처럼 일단 민주주의가 수립되어 상당 기간 유지되고 나면 무너지지 않을 것이라는 점이다.[21] 이런 나라들의 시민들은 전형적인 선동가들에게 잘 휘둘리지 않는다. 이런 근본적인 성격을 지녔기 때문에 서유럽 국가들은 민주주의를 지켜내고 기본권을 보호하는 데 있어서 유리한 상황에 있었다.

지난 두 세기 간 서유럽 민주주의들이 발전하고 성숙해짐에 따라 최근까지만 해도 포퓰리즘은 거의 대두되지 않았다. 20세기 전반에 유럽이 또 다른 형태의 정치적 극단주의에 빠져 든 적은 있었다. 바로 독일의 히틀러와 이탈리아의 무솔리니가 이끈 파시즘인데, 파시즘은 초기에 포퓰리즘적인 대중 선동을 통해 확산되었다. 그러나 이차대전에서 파시즘이 패퇴하면서 서유럽은 그 잔해 속에서 빠져나와서 민주주의의 재탄생과 정치적 안전, 그리고 역동적인 경제라는 경이로운 경험을 했다.

이차대전 이후 포퓰리즘은 서유럽에서 전혀 자리를 잡지 못했다. 포퓰리즘이 대두되기 위한 사회경제적 기반도 없었고, 정부 실패도 없었으며, 어떤 위기도 없었다. 이와 반대로, 이제 자본주의의 황금시대라고 일컬어지는 이 부흥기는 미래까지 끝없이 이어지는 평화와 복지의 길을 약속하는 듯했다. 경제 성장률은 치솟았고 생활수준은 극적으로 개선되었으며, 실업률은 너무 낮아서 독일이나 프랑스 등 상당수 유럽 국가들은 적극적으로 비유럽인 이민들을 받아들여 일자리를 채우고 경제를 돌아가게 했다.[22]

이런 동안에 각국 정부들은 경제 호황을 활용하여 의료, 은퇴, 장애, 실업, 가족 수당, 대학 학자금 등 국민들의 기본적인 필요를 충족시키기 위한 거대한 복지 국가를 만들어 갔다. 블루 컬러 노동자들은 자기 몫을 가져가서 중산층으로 이동했으며, 불평등은 상당히 감소되었다. 전체적으로 이 황금기는 "많은 노동자들이 인류 역사상 유례가 없을 정도로 안정감과 사회적 지위와 여가를 즐기던" 시기였다.[23]

그러나 호시절은 영원하지 않았다. 황금기는 1973-75년의 불황으로 최초의 역경을 겪었고, 이후 상황은 전혀 다르게 변했다. 이런 지각 변동의 근원은 불황 자체가 아니고 그보다 훨씬 큰 것이었다. 폭풍이 다가오고 있었던 것이다. 세계화와 기술 급변, 그리고 이에 수반된 대규모 인구 이동이 그것이었는데, 가속화된 이 폭풍은 전 세계를 혼란에 빠뜨렸다. 특히 임금과 세금이 높았던 서구 선진국들에서는 기업들의 해외 이전 유인이 강했으며 국민들의 삶은 해외로부터의 경쟁에 더 노출되고 점점 더 취약해졌다.

폭풍은 피해를 가져왔다. 성장은 둔화되었고 실업률은 치솟았으며, 임금은 정체되었고 제조업이 쇠퇴했는데, 이 피해의 대부분은 블루 컬러 노동자들이 떠안았으며 더 많은 자산과 소득이 상층에 집중되면서 불평등은 더 커져갔다. 유럽 각국 정부들에게 불황기는 "복지 국가의 위기"를 가져왔다. 경제가 흔들리면서 각국 정부들은 세입 감소와 사회 지출 증대에 직면하게 되었으며, 시민들과 보수파들로부터 정부가 지나치게 집중화되고 관료화되었으며 소모적이라는 불평이 대대적으로 터져 나왔다.[24]

황금기에 정부와 연관되어 찬양받던 존재들은 이제 정치적 표적이 되었다. 레이건(Ronald Reagan)과 대처(Margaret Thatcher)가 선두에 서게 되면서(대처는 1979년에 영국 수상이 되었고, 레이건은 1980년 대선에서 승리했다) "신자유주의"(자유 시장) 관념이 전 세계에 걸쳐 영향력을 키워나가서, 큰 정부를 혹독히 비난하고 시장과 탈규제와 책임성, 재정적 책임, 자유 무역, 국경 개방을 촉진하게 되었다. 영국 노동당의 토니 블레어가 상징적으로 보여주었듯이, 시간이 지나면서 사회민주당들도 자유 시장 어젠다들의 상당부분을 인정하게 되었으며, 복지국가를 후퇴시키고 효율화하려는 시도에 동참하고 세계화와 기술 변화 및 이민의 장기적 혜택을 수용하게 되었다.[25]

규제 없는 시장은 황금기를 되돌려 주지 않았다. 경제적 쇠퇴는 계속되어 일자리와 임금, 그리고 보통 사람들, 특히 블루 컬러 노동자들의 생활수준을 갉아 먹었다. 이에 따라 정부의 세입도 점차 줄어들어서, 이에 대응해 효과적인 행동을 하려는 복지 국가의 재정 능력을 위협하게 되었다. 신자유주의의 긴축 요구 때문에 정부의 능력은 더 약화되었는데, 특히 유럽통화연합(European Monetary Union)의 모든 회원국들에게는 통화, 부채, 예산상 제약을 준수하는 것이 의무화됨으로써 자국 국민들의 필요와 요구에 대해 각국이 대응할 수 있는 능력이 제한되었다.[26]

따라서 경제적인 이유 하나만으로도 새 시대는 야망에 찬 포퓰리스트 리더들이 추종자를 동원할 수 있는, 최소한 그런 시도를 할 수 있는, 비옥한 토양을 제공했다. "인민들"은 난타당하고 있었는데, 정부는 긴축이라는 족쇄를 차고 있었다. 우파에서 좌파에 이르기 까지 모든 주요 정당들, 기성 엘리트들, 곧 "시스템"은 신자유주의적 합의를 하고 있어서, 인민들의 고난을 처리하는 데 무능력했고 심지어 이에 대해 무지하거나 무관심한 듯 보였다.27 하지만 이런 경제 상황과 정부 실패가 대단히 중대한 것이기는 하지만, 이는 서서히 진행되면서 포퓰리스트들에게 유리하게 작동할 수밖에 없는 거대한 흐름의 한 부분이었을 뿐이다. 다른 부분은 바로 문화적인 것이었으며, 그 발화점은 이민이었다.

자본주의의 황금기에 이민은 좋은 것으로, 즉 경제에 도움이 되고 국가 정체성에는 위협이 되지 않는 것으로 간주되었다. 그러나 1970년대 초에 이민자의 수는 증가하기 시작했다. 그리고 불황기가 지속되면서 일자리는 드물어지고 경쟁적이 되었는데, 이민자들은 떠나지 않았다. 그들은 계속 머물렀고, 가족들을 데려 왔고, 아이를 낳았으며, 결과적으로 이민자의 수는 급증했다. 1980년대, 1990년대, 그리고 2000년대에 들어서면서 상황은 더 악화되었다. 공산주의 진영이 무너지면서 수백만의 동독인들이 유럽의 노동시장에 쏟아져 들어왔고, 발칸 전쟁으로 인해 망명을 원하는 수많은 난민들이 발생했으며, 중동과 아프리카의 위기 사태들도 마찬가지 상황을 가져왔다. 그리고 유럽 연합이 점진적인 국경 개방(1999년 암스테르담 조약으로 공식화)을 채택하면서 새로 도착한 이민자들에게는 회원국들 간 자유로운 이동이 허용되어서, 이제 각국의 통제 밖에서 사회적 균형이 재조정되게 되었다.28

공동 시장, 국경 개방, 노동력의 자유로운 이동, 이민에는 강력한 경제적 근거가 있다.29 그렇지만 유럽에서는 사회적 갈등의 원인이기도 하다. 미국은 지리적으로 광대하고 종족적으로나 문화적으로 용광로와도 같지만, 유럽 국가들은 그렇지 않다. 유럽 국가들은 미국에 비해 작고 전통적으로 동질적이다. 오랫동안 이들은 거의 대부분 백인, 기독교인들이었고 문화적으로 독자적이고 개별적이며 보호되어 있었다. 프랑스는 이탈리아와 완전히 다르며, 이 두 나라는 또한 독일, 스웨덴, 스페인과 확실히 다르다. 모든 나라들이 자기 문화, 자기 언어, 전통, 기질, 유산들을 자랑스럽게 여기며, 자신들을 독자적이고 특별하게 만드는 것들에 대해 잘 인식하고 있다.[30]

이민자들이 미국에 오게 되면, 어디에서 왔든지 간에 이들은 궁극적으로 미국인이 된다. 미국 태생인 국민들 대부분이 미국인임을 이런 식으로 간주하기 때문이다. 확실히 소속감과 시민권에 대한 개념은 미국에서 큰 논쟁의 대상이다. 하지만 유럽에 비해 이 개념들은 훨씬 포용적이고 유연하다.[31] 누구나 미국인이 될 수 있다. 그러나 아프리카인이나 튀르키예인, 폴란드인이 프랑스인들의 눈에 프랑스인으로 보일 수 있을까? 독일인의 눈에 독일인으로 보일 수 있을까? 대부분의 경우 사회학적 현실은 최소한 똑같은 의미에서 아니라는 것이다. 이 나라들은 용광로였던 적이 한 번도 없고, 다양성이란 것은 새로운 것이자, 오랫동안 그들을 한 민족으로 규정해 왔던 독자적 문화와 동질성에 위협이 되는 것이다.

유럽인들은 진보적이고 개방적이며, 정부나 낙태, 동성애자 권리, 종교 등에 대한 사회적 태도에 있어서 관용적이라고 알려져 있지만, 소중한 자기 문화에 대한 위협을 느끼는 특정 집단들 사이에 이민은 잠재해 있던 보수성을 촉발시킨다. 이런 위협감은 이민 이슈가 경제적인 우려와 정부에 대한 우려와 겹쳐지면서 더욱 강화된다. 이민자들은 일자리를 두고 경쟁하며, 정부가 "우리 국민들"에게 제공하려고 애쓰고 있는 비용이 많이 드는 사회적 혜택을 축내고 있는 것이다. 인종주의나 권위주의적 가치, 다른 종교와 문화에 경멸과 같은 인간 본성의 부정적 측면과 이런 우려들이 결합되면, 이민은 불붙을 가능성이 있는 정치적 이슈가 된다. 앞으로 보게 되듯이, 이에 대응하는 데 정부가 효과적이지 못하기 때문에 더욱 그렇게 된다.

1980년대 말에 초기 포퓰리즘 정당들은 이민을 "시스템"에 대한 비난의 핵심으로 삼으면서 지지를 얻기 시작했다. 그리고 나서 1990년대와 2000년대 초반에 실제로도 이민이 증가하고 그 정치적 중요성도 커지자, 이 정당들은 더 많은 추종자를 거느리게 되면서 유럽 정치에서 강력한 행위자가 되었다. 프랑스에서 극우 정당 국민전선(National Front)의 르 펭(Jean-Marie Le Pen)은 1995년 대통령 선거에서 15퍼센트를 득표했고, 2002년 대선에서는 17퍼센트를 득표하여 경악스럽게도 자크 시락(Jacques Chirac)과의 결선 투표에 진출했다. 포퓰리즘이 마침내 대두되었음을 보여준 것이다. 오스트리아의 포퓰리즘 정당 자유당(Freedom Party)은 의회 선거에서 1986년에 9.7퍼센트였던 득표율이 1994년에는 22.5퍼센트로, 다시 1999년에는 26.9퍼센트로 급증하여, 제2 정당의 지위에 올랐다. 스위스에서도 포퓰리즘 정당 스위스 인민당(Swiss People's Party)의 득표율이 1991년의 11.9퍼센트에서 1995년에 14.9퍼센트로, 1999년에는 22.5퍼센트로 증가했다.[32]

포퓰리즘에 대한 지지율 증가가 1990년대에 모든 곳에서 이루어졌던 것은 아니지만, 상승 추세는 지속되었다. 9/11 비극으로 무슬림에 대한 의심이 커졌는데, 유럽 전역으로 확산된 테러 사태들로 인해 특히 프랑스에서 무슬림에 대한 의심이 고조되었다. 유럽 연합은 2004년에 동유럽의 10개국을 추가로 가입시켰고 2007년에는 불가리아와 루마니아를 추가했는데, 구 공산권 국가들의 노동자들이 경제적 기회를 찾아 서유럽으로 유입되면서 또 하나의 통제되지 않는 이민 물결이 촉발되었다. 그리고 나자마자 2008년의 대불황(Great Recession)이 발생하여 유럽 전역이 경제적 고난에 빠져들게 되어, 일자리에 대한 경쟁이 심해지고 복지국가 예산을 어렵게 만들었으며 외부인들의 위협에 대한 우려를 증폭시켰다. 더욱이 독일과 유럽 연합의 긴축 조치들은 국민들의 취약감을 더욱 악화시켰다. 그리고 나서 시리아 내전과 이라크, 아프가니스탄 전쟁, 그리고 중동과 북아프리카의 다른 전쟁들로 인해 수많은 난민들이 발생하면서 이민 문제는 진정한 위기가 되었다. 2015년과 2016년에만 해도 250만 이상의 난민이 발생하여 유럽의 정부들이 감당할 수 없게 되었던 것이다.[33]

그때까지 대단히 동질적이었던 국가들에게 이런 사회적 변화는 벅찬 것이었다. 독일의 경우 전체 인구 중 해외 태생은 25년 만에 두 배가 되어, 1990년에 8퍼센트이던 것이 2016년에는 16퍼센트가 되었다. 다른 나라들의 수치도 유사하게 증가해서, 스웨덴은 9퍼센트에서 18퍼센트로, 영국은 6퍼센트에서 13퍼센트로, 덴마크는 4퍼센트에서 11퍼센트로, 이탈리아는 3퍼센트에서 10퍼센트로, 오스트리아는 10퍼센트에서 19퍼센트로, 노르웨이는 5퍼센트에서 15퍼센트로, 스페인은 2퍼센트에서 13퍼센트로 증가했다.[34] 그리고 이민이 증가하면서 무슬림의 숫자도 증가하여, 압도적으로 기독교인이 많았던 나라들의 사회적 충격을 악화시켰다. 경악스럽게도 2016년에 스웨덴 인구 중 무슬림이 8퍼센트에 달했으며, 프랑스는 9퍼센트, 독일과 영국은 6퍼센트, 오스트리아와 스위스는 7퍼센트였다.35

이러한 상황은 문화적 변화에 대한 두려움과 과거의 동질성에 대한 갈망을 부추겼고, 포퓰리즘의 민족주의와 토착주의 주장을 불러왔다. 이민을 증가시키는 전 세계적 추세는 막을 수 없었다. 좌파 정당을 포함하여 거의 모든 기성 정당들은 이민자들의 고난에 대해 동정적이었고 진보적이고 포용적이며 인도주의적인 해법을 선호했다.36 그러는 동안에 부분적으로 유럽 연합의 국경 개방 정책 때문에 각국 정부들은 이 위기를 통제하지 못했고 국민들의 우려에 효과적으로 대응하는 데 실패했다.

수백만의 새로운 이민을 받아들인 뒤에도 서유럽 각국 정부들은 주택과 학교와 일자리와 공공 활동에 있어서 이민자들을 어떻게 통합시킬 수 있을지, 국민들의 두려움과 우려를 달래면서 어떻게 통합시킬 수 있을지에 대해 거의 아무런 계획이 없었다. 2015년과 2016년에 100만 이상의 이민을 받아들였던 독일의 경우, 누가 국경을 넘어 오고 있는지 추적하는 데도 곤란을 겪고 있었다. 이민자들과 토착민들이 충돌하면서 범죄율이 치솟기도 했다.37 독일 언론들은 복지 혜택을 여러 차례 받으려 하는 이민자들의 사기 행각을 보도하기 시작했고, 독일인들의 실망감과 분노를 악화시켰다.38 새로운 이민이 쏟아져 들어 왔지만 이 사람들, 원래의 고향과 문화를 벗어난데다 독일어도 못하고 좋은 일자리를 얻을 가능성도 없으며 많은 경우 고국이나 유럽으로 향한 여정 중에 믿기 힘든 트라우마를 겪은 이 사람들을 지원하는 데 필요한 최소한의 기본적 자원들이 지역사회들에는 결여되어 있었다. 질서와 구조를 자랑스럽게 여기던 이 나라에서 이민의 급증은 심각한 혼란을 초래했고 정부 능력의 한계를 노출시켰던 것이다.

한편, 위기가 정점에 치닫고 있던 시기에도 이민과 망명에 대한 가장 기본적인 규칙들조차 제대로 마련되지 않아서, 정부들이 당면한 도전을 감당할 수 없다는 사실이 드러났다. 난민들의 소형 선박이 뒤집어져서 여성과 아이들이 익사한 것이 2015년과 2016년에 일상적으로 헤드라인을 장식하게 되지만, 해상 구조 활동은 산발적이었고 정치적으로 논란을 불러왔다. 유럽의 해안에 상륙한 난민들은 상대적으로 빈곤한 남부 국가들이 처리했는데, 결국 더 부유한 북부 국가들로 이동하곤 했다. 국가 기구들이나 초국적 기구들의 경우, 수십만의 난민들을 처리하고 추적하는 것만 해도 감당하기 어려운 일이었다. 그러는 동안 유럽 전체는 리비아와 시리아, 이라크 및 아프리카와 중동의 전쟁에 찌든 다른 지역들로부터 끝없이 밀려오는 망명의 물결을 저지할 수 있는 종합적인 계획을 가지고 있지 않았다.[39]

그럼에도 불구하고 여론조사에 따르면, 이탈리아를 제외한 대부분의 유럽 국가들에서 60퍼센트 이상이 "다양성"이 나라를 살기 좋게 만든다거나 별로 상관하지 않는다고 응답했다. 대부분의 유럽인들은 놀라울 정도로 이민자들에게 수용적이었던 것이다. 하지만 이 여론 조사들에는 불길한 측면도 포함되어 있었다. 상당수가 다양성이 나라를 살기 힘들게 만든다고 응답했는데, 네덜란드에서 36퍼센트, 독일과 영국에서 31퍼센트, 스웨덴에서 26퍼센트, 프랑스에서 24퍼센트였다. 그리고 마찬가지로 난민 위기의 피해를 겪었던 이탈리아에서는 가장 많은 53퍼센트가 이런 부정적 견해를 택했다. 따라서 전체적인 수치는 낙관적이었지만, 포퓰리즘의 반이민 선동에 대한 청중이 확실히 있었던 것이다. 이 청중이 소수라 할지라도 민주주의 정치에는 문제를 일으키게 되었다.[40]

여론조사는 또한 최소한 위기의 절정기에 있어서는 유럽인들이 유럽 연합이 난민 위기를 다룬 방식에 대해 압도적으로 비판적이었음을 보여준다. 전반적으로 유럽인들은 유럽 연합이 지역 사회들의 우려와 문제점들에 대응하지 않으며 너무 멀리 떨어져 있고 비민주적이며 무책임한 엘리트들에 의해 운영된다고 생각했다. 절반 이상의 응답자들은 자기 나라가 유럽 연합에 남을지에 대해 시민들이 직접 투표해야 하며 자기 나라 자체가 국경을 넘어 오는 이민 물결에 대한 결정을 내려야 한다고 답했다. 이에 더해 다수, 또는 상당 규모의 소수가 자기 나라가 독자적으로 무역 협정에 대한 결정을 해야 한다고 답했다.[41] 많은 이점들에도 불구하고 유럽 연합의 초국적인 통치라는 명백한 제약도 있기 때문에 많은 유럽인들이 보다 직접 민주주의적이고 각국의 통제가 허용되기를 원했던 것인데, 이것이야말로 바로 포퓰리즘 정당들이 약속하고 있는 것이었다.

마지막으로, 대부분의 유럽인들은 민주적 가치를 수용하고 있으나, 무시 못 할 정도의 사람들은 그렇지 않다는 증거가 있다. 이들은 사회적 질서에 대한 갈망, 외부인에 대한 공포, 인종적, 종족적 소수에 대한 의심과 경멸, 사회에 대한 위계적 관점, 그리고 위기 시에 질

서를 복원시키겠다는 스트롱맨에 의지하려는 경향 등으로 특징 지워지는 권위주의적 가치를 지니고 있다.[42]

이같이 권위주의 성향의 유권자가 얼마나 되는지는 불분명하다. 권위주의를 어떻게 측정할지에 대해 논쟁중이고, 여론 조사마다 다른 결과를 보여주고 있기 때문이다. 그렇지만 민주주의 국가들 내에서 이런 태도가 대단히 위험스런 수준까지 확산되고 있었다는 데는 의심의 여지가 없다. 포퓰리즘에 대한 지지의 대부분은 실제적인 불만과 정당한 바램을 지닌 시민들로부터 나왔지만, 포퓰리즘은 권위주의자들도 끌어들였으며, 이 권위주의자들이 특정 정당에 집중되어 있으면서 포퓰리즘 리더의 반민주적 구상에 강렬한 정치적 기반을 제공했기 때문이다. 아만다 탑(Amanda Taub)이 최근에 관찰했듯이, "우리가 극우 포퓰리즘으로 간주하는 정치 현상들은 권위주의가 어떻게 생기고 표현되는지에 대한 연구와 경이로울 정도로 일치한다."[43]

유럽 전체를 통해 포퓰리즘은 문화적, 경제적 불만을 적극적으로 공략하며 인종과 이민과 스트롱맨 통치에 기반을 둔 채 권위주의에 호응하는 선동을 하고 있다. 포퓰리즘 선동가들은 강렬하고 공격적이며 극단적인 주장을 한다. 이들은 시스템에 반대하고 기성 엘리트들에 반대하며, 무역과 기술 발전과 유럽 연합과 범세계주의적, 탈물질적 가치들에 반대하고, 무엇보다도 이민에 반대하는데, 이것이 바로 포퓰리즘 운동에 불을 붙여주는 정치적 연료이다. 이들은 복지 국가와 사회 안전망은 지지하지만, 이민자를 제외하고 자기 인민만을 위한 복지를 원한다. 이들은 국가 권력을 통해 국가적 정체성과 문화를 외부 영향으로부터 보호하고 일자리와 산업을 외부 경쟁으로부터 지키는 일종의 민족주의를 주장한다. 이들은 또한 "인민"이 원하는 것을 보장하기 위해 통상적인 민주적 절차와 규범을 우회하는 형태, 예컨대 "인민"의 직접 투표와 포퓰리즘 리더에 의한 스트롱맨 통치 같은 형태의 민주주의를 선호한다.[44]

난민 위기가 유럽을 혼란에 빠뜨리고 포퓰리즘의 선동을 확산시키고 있는 동안 서구의 기성 엘리트들은 숨 죽이며 중대한 선거들이 전개되는 것을 지켜보고 있었다. 서구 민주주의가 중대 국면에 도달했다는 첫 번째 징후는 2016년 6월의 경악스러운 브렉시트(Brexit) 투표 결과였다. 포퓰리스트 나이절 패리쥐(Nigel Farage)와 영국 독립당(UK Independent Party)의 주도하에 영국 유권자 52퍼센트가 유럽 연합으로부터 탈퇴하는 중대 결정을 했던 것이다. 수개월 후에는 포퓰리스트 도널드 트럼프가 미국 대통령 선거에서 승리하여 전 세계를 충격에 빠뜨렸다. 공화당이 의회까지 장악하여 트럼프는 미국 정부를 완전히 장악하게 되었다.

다음에 무슨 일이 벌어질지 유럽은 긴장했다. 그런데 2016년 12월에 오스트리아 포퓰리즘 정당 자유당(Freedom Party)의 리더 호퍼(Norbert Hofer)가 대통령 선거 결선에 진출했지만 낙선했다. 2017년 3월에는 네덜란드의 선동적 포퓰리스트 빌더르스(Geer Wilders)와 그의 정당 자유당(Party for Freedom)이 네덜란드를 "탈이슬람화"하고 이슬람 사원들을 폐쇄하며 코란을 불법화하겠다고 공약하면서 의회 선거를 통해 정부 구성에서 한 몫을 하려 했으나, 실패했다. 최후의 일격은 2017년 봄의 프랑스 대선이었다. 국민전선(National Front)의 전임 리더의 딸 마리 르 팽(Marie Le Pen)이 중도파 마크롱(Emmanuel Macron)과 결선에 진출했으나, 압도적인 표차로 낙선했던 것이다.

포퓰리즘이 이제 한물 갔다는 낙관론이 점점 커져 갔다. 그러나 그렇지 않았다. 2017년에 반이민 정서가 특히 컸던 오스트리아와 이탈리아에서 포퓰리즘 정당이 역사적인 승리를 거두었던 것이다. 2017년 가을에 오스트리아 유권자들 중 50퍼센트 이상이 포퓰리즘 어젠다를 내건 정당들을 지지했으며, 이 정당들이 정부를 구성했다. 6개월도 채 되지 않아 열린 이탈리아 선거에서는 동맹당(the League) 과 오성운동(Five Star Movement)의 두 포퓰리즘 정당이 50퍼센트의 득표를 하여 기성 정치권을 굴복시켰으며, 수십 년간의 중도파 집권을 끝내고 연립 정권을 구성했다. 한편, 신자유주의와 유럽 연합 및 이민에 수용적이어서 노동 계층이 버려지고 무시당한다고 느끼게 만들었던 중도 좌파 정당들에 대한 지지는 폭락했다.

세계화와 기술 변화 및 이민이 처음으로 파괴적인 영향을 미치기 시작한 이래 이러한 상황 전개는 계속 진행되고 있다. 정치학자들은 1990년대 이래 이와 연관된 포퓰리즘의 증가를 연구해 오고 있다. 대침체(Grest Recession) 이래 포퓰리즘에 대한 지지가 급증했고 민주주의 정부의 안정과 생존에 중대한 영향을 미친다는 점을 고려할 때, 아직 많은 것들이 밝혀지지 않았다. 그렇지만 지금까지 연구들이 밝힌 몇 가지 기본적인 사실들이 있다.[45]

첫째, 포퓰리즘에 대한 지지도는 백인, 남성, 블루 컬러, 낮은 교육 수준, 고연령, 농촌, 신앙심이 깊은 층에서 월등히 높다. 이들이야말로 바로 현대화 물결의 피해자이자 그 끊임없는 진전에 의해 주변화되었다고 느끼고 더 이상 존재하지 않는 과거의 문화적 동질성과 높은 사회적 지위를 동경하는 사람들이다.

둘째, 포퓰리즘 정당에 대한 지지는 경제적 불안과 문화적 혼란 양자에 의해 추동된다. 이에 따라 포퓰리즘 리더들은 이민을 최대의 정치적 이슈로 만들었는데, 이는 이민이 부분적으로 경제적 이슈이지만 상당 부분 문화적 이슈이기 때문이다. 이들은 이민자들을 혐오스런 "타자"이자 국민적 삶의 방식에 대한 확실한 위협이라고 묘사한다. 이민 이슈를 이용하여 감정을 격화시키고 두려움을 자극하면서 이들은 지지기반을 넓혀오고 있는 것이다. 경제적 불안감은 중요하다. 하지만 문화적 이슈는 폭발적이다.

셋째, 포퓰리즘은 사회적 보수주의와 상당히 일치하는 권위주의적 가치를 지닌 사람들에게 특히 호응을 받는다. 이 사람들은 사회질서와 변화 및 다양성에 대한 독특한 사고방식 때문에, 그리고 사회적 위협에 대한 두려움이 고조되어서, 스트롱맨 리더십을 받아들이며 포퓰리즘에 수반되곤 하는 편견과 토착주의와 외국인 혐오에 이끌리게 된다.

넷째, 마찬가지로 중요한 점은 극단적인 정치적 불만의 이러한 원천들이 정부, 정치인, 주요 정당 및 사법부를 포함한 주요 제도들에 대해 더 큰 불신을 초래한다는 점이다. 또한 유럽 연합과 회원국들에 대한 제약에 대해서도 더 큰 불신을 낳는다. 그리고 기능하지 못하고 있는 듯이 보이는 민주주의 시스템에 대한 공격을 선동하며, 보다 효과적인 정부 형태, 곧 모든 권위를 장악하고 해결을 약속하는 포퓰리스트 스트롱맨이 "인민"에게 무언가 가져다 줄 수 있는 대안을 받아들이도록 만든다.

앞으로 상황이 어떻게 전개될지는 불분명하다. 우리는 지금 움직이고 있는 목표물을 다루고 있으며, 이 책이 출판될 때쯤이면 훨씬 많은 일들이 벌어져서 포퓰리즘의 그림을 채워 넣을 것이다. 지금으로서는 한 가지 사실이 확실하다. 브루킹스 연구소의 갤스턴(William Galston)이 최근 지적했듯이, "대부분 우익 편향인 포퓰리즘의 발흥이야말로 21세기 유럽 정치에 있어서 가장 중대한 상황전개이다."[46]

그렇다고 하더라도, 터널 끝에 빛이 있을 수 있다. 2014-16년의 이민 위기는, 이에 대한 유럽 각국 정부들과 유럽 연합의 대단히 무기력한 대응과 더불어 포퓰리즘 지지의 급증을 가져 왔다. 그러나 중도적인 정치인들은 곧 이 실수를 깨닫고 개선책에 착수했다. 리비아와 같은 난민 배출국들의 이민 운송업자들이나 조직들과 협상을 했고, 튀르키예나 그리스같이 불법 이민을 막으려는 접경국들을 지원했으며, 받아들이는 이민의 수를 대폭 감축했던 것이다. 결과는 놀라울 정도의 반전이었다. 이민은 급격히 줄었고, 위기는 해소되었으며, 포퓰리즘 선동의 제일의 추동력은 그 정치적 중요성을 상실하게 되었다. 국민들의 불만에 반응해 정부가 효과적인 행동을 하게 되었던 것이다.[47]

그렇다면 포퓰리즘의 확산이 일시적인 불꽃이고 정상적인 정치가 복귀할 가능성이 있다. 그렇지만 최근의 상황 전개는 단순하지 않다. 우선 이탈리아의 오성운동과 동맹당 간의 연합은 2019년에 적대적으로 파국을 맞았고 보다 중도적인 정부가 들어서게 되었다. 또한 유럽과 스칸디나비아에 걸쳐 포퓰리즘에 대한 지지는 대부분 정체되거나 위축되었다.48 하지만 2019년 말에 독일을 위한 대안당(Alternatives for Germany)은 과거 동독에 속했던 두 개의 주에서 벌어진 선거에서 약진했다. 비록 지역 수준이지만, 과거의 권위주의와 경제적 곤란이 포퓰리즘의 선동에 안성마춤이었던 것이다. 더 곤혹스러운 것은 2019년 12월에 영국 보수당이 낙승을 거둔 것인데, 보수당은 친 브렉시트 공약을 통해 노동당으로부터 노동자들의 지지를 빼앗았으며, 이는 보수당이 포퓰리즘 정당으로 변형되는 전조가 될 수 있다. 그리고 유럽 전역에 걸쳐 2020년의 코로나 대유행은 포퓰리즘의 선동을 강화시켜 줄 수 있다. 이들이 코로나 대유행을 이용해 이민과 세계화에 대한 두려움과 유럽 연합에 대한 분노를 고조시키고 민족주의를 주장하고 있는 것이다.

그렇지만 한 가지 주목할 점은 유럽 국가들이 포퓰리즘과의 싸움에서 중요한 이점을 가지고 있다는 점이다. 하나는 의회제 정부 형태로, 미국의 권력 분립 체제와 비교할 때 필요할 경우 이들은 일관되고 강력한 정책을 하기 쉽다.49 두 번째는 유럽 국가들이 미국보다 더 포괄적인 복지국가를 지니고 있어서, 포퓰리즘이 기생하는 경제적 피해로부터 국민들을 보호하기 쉽다는 점이다.50 결과적으로, 유럽 국가들에게 가장 큰 위험이 되는 것은 바로 이민이다. 논란이 있을 수 있으나, 유럽 국가들이 실수를 했기 때문에 이민 문제는 통제 불능이 되었었다. 할 수 있는 능력이 있음에도 불구하고 초기에 효과적인 대응을 하지 못했던 것이다. 의회제 정부 형태 덕분에 이들은 이미 행동 경로를 변경했으며 이 실수를 교정하게 되었다.

우리는 미래를 예측할 수는 없다. 미국보다는 유럽이 포퓰리즘을 다루는 데 더 잘 갖춰져 있고, 보다 낙관적인 길에 들어선 것으로 보인다. 지금은 그렇다. 하지만 문제는 남아 있다. 제도적으로 볼 때, 유럽 연합은 회원국들의 유연한 정책 대응을 제약하고 있으며 효과적 대응을 방해하는데, 잠재적으로 이는 포퓰리즘의 이점으로 작용할 반유럽연합 정서를 고조시킬 수 있다. 또 다른 문제는, 이민 문제가 현재 통제되고는 있으나, 이미 유럽 내에 수백만의 망명 신청자들이 거주하고 있다는 사실이다. 이들은 떠날 의사가 전혀 없으며, 수용국들은 이들을 포용하고 동화시키기 위해 고군분투하고 있다. 그러는 동안 포퓰리즘 정당들은 정치적 이득을 위해 이 상황을 계속 악용하고 있다. 이민자가 저지를 범죄와 이민자를 지원하기 위해 쓰이는 돈을 집중 부각시키고, 있지도 않은 위기와 침략을 선포하며, 최대한 대중의 분노를 유발시키고 있는 것이다. 이들은 객관적으로 문제가 해소되었음에도 불구하고 이민 문제를 강렬한 정치적 이슈로 만들려 들고 있다.

전체적으로 볼 때, 앞으로 포퓰리스트들이 정부를 장악할 정도로 충분한 표를 얻지는 못하더라도, 자신들의 핵심 이슈와 불만들이 유럽 정치에 중대한 변수로 남게 만들기에는 충분한 정도의 의석을 확보할 수도 있다. 이렇게 되면 자유 민주주의에 대한 이들의 공격, 다양성과 포용성에 대한 이들의 저항, 백인 기독교 전통에 대한 집착, 스트롱맨 통치에 대한 지지가 끊임없는 위협이 될 것이다. 피셔(Max Fisher)가 최근 지적했듯이, "포퓰리스트들이 단지 일시적으로만 권력을 장악하고 집권 중 난항을 겪고 대부분 분노한 소수 집단에만 의존한다손 치더라도, 이들이 어떤 역할이라도 한다는 것 자체가 지각 변동과 같은 변화이다. 이들의 발흥은, 설령 더 커지지는 않았지만 여전히, 우리가 이제야 깨닫기 시작하는 방식으로 서구 정치를 바꿔 놓을 것이다."[51]

동유럽에서 번성하는 포퓰리즘

구 공산권의 동유럽 국가들에서도 포퓰리즘은 뿌리를 내렸다. 1980년대 말과 1990년대 초에 구소련으로부터 자유를 얻은 뒤 이 나라들은 공산주의에서 민주주의로의 이행을 시작했다. 유고슬라비아나 체크슬로바키아와 같은 나라들에서는 과거의 국가가 무너지고 그 경계 내에 문화적으로 보다 동질적인 작은 나라들이 생겨나면서 이행이 폭력적으로 이루어진 경우도 있다. 그 외에도, 탈공산권 세계에서 성공적인 민주주의를 만드는 것이 단순하고 쉽지만은 않을 것이라는 조짐이 처음부터 있었다.[52]

동유럽 국가들은 라틴 아메리카 국가들만큼이나 빈곤했다. 예컨대 1989년에 브라질의 1인당 국민소득은 3,153달러였고 아르헨티나의 경우 2,780달러였는데, 헝가리는 2,901달러였고 폴란드는 1,769달러였다.[53] 또한 동유럽은 40년 넘게 공산 독재의 철권 통치하에 있어서 민주주의 전통이 결여되어 있었다. 거의 대부분의 국민들이 공산주의 지배가 아닌 상태로 살았던 기억이 없었다. 권위주의적 통치, 곧 스트롱맨의 지배가 이들의 문화적 전통의 주요 부분이어서, 이것이 그들이 알고 있는 것이고 익숙해진 것이었다. 민주주의에 요구되는 관용과 개인 권리에 대한 존중, 정치적 타협은 그렇지 않았다. 따라서 처음부터 동유럽 국가들은 안정적이고 잘 기능하는 민주주의로 이행할 수 있는 이상적 후보는 아니었던 것이다.

하지만 대략 20여 년간은 상황이 좋아 보였다. 동유럽의 경제가 성장세에 있었고, 민주주의가 자리를 잡으면서 대중적 지지를 얻고 있었으며, 거의 모두가 유럽연합에 가입되어, 유럽연합이 이들의 경제 발전을 지원하고 이들의 생산품에 대한 시장을 제공했으며 민주주의적 규범과 절차에 따른 거버넌스를 장려(실제로는 공식적으로 요구)했다. 2009년이 되어 헝가리의 1인당 국민소득은 12,956달러, 폴란드는 11,454달러까지 치솟아 8,625달러의 브라질과 8,338달러의 아르헨티나 보다 한참 앞서갔다.[54] 민주주의로의 성공적인 이행이 잘 진행되고 있는 듯 보였다.

그러나 긍정적인 징후들은 곧 희미해졌다. 지금까지 보았듯이, 세계화의 진전이 유럽 전체에서 안정적 정치를 보다 어렵게 만들고 있었다. 그렇지만 일자리의 감소, 제조업의 공동화, 경제적 불안정 같은 통상 세계화와 결부된 경제적 도전은 동유럽에서 문제의 핵심이 아니었다. 이런 것들은 개발도상국들의 치열한 경쟁에 직면하게 된 미국과 서유럽의 선진경제를 괴롭히고 있는 고통이었다. 동유럽 국가들은 기본적으로 개발도상국들 중 일부였고, 이들의 경제와 생활수준은 크게 향상되고 있었다. 이들에게 있어서 국내정치에서 가장 중요했던 것은, 사회경제적 변화가 독특하고 소중한 자신들의 문화적 유산을 파괴하리라는 두려움과 강렬한 민족주의를 현대 세계의 급류가 촉발했다는 점이다. 이들은 작은 나라들이었고 새롭게 독립했으며 자신들의 전통에 대한 자부심이 대단히 컸는데, 이제 자신들의 정체성을 잃을까봐 두려워하게 된 것이다.

극단적 포퓰리즘의 불을 당긴 것은 이민에 대한 두려움과 문화적 위협이었다. 흥미롭게도 이는 말 그대로 단지 두려움이었을 뿐 현실은 아니었다. 왜냐하면 동유럽에는 이민자가 거의 없었기 때문이다. 하지만 나머지 유럽 전체를 통하여 이민은 증가하고 있었고, 많은 동유럽인들이 흑인과 황인종 외국인들이 문 두드리는 소리를 들을 수 있었다. 포퓰리스트 리더들은 이 점을 이용하여 이들의 두려움을 부추기고 외부인들에게 나라를 침략당하지 않으려면 극적인 조치들이 필요하다고 설득했다. 기존 정부는 나약하고 무능력하며 적에 대해 적극적 자세를 취하는 데 실패했다고 이들은 주장했다. 자기 문화와 정체성과 삶의 방식을 지키기 위해서는 강력한 리더십이 필요하다는 것이다.

포퓰리즘은 헝가리에서 처음 터져 나왔다. 2010년에 이민과 부패, 그리고 "기성 체제"에 대항하는 선거운동을 통해 빅토르 오르반(Viktor Orbán)과 그의 피데스당(Fidesz Party)은 3분의 2 이상의 의석을 획득하여 정부를 완전히 장악했다. 오르반은 즉각 헝가리 민주주의의 근간을 무너뜨림으로써 자기 권력을 공고히 하기 시작했다. 개헌을 했고, 피데스당에 유리하도록 선거법을 고쳤으며, 사법부를 충성파들로 채워 넣고, 핵심 관료 기구들을 감시했으며, 국영 언론들을 선전 도구로 전락시켰고, 부유한 측근들이 민영 언론을 모조리 사들이도록 도왔으며, 측근들에게 자금과 계약을 몰아주었고, 중부 유럽 대학(Central Eupean University)을 헝가리에서 쫓아냈다. 오르반이 자랑 삼아 말했듯이, 그의 목적은 헝가리를 "비자유주의 민주주의"(illiberal democracy)로 변화시키는 것이었다.55

이러는 과정에서 오르반은 포퓰리즘의 북소리를 끊임없이 울렸다. 작고 취약한 헝가리가 외부의 적, 특히 이민과 같은 적으로부터 끊임없는 위협에 처해 있으며, 스트롱맨인 자신만이 나라를 지킬 수 있다고 주장했던 것이다. 유럽연합이 2014-2016년의 위기에 대처하기 위해 모든 회원국들에게 일정 쿼터의 난민 수용을 의무화하자, 오르반은 이를 거부했을 뿐 아니라 뻔뻔하게도 국경에 철조망 펜스를 설치하고 침입을 막기 위한 "국경 사냥꾼" 삼천 명을 고용하기까지 했다.56

기성제도와 규범에 대한 공격과 마찬가지로 대중의 두려움을 부추기는 이 전략은 통했다. 수년간 오르반은 선거에서 계속 승리했으며, 민주주의를 파괴했음에도 불구하고 헝가리 국민들 사이에서 대중적 인기를 누렸다. 그의 프레임에 있어서, 구해야 하는 것은 자유민주주의가 아니라 헝가리 자체이다. 오르반은 다음과 같이 말했다. "이민을 국경에서 막지 못하는 자들은 패배할 것이다. 그들(외부의 적들)은 우리나라를 빼앗으려 한다…수십년 동안 그들은 우리 문화와 법규와 삶의 방식을 존중하지 않는 이방인들에게 우리가 자발적으로 우리나라를 넘겨주라고 강요하고 있다."57 헝가리인들은 "자신의 피부색과 전통과 문화가 다른 것들과 섞이기"를 원치 않는다고 오르반은 주장했다.58

다른 포퓰리스트들의 눈에 오르반은 개척자이다. 이들은 공개적으로 오르반을 흉내낸다. 그래서 헝가리에서 벌어진 일은 이제 폴란드에서도 진행 중이다. 폴란드의 포퓰리즘 정당 법과 정의당(Law and Justice Party)의 대표 야로스와프 카진스키(Jaroslaw Kacziński)는 2016년에 다음과 같이 말한 바 있다. "유럽에서 이런 일이 가능하다는 것을 빅토르 오르반이 보여주었다. 오르반 당신은 우리에게 본보기를 제공했고, 우리는 당신의 본보기를 통해 배우고 있다."[59] 정말 그렇다. 2015년 선거를 통해 의회 다수당이 된 뒤 카진스키와 그의 정당은 폴란드 민주주의에 대한 공격을 즉시 감행하여, 사법부를 충성파들로 채워 넣고 국영 언론을 장악하고 민영 언론을 통제했으며, 표현과 집회의 자유를 제한했다.[60]

카진스키가 오르반 수준의 "성공"을 거둘지는 명확하지 않다. 그의 정당이 유권자들 사이에서 그다지 인기 있지 않기 때문이다. 시간이 말해 줄 것이다. 하지만 빠르게 성장하는 경제와 활력 있는 민주주의를 지닌 폴란드는 오랫동안 구 공산권 국가들 중 안정된 민주주의로 이행할 가능성이 가장 높다고 평가되어 왔는데, 이제 그 궤도가 걱정스럽게 된 것이다. 더욱이 오르반의 본보기를 따르고 있는 것은 폴란드만이 아니다. 슬로바키아와 체코 역시 최근 포퓰리즘 리더가 장악하게 되었다.

동유럽에서 민주주의가 살아남을 가능성은 열려 있는 상태이다. 민족주의와 반이민 열풍에 의해 포퓰리즘이 확산되고 있는데, 정치적 전통이 권위주의에 물들어 있고 통치 제도들이 제대로 발전되어 있지 않은 이 지역에서 전망은 그리 밝지 않다.

미국 공화당에 뿌리 내린 포퓰리즘

　미국은 200여 년을 거슬러 올라가는 민주주의 전통을 지니고 있다. 1800년대 중반 이래 미국 민주주의는 연방 및 주들의 관직에 대한 공화당과 민주당 간 경쟁으로 이루어져 왔다. 그러는 동안 헌법은 존중되었고, 민주적 규범과 절차는 초당적으로 지지되었으며, 지금까지 포퓰리즘은 단 한 번도 연방정부를 장악하지 못했다.
　이차대전 종전 후 십여 년간 경제 호황이 지속되면서 포퓰리즘의 위협은 미미했고 가능해 보이지 않았다. 만일 양당 중 어느 하나에 포퓰리즘 정서가 존재했다면, 그 자연스런 정치적 근거지는 노동계층과 사회적 약자, 그리고 남부의 정당이었던 민주당이었을 것이고, 부자와 기업들의 지지를 받던 공화당은 아니었을 것이다. 하지만 그 당시에도 정당 체계를 천천히, 그러나 극적으로 변화시키는 상황 전개가 이루어졌으며, 이후 수십 년 동안 공화당을 포퓰리즘의 가장 강력한 도구로 만들어가게 되었다.
　돌이켜보면 그간 벌어진 일은 놀라운 일이 아니다. 1950년대와 1960년대에 윌리엄 벅클리(William Buckley)와 그의 보수적 저널 『내셔널 리뷰』(National Review)가 앞장섰던 보수주의의 신봉자들은 뉴딜과 거대 정부 및 이를 만든 진보주의자들에 대한 자유 시장주의적 반대를 통해 자신들의 이념을 규정했다. 이들은 "반워싱턴"적이었고 "반기성질서"적이었다. 이들은 또한 널리 호응을 받는 강한 정당을 만들기 위해서는 자신들의 신자유주의(자유 시장) 철학을 사회적 보수주의와, 곧 문화적 근거에서 추종자들을 끌어들일 수 있도록 전통 문

화에 대한 지지 및 사회 변화에 대한 반대와 융합시켜야 할 필요성을 인식했다.[61]

이념적 측면을 볼 때, 신자유주의와 사회적 보수주의 간의 이런 결합은 크게 이상스런 것이 아니다. 보수주의 이념가들은 항상 전통 문화의 신봉자요 수호자였었다. 문제는 역사적, 정치적인 것이었다. 미국에서 사회적 보수주의의 본산은 남부였는데, 남부는 오랫동안 민주당의 수중에 확고하게 장악되어 있었던 것이다. 그러나 남부에 대한 민주당의 장악력은 곧 느슨해져 갔다. 아프리칸 아메리칸들을 위한 린든 존슨(Lyndon Johnson)의 기념비적 승리, 곧 민권법(Civil Rights Act, 1964)과 투표권법(Votingh Rights Act, 1965) 이후 초기의 조짐들이 나타나기 시작했다. 존슨 스스로가 씁쓸하게 예상했듯이, 이 역사적인 연방법의 인종적 함의 때문에, 그리고 1964년 선거를 앞두고 공화당 대통령 후보 골드워터(Barry Goldwater)가 민권법에 반대했기 때문에, 민주당을 지지하던 남부 백인 유권자들이 공화당으로 몰려가는 반발이 초래되었던 것이다. 오래된 충성심은 쉽게 사라지지 않으므로, 이 이동은 시간이 걸렸다. 하지만 수십 년에 걸쳐 남부는 민주당의 강력한 지지기반에서 공화당의 강력한 지지기반으로 변해 갔으며, 남부의 강한 사회적 보수주의는 결국 공화당의 정치적 토대가 되었다.[62]

이 백인 반발의 가장 영향력 있는 지도자는 앨라배마 출신의 포퓰리즘 선동가 조지 월리스(George C. Wallace)였다. 월리스가 처음 유명세를 탄 것은 1963년 주지사 취임 연설에서 "지금도 분리(segregation), 내일도 분리, 영원히 분리"라는 노골적인 인종주의적 발언을 한 것과, 앨라배마 대학의 첫 흑인 학생의 등교를 막기 위해 문 앞에 서 있었던 것을 통해서였다. 그러나 정치인으로서 월리스는 단순히 인종적 증오에만 편승했던 것이 아니다. 그는 많은 블루컬러 노동자들과 백인 중산층들이 자신들의 전통적인 삶의 방식과 그에 기반을 둔 특권을 잃을 것을 두려워하고 있고, 기성 엘리트들과 전문가들에 의해 자신들에게 사회 개혁이 부과되는 것에 분노하고 있으며, 똑똑한 척하는 지식인들이 자신들을 무시하는 것을 증오하고 있다는 것을 간파했다.

월리스는 또한 이러한 문화적, 인종적 우려가 남부에만 국한된 것이 아니며 실제 전국에 걸쳐, 특히 농촌지역과 중서부 산업지대의 백인 유권자들 사이에 존재한다는 점도 인식했다. 그가 연설에서 말했듯이, 남부에 살지 않는 이 유권자들도 그들의 문화와 전통과 요구와 기성 정치권에 대한 거부에 있어서 기본적으로 남부라는 것이다. 이러한 결속이 그가 "트위들덤, 트위들디"(Tweedle Dum and Tweedle Dee)*라고 비아냥댄 두 정당을 공격할 강력한 운동의 기반이 될 것으로 그는 믿었다.63

월리스는 지역적 기반을 발판으로 전국적인 세력 확장에 나섰으며, 1964년, 1968년과 1972년 대통령 선거에 출마해 강렬한 포퓰리즘식 선거운동을 전개했다. 시간이 흐르면서 월리스는 공공연한 인종주의를 완화시키기도 했고, 거의 같은 메시지를 전달하기도 했으

....
*   역주: 루이스 캐럴의 소설 『거울 나라의 엘리스』에 나오는 쌍둥이 형제. 서로 거의 다르지 않은 존재로 묘사됨. 월리스는 민주, 공화 양당이 5전짜리 가치도 없이 똑같다며 이렇게 불렀음.

며, 법과 질서(law and order)와 주권(state's right)을 강조하고 광역학군제(busing)*와 복지와 적극적 차별철폐정책(affirmative action)을 반대함으로써 지지를 넓히려고도 했다. 그는 또한 거대 정부를 공격했는데, 그의 묘사에 따르면 거대 정부는 (백인) 미국인들에게 원하지 않는 사회 개혁을 강제로 떠맡기고 힘들게 번 세금을 받을 자격이 없는 (소수집단들)에게 재분배하는 진보주의자들의 도구였다. 그렇지만 월리스는 사회 보장제(Social Security)와 의료보장제(Medicare) 및 그가 보기에 미국의 보통 사람들 (백인)을 도와주는 다른 뉴딜 식 정책들은 강력히 지지했다. 그가 정말로 거대 정부를 반대했던 것은 아니다. 그가 반대했던 것은 사회 변화를 강요하고 소수 집단들에 혜택을 나눠주는 연방 정부였던 것이며, 자신의 지지층에 이익이 되는 정부 프로그램들에 대해서는 대단히 우호적이었던 것이다.

이러한 포퓰리즘적 메시지는 적지 않은 유권자들에게 통했다. 1964년에 월리스는 민주당 예비선거에 출마해 중도에 포기하기 전까지 세 주에서 3분의 1 이상의 표를 획득했다. 1968년 대통령 선거에서는 닉슨(Richard Nixon)과 험프리(Hubert Humphrey)에 맞서서 총 투표 수의 13.5퍼센트를 얻었고 모두 남부 주에서만 선거인단 45표를 획득했다. 다시 1972년에 월리스는 예비선거와 전국 여론조사에서 대단히 좋은 성적을 냈었는데, 여름이 되기 전에 암살 시도로 저격당하여 하반신이 마비되어 세 번째 대통령직 도전이 끝나게 되었다. 이해에 언론의 주목을 받은 것은 디트로이트의 한 자동차 산업

....
* 역주: 청소년기부터 인종 통합을 위해 광역학군제를 시행하고 스쿨버스로 학생들을 통학시킨 제도.

노동자였는데, 그는 광역학군제에 대한 분노 때문에 민주당 예비선거에서 월리스를 지지했다가 본 선거에서는 좌파 반전 후보 맥거번(George McGovern)에게 투표했다.[64] 반동적 포퓰리즘은 단순히 우파 주변에 머무는 존재가 아니라, 뉴딜 이후의 정치적 배열을 휘저을 수 있는 존재였던 것이다.

더 이상 대선 후보가 될 수는 없었지만, 월리스는 백인들의 문화적 반발이 선거에서 지니는 파괴력을 보여주었다. 그리고 남부와 농촌지역이 이제 공화당 지지로 돌아서면서 공화당 정치인들은 이 새로운 정치적 기반에 대한 월리스의 메시지를 흡수했다. 닉슨의 "남부 전략"이 잘 보여주듯이 공화당은 월리스의 주요 정책 어젠다들을 점차 받아들이게 되었다. 이 어젠다들은 본질적으로 인종주의와 편견들을 수반했으며, 전반적으로 월리스 지지층들이 지녔던 반기성질서, 반워싱턴적 관점과 문화적 우려들을 반영하고 있었다. 이는 또한 윌리엄 벅클리와 여러 신자유주의 리더들의 반기성질서, 반워싱턴적 관점과도 어느 정도 부합되는 것이었다.[65]

1970년대와 1980년대에는 제리 폴웨(Jerry Falwell)과 같은 종교 지도자들이 공화당과 손을 잡고, 사회적으로 보수적이고 주로 남부와 농촌 지역에 거주하던 복음주의 기독교인들을 정치화시켜 갔다. 이를 위해 이들은 막대한 조직과 언론 네트워크를 동원해 종교와 문화에 관한 정치적 메시지뿐 아니라 세금, 범죄, 정부의 과잉 간섭 등 전형적인 보수주의 메시지를 전파했다. 이러는 가운데 이들은 이때까지만 해도 복음주의자들 사이에서 전혀 논의조차 되지 않았던 낙태 반대 이슈를 복음주의 정체성의 핵심과도 같은 격렬한 정치적 이슈로 만들었다. 이들은 또한 지속적으로 주장해 왔던 두려움, 곧 기독교 문명이 진보주의자와 세속주의자와 대법원과 같은 적들에 의래 공격받고 있다는 두려움을 확산시켰다. 이렇게 해서 종교와 "생명권"(right to life)이 공화당 정체성의 핵심이자 공화당 정치의 중심이 되었던 것이다.66

정치적 팽창의 동력으로서 이 새로운 문화적 기반은 공화당에게 엄청나게 가치 있는 것이 되었다. 하지만 이슈와 신념에 있어서, 이것이 골드워터에게 그렇게 중요했던 경제적, 자유지상주의적 보수주의 요소들과 무슨 연관이 있었는가? 또는 윌리엄 벅클리나 로널드 레이건의 보수주의와 무슨 연관이 있는가? 미국 보수주의의 이 상징과도 같은 존재들과 이들의 지적 동료들인 밀튼 프리드만(Milton Friedman)이나 어빙 크리스톨(Irving Kristol)은 현대 공화당의 철학적인 기수들과도 같았으며, 그 기원이 1964년 골드워터의 공화당 대통령 후보 지명까지 올라가서 1980년 레이건의 대통령 당선으로 확고히 수립된 공화당 이념의 정통이었다. 레이건은 이후 거대한 역사적 존재가 되었고, 자유 시장과 자유무역, 작은 정부 주장의 대표로서 세계적 명성을 얻었으며, 자신의 신자유주의 원칙으로 공화당을 규정하고 엘리트 수준의 공화당 정치인들을 규합했던 이념적 리더였다. 십여년이 흐른 뒤 신자유주의는 승리를 거두었고 공화당은 그 가장 열렬한 주창자가 되었다.67

그렇지만, 월리스 이후의 미국정치에서 공화당은 도대체 무엇인가? 무엇을 대표하는가? 신자유주의 지지자들은 파우스트 같은 거래를 했다. 정치적 성공을 거두기 위해 공화당은 남부-농촌의 지지

기반을 필요로 했는데, 이들은 신자유주의 원칙으로는, 사실 어떤 일관된 이념적 원리로도 동원되지 않았다. 그러나 이들은 반기성질서, 반워싱턴 정서를 공유하고 있었으며, 이는 중요한 공통점이었다. 그러나 월리스가 이끌었던 백인들의 반발이 여실히 보여주었듯이 문화적 근거의 핵심에는 분노와 불만과 과거에 대한 열망이라는 강력한 감정적 동요에 의해 추동되는 위험스런 포퓰리즘적 요소가 있었으며, 이는 사회적 다양성에 대한 거부 및 인종주의와 자주 섞여지고 있었다. 공화당의 신자유주의 엘리트들의 과제는 인종적, 농촌적, 종교적 가치들에 호소하여 포퓰리즘적 기반의 이점을 취하면서도, 이 포퓰리즘 기반이 당을 장악하고 당의 이념적 핵심인 신자유주의 자체를 부정하도록 놔두지 않는 것이었다.

남부의 재편 이전에 민주당은 내부 문제에 직면해 있었다. 북부 출신들은 대부분 도시 진보주의자들이었고, 남부 출신들은 특힌 인종 문제에 대해 보수적이었으며 농촌지역을 대표했다. 남부 보수주의자들은 의회 내의 핵심적인 위원회들을 장악하고 있었으며 정책 결정에 있어서 강력한 행위자들로, 종종 민주당 진보파를 반대하는 "보수주의 연합"으로 공화당과 표결을 같이 하곤 했다. 하지만 루스벨트, 트루만, 케네디, 존슨과 같은 사례가 보여주듯이 진보주의자들이 당을 통제해 왔는데, 남부 보수주의자들이 당을 떠나 공화당에 합류하게 되면서 민주당 진보주의자들의 당 장악력과 진보적인 사회적 어젠다들은 훨씬 강화되었다. 보수주의자들이 사라지면서 민주당이 더욱 동질적이고 진보적이 되었던 것이다.[68]

한편, 공화당은 남부가 옮겨오면서 더욱 보수적이 되었다. 이 과정에서 공화당 온건파들이 정치 지평에서 사라지면서 당은 더욱 보수화되었다. 하지만 양당 간에 벌어진 이러한 변화의 효과는 같지가 않았다. 민주당은 보다 단합된 정당이 되었으나, 공화당은 그렇지 못했던 것이다. 그와 반대로 공화당에는 많은 공화당 엘리트들의 자유시장 이념과 직접 상관이 없거나 종종 상충되는 관점을 지닌 포퓰리스트 기반이 남아 있었으며, 당을 쪼갤 위협이 되는 내부 갈등 가능성이 있었다.[69]

공화당은 단순히 보다 보수적이 된 것이 아니었다. 현대 사회의 방향과 정부에 대해 분노하고 정치 제도들에 대해 지긋지긋해 하며 정치 엘리트들과 전문가들에게 반대하고 변화하는 세상에서 자신들의 문화와 전통과 지위를 잃을까봐 두려워하는 미국인들의 근거지가 되었던 것이다. 공화당은 또한 인종주의자들과 외국인 혐오주의자들의 소굴이 되었다.[70] 나아가 최근의 연구들에 따르면, 공화당은 권위주의적 가치를 지닌 상당수 미국인들의 근거지가 되었는데, 이들은 법과 질서, 전통주의, 사회적 동화, 그리고 다양성과 변화에 대한 반대를 강조하는 공화당과 자신들의 세계관이 일치한다고 생각한다.[71]

공화당 지지자 모두가 이런 권위주의적 세계관을 지니고 있는 것은 아니다. 하지만 이런 사람들이 공화당의 지지기반에 상당히 포함되어 있다. 공화당 지지자들이 한결같이 인종주의자인 것은 아니지만, 인종주의자들은 공화당 지지자일 가능성이 크다. 마찬가지로 반-정부적인 사람들 역시 공화당 지지자일 가능성이 높다. 이런 사람들이 당의 지지기반에 집중되어 있으므로 공화당 엘리트들은 이들에게 주의를 기울이고 선거에서 이들의 힘과 열정을 두려워해야 할 강력한 동기를 지니고 있으며, 이 기반이 지지하는 방향으로 당을 끌고 가려 하게 된다.

이러한 변화들만 해도 지난 수십 년 간 공화당과 미국정치를 재구성하는 데 중대하게 작용해 왔다. 하지만 이는 전체 그림의 일부분일 뿐이다. 왜냐하면, 대체로 1970년대 중반 이래 선진 민주주의 세계 전체가 세계화와 기술 변화 및 이민에 휩쓸리게 되었고, 이로 인해 백인 노동 계층의 일자리와 경제적 안정 및 전통적 문화에 대한 사회경제적 혼란이 터져 나오게 되었기 때문이다. 따라서 1960년대에 조지 월리스에 의해 촉발되었던 포퓰리즘적 좌절과 분노가 다음 수십 년 동안 엄청나게 악화되어, 이미 대단히 폭발성이 컸던 지지층, 점점 더 공화당에 집중되고 있는 이 지지층에 기름을 부었던 것이다.

이민

1960년대 중반까지 미국의 이민 체계는 제약적이었고, 국가별 쿼터에 기초를 두고 있었으며, 북부 유럽인들에게 유리하게 설계되어 다른 모든 사람들에게는 불공평했다. 그러나 1965년 이민 및 국적법(Immigration and Nationality Act)이 입법화되면서 상황은 급변했다. 이 법은 진보주의자들이 주도했으나 거의 초당적으로 통과된 획기적인 개혁으로, 출신국 쿼터와 북부 유럽인 편향성을 폐기했다. 이 법은 또한 새로 시민권을 획득한 사람들이 설정된 상한선을 넘어서 가족들을 데려올 수 있게 하는 "가족 결합"에 중점을 두었는데, 이로 인해 정책 결정자들이 전혀 예상하지 못한 폭발적 결과가 초래되었다. 이후 5년간 이민은 두 배로 증가하여, 1970년에는 천만 명의 미국 거주자들이 해외 태생이었다. 이 숫자는 1980년에 1,400만, 1990년에는 2,000만, 다시 2000년에는 3,000만으로 급증했다.[72] 이민자 수의 극적인 증가에 따라 인종, 종족별 구성도 급변하게 되었다. 새로운 이민의 90퍼센트 이상이 라틴 아메리카와 아시아 출신이었고, 유럽으로부터의 이민은 15퍼센트 미만이었다.

이 시기 동안, 특히 1990년대 들어 미국인들 상당수가 이민을 경제적으로나 문화적으로 심각한 문제로 여겼다.[73] 많은 사람들이 합법적 이민의 수를 감축시키기를 원했으나, 이보다 더 우려했던 것은 1965년 이민법 이후 극적으로 증가한 미등록 이민자들이었다. 어떤 추산에 따르면, 2000년에 850만 이상의 이민자들이 비자 기한을 초과하거나 불법적으로 국경을 넘어 미국에 불법적으로 거주하고 있었다.[74] 이들 중 일부는 시민권을 받으려 했으나 오래 지연되고 비효율적인 이민 관리 체계에 갇혀 있었고, 다른 많은 이민자들은 그저 단속을 피하려고 애쓸 뿐이었다. 특히 멕시코와 중앙 아메리카 출신의 이민자들은 일자리와 기회를 얻기를, 그리고 어떤 경우에는 고국의 폭력 위협을 피할 수 있기를 간절히 바랐다. 이렇게 혼란스런 상황에서 미국인들 대다수는 정부가 어떤 식으로든 질서를 잡아 주기를 원하고 있었다.

적절한 선을 유지하고 제대로 관리된다면, 특히 저출산과 치열한 국제 경쟁의 시기에, 이민이 활기찬 노동력과 높은 효율성, 그리고 경제 성장을 촉진하여 국가에 이익이 된다는 데 전문가들은 대체로 동의한다.[75] 그러나 많은 미국인들의 관점에서 보면, 이 시기의 이민은 통제를 벗어나 있었고 이에 효과적으로 대응하는 데 정부가 실패하고 있었다. 왜 그랬을까? 강력한 특수 이익들이 둘러싸고 있는 이 민감한 정치적 이슈에 직면하여 의회가 국민들의 우려를 불식시키고 국가 이익을 도모할 수 있는 일관되고 효과적인 정책을 마련할 수 있는 능력이 없었기 때문이었다. 수백 명의 기회주의적 정치인들로 채워진 기구로서 의회는 당면한 문제를 해결하기보다는 단지 특수 이익들을 나눠먹기 식으로 대표하고 강력한 이익들을 달래는 데 더 적합했다.

진보주의자들과 소수 민족 집단들이 더 높은 수준의 이민과 가족 결합을 지지했던 것은 별로 놀라운 일이 아니다. 그러나 역설적이게도 의회가 이민을 통제할 수 없었던 것은 바로 진정으로 효과적인 정책에 대한 공화당의 반대 때문이었다. 서부와 남서부의 농장주들과 건설업 등 많은 기업들이 수십 년간 저임금의 이민 노동력에 의존해 왔었는데, 이들은 의회의 보수적 지지자들과 자신의 정치력을 이용하여 미등록 이민자들을 고용한 사업주들을 처벌하기 위해 필요한 고용인 등록 카드나 데이터 뱅크와 같은 실효성 있는 제도들을 무산시켜 왔다. 일자리를 찾을 수 없다면 이민자들이 미국에 불법적으로 들어오지 않을 것이란 것을 정책 담당자들을 너무나 잘 알고 있었다. 이민자들의 취업 기회를 규제하는 것이 정책 성공의 열쇠였다. 하지만 기업들은 이들을 고용하고 싶어 했고, 자신들의 막강한 힘을 이용하여 이 효과적 해결책을 막았던 것이다. 이런 영향력은 공화당의 전통적인 자유 시장 이념에 의해 더욱 강력해 졌다. 로널드 레이건을 포함하는 공화당 지도부가 세계화와 노동력의 자유로운 이동, 그리고 이민이 기업과 경제성장에 (그리고 자유에) 좋은 것으로 받아들였고, 기업의 고용을 정부가 규제하는 데 반대했던 것이다.

매년 새로운 이민자들이 거의 100만 명씩 증가했던 1980년대와 1990년대에 의회는 몇 번의 (특히 1980, 1986, 1990년) 이민법을 통과시켰는데, 그 고상한 명칭에도 불구하고 이 이민법들은 문제를 제대로 해결하지 못했을 뿐 아니라 오히려 합법적 이민을 확대시켰다. 미국인 대중들 사이에서는 경제적, 문화적 우려가 고조되었다. 서로 다른 이념과 이익과 지지 세력의 영향 때문에 민주당과 공화당 모두 이민 문제를 통제할 수 있고 대중의 우려에 대응할 수 있는 강력하고 일관된 정책을 지지하기를 꺼려했다.

이러는 가운데 정치적 지형이 변하고 있었다. 사회적 보수주의가 공화당 내부에서 영향력을 키우고 있었고, 자연스레 포퓰리스트 지지기반의 목소리가 커지게 되어, 기업들과 이념에 근거를 두었던 공화당 주류의 친이민 입장에 정면으로 충돌하게 되었던 것이다. 이런 갈등은 이후 수년간 진행되어 궁극적으로 공화당을 변형시켰다. 또한 의회의 이민 정치를 더욱 혼란스럽게 만들어서, 반이민 세력이 증대되면서 소수민족과 기업들의 이민 지지세력들에 도전하게 되었다. 이에 따라 의회는 교착상태에 빠지고 어떤 것도 할 수 없게 되었다. 이민 문제는 세기가 바뀐 뒤에도 계속 곪아 갔고, 정부는 이를 전혀 다룰 수 없었다. 그리고 대부분의 국민들은 지쳐버렸다.

세계화와 기술 변화

국경 너머에서 이민의 물결이 쏟아져 들어왔듯이 상품들의 물결도 쏟아져 들어왔다. 20세기 마지막 10년간 수조 달러에 달하는 상품과 서비스가 미국과 다른 나라들 사이에서 교환되었다. 광대한 새로운 시장이 미국 기업들에게 열렸고, 이전에는 단절되어 있었던 국내 경제 부문들로 해외 경쟁자들이 몰려들었다. 관세 및 무역에 관한 일반 협정(Gerneral Agreements on Tariffs and Trade; GATT)하에서 미국 정부는 엄청난 수의 쌍무적, 다자적 무역 협정을 맺었다. 관세와 쿼터는 떨어졌고, 시간이 흐르면서 각국들은 전례 없는 정도로 서로 상품을 사고팔았다.

1960년에 미국의 수출입 총액은 대략 500억 달러였는데,[76] 1970년이 되면 두 배 이상 증가했다. 다시 1980년에는 수출입 총액이 20년 전에 비해 10배 이상이 되었다. 그러다가 1990년대에 무역의 물결은 믿을 수 없는 정도의 쓰나미가 되었다. 1994년에는 GATT가 세계무역기구(World Trade Organization; WTO)로 대체되었는데, WTO는 훨씬 많은 국가들을 포함하고 있었고 개별 국가들이 해외 경쟁으로부터 국내 산업을 보호하는 능력을 더욱 위축시켰다. 이렇게 해서 로드릭(Dani Rodrik)이 "세계화"에서 "초세계화"로의 이행이라고 부르는 과정이 진행되었는데, 초세계화 속에서 각국 정부는 국경을 넘어 오는 무역의 흐름을 더 이상 막을 수 없고, 보조금이나 특허권이나 규제, 각종 무역 장벽들을 통해 경제 부문들에 대한 무역의 영향을 감소시킬 수 없게 되었다. 로드릭의 설명에 따르면, 이 새로운 무역 레짐하에서 "무역 협정은 전통적으로 초점을 두었던 수입 규제를 넘어서 확장되어 이제 국내 정책들에 영향을 미치게 되었고, 국제 자본 시장에 대한 통제는 철폐되었으며, 개발도상국들은 해외 무역과 투자에 시장을 개방하라는 강한 압박을 받게 되었다."[77] 2000년에 미국 국경을 넘은 상품과 서비스는 2조 5,000억 달러에 달했다. 그 후 중국이 세계 경제 공동체에 가입했고, 국제 금융의 수단들은 폭증했으며, 미국 국경을 넘어 오는 상품들의 파고는 더욱 높아졌다.

효율성을 높이고 노동 비용을 절감하고 해외 경쟁에 대응하기 위해 많은 기업들이 해외로 공장을 이전했다. 동시에 기업들은 신기술들을 받아들여 이전에 임금 수준이 높았던 일자리들을 불필요하게 만들었다. 그 결과 수많은 일자리들이, 어떤 경우는 산업 전체가 미국의 고용 시장에서 사라졌다. 회계직이나 사무직, 타이피스트, 그리고 제조업과 물류업의 셀 수 없이 많은 일자리들이 더 이상 필요하지 않게 되었다. 이런 일자리들은 훨씬 많은 교육과 훈련을 요구하는 일자리들로 대체되었다.[78] 산업혁명이 19세기 소농들의 고용 기회를 파괴했던 것과 똑같이 현대의 국제 무역과 자동화가 교육 수준이 낮고 숙련도가 낮은 노동자들의 삶의 기회를 황폐화시켰던 것이다.[79]

한 가지 명확히 할 점은 최근의 경제적 변화의 효과가 나쁜 것만은 아니라는 점이다. 사실, 자유 무역과 기술 진보는 국가 경제에 막대한 혜택을 가져다주었다. 상품과 서비스를 해외에 판매할 새로운 기회가 생기면서 생산 라인과 유통망은 확장되었고, 이윤은 치솟았으며 수많은 산업들이 번영을 구가했다. 또한 가격이 떨어지고 선택지가 넓어지면서 소비자들도 크게 혜택을 받았다. 전체적으로 볼 때,

주식시장 지표나 투자 이윤이나 소비 패턴, 노동 생상성 모두가 상승했다. 국제 무역과 기술 변화는 미국 경제에 실제로 좋은 결과를 가져다주었던 것이다.

대통령들은 이를 명확히 알고 있었다. 국가 전체의 관리자로서 대통령들은 이 추세를 강화시켰다. 민주당이든 공화당이든 각 행정부들은 국내 산업들을 위한 세계 시장을 확장하고 상품들의 국내 유입을 확대하려 했다. 그러면서 이들은 무역 장벽의 축소와 새로운 무역 협정의 증대를 주장해 온 주류 경제학자들의 조언을 따라 왔다. 국가 경제의 추세와 필요에 집중했던 현대 대통령들은 자유 무역의 신봉자들이었던 것이다.

그러나 국가 전체의 혜택은 분산되었던 반면, 그 비용은 특정 지역이나 부문에 집중되었다. 해외 경쟁이 치열해지면서 빈부의 불평등은 증가했다. 제조업 부문은 침체되거나 사라졌다. 많은 노동자들이 임금 수준이 하락하고 고용 기회가 사라지는 것을 바라보았다. 여러 지역 사회들에게 세계화와 자동화의 연속 타격은 재앙이었다. 이에 대해서는 수많은 연구들이 있다.[80] 그리고 수십 년간 아무도 도우러 오지 않았다.

다른 정부 기관들보다 의회가 나서야만 했었다. 헌법의 고안에서 인민의 기구인 의회가 지역들의 문제를 대변해야 했던 것이다. 실제 의원들 몇몇은 경고음을 울리기도 했다. 그러나 개별적인 시도들은 전체적인 행동으로 이어지지 않았다. 그보다 의회는 항상 그래 왔듯이 움직였다. 고통받는 노동자들과 지역사회들을 돕기 위해 정확한 목표를 정하고 강력하며 보완적인 조치가 필요한 그때, 의회는 의미 있는 도움이 별로 되지 않는, 효과적이지 않고 일관적이지 않은 정책들을 내놓았던 것이다.

이 시기 다른 산업 국가들에 비해 볼 때, 미국 정부는 이러한 피해를 수습하는 데 하찮은 비용만을 지불했으며, 특히 교육 수준이 낮고 숙련도가 낮은 노동자들이 새로운 세계 질서에 적응하도록 돕는 정책들에는 더욱 주의를 기울이지 않았다. 이에 비해 다른 선진 산업 국가들은 미국에 비해 훨씬 더 많은 자원을 적극적인 노동 시장 정책에 투입했다. 믿기 어렵지만, 지난 수십 년간 노동력에 대한 미국의 지출은 실제로 감소되어 왔다. 1980년대 중반 이래 국제 무역이 가속화되는 가운데 연방정부는 무역 조정 지원(Trade Adhustment Assistance) 프로그램들에 대한 재정적 지원을 점점 축소시켜 왔던 것이다. 결국 다른 산업 국가들에 비해 미국 노동자들은 경제의 구조적 변화에 보다 취약해질 수밖에 없었다.[81]

연방정부가 제공한 적은 지원들조차 국제 경쟁과 기술 변화의 영향을 받는 사람들에 대한 장기적 혜택을 주는 프로그램들에는 거의 쓰이지 않았다. 방위산업 조정(Defense Industry Adjustment)이나 기회 창출 파트너쉽(Partnership for Opportunity), 노동력 및 경제 활성화(Workforce and Economic Revitalization) 등, 지역적, 또는 특정 산업별 프로그램들을 통해 정부는 해외 경쟁의 피해를 입은 소수의 집단들을 선택해 별로 크지 않은 지원을 제공했다. 또한 의료보장(Medicare)과 실업급여(Unemployment Insurance)를 통해 직장을 잃은 사람들에게 단기적 혜택을 제공하기도 했다. 하지만 정부는 급변하는 경제 환경 속에서 이들의 미래에 대해서는 거의 아무것도 투자하지 않았다.『조정의 실패』(*Failure to Adjust*)라는 탁월한 저서에서 앨든 (Edward Alden)이 설명하듯이, 미국 정부는 "세금 재분배, 피해가 큰 지역들에 대한 투자와 발전을 촉진하기 위한 종합적 노력, 일자리를 잃은 노동자들에 대한 재훈련과 재배치 지원, 급여 보전을 위한 임금 보험 등"에 착수할 수도 있었다. 그러나 그 어느 것도 정부는 하지 않았다. 심각한 경제적 급변의 시대에 "승자는 패자를 보상해 주는 어떤 것도 하지 않았다."[82]

세계화와 기술 변화의 충격을 완화시켜 주기 위한 정부의 가장 진지하고 지속적인 노력들조차 별로 진지하거나 지속적이지 않았다. 노동부가 운영한 TAA 프로그램은 국제 경쟁으로부터 가장 심각하게 피해를 입은 노동자들을 재교육하고 새로운 일자리 기회가 있는 지역으로 재배치하도록 되어 있었다. 그러나 TAA는 이런 일을 거의 하지 않았다. 자격 기준이 엄격하고 자금이 적었기 때문에 이 프로그램은 지원을 가장 필요로 하는 노동자들 대부분에게 제공되지 못했으며,[83] 제공받은 사람들에게도 자금 지원은 적었고 단기적이었다.[84]

여기에서 다시 한 번 현대 사회의 최대의 도전에 대응하는데 실패하는 정부를 보게 된다. 세계화와 기술 변화가 야기한 피해에 대해 국가 지도자들은 무관심으로 대응했고, 정책 대응은 단편적이고 일관적이지 않았으며 불충분했다. 앨든이 다시 설명한다. "어떤 정부이든 그 핵심적 과제는 경제 변화에 직면하여 국민들이 이에 구조 조정하는 것을 도울 수 있는 수단을 제공하는 것이다." 하지만 정부는 이런 일을 하지 않았다. 오히려 "지난 반세기간 벌어진 일은 정부가 이 조정의 어려움을 누그러뜨리는 데 실패했다는 것이다." 더욱이 정부의 이런 실패는 엄청난 정치적 결과를 초래했다.

뷰캐넌과 페로

두 명의 대통령 후보가 이런 상황 전개를 깨달았고 이를 비판하는데 자신의 정치적 미래를 걸었다. 1992년 선거에 갑자기 등장한 로스 페로(Ross Perot)와 패트릭 뷰캐넌(Patrick Buchanan)은 포퓰리즘적 공약으로 선거운동을 했다. 둘 다 세계화에 맞섰고, 해외 경쟁으로부터 제조업 일자리를 보호하는 데 집중했으며, 양대 정당에 만연된 신자유주의 어젠다를 신랄하게 비판했고, 기성 엘리트에 대항해 보통 사람들을 대변한다고 주장했다. 뷰캐넌은 또한 이민에 격렬하게 반대했으며 전면적인 중단을 주장했다.[85]

이 두 후보들은 몰려드는 세계화의 폭풍이 정치적 영향력을 발휘하기에는 너무 일찍 등장했다. 하지만 이들은 이민과 무역이 포퓰리즘의 반향을 가져올 것임을 처음 깨달은 주요 정치인들이었다. 닉슨과 레이건의 보좌관이었던 뷰캐넌은 1992년과 1996년 공화당 예비선거에 출마해 다른 세력들의 지원 없이 홀로 요란스럽고 거친 선거 운동을 벌여 두 선거에서 모두 20퍼센트가 넘는 표를 획득했다. 분명 그가 팔려고 했던 것에 대한 시장이 존재했던 것이다. 양당 어디에도 속하지 않았고 워싱턴을 "대대적으로 정리"하겠다고 공약했던 텍사스 기업인 페로는 1992년 본선거에 무소속으로 출마하여 놀랍게도 총 투표의 19퍼센트를 획득했다. 이는 1912년 씨어도어 루스벨트(Theodore Roosevelt) 이래 양당 이외의 후보들 중 최고의 득표율이었다. 페로는 이후 개혁당(Reform Party)을 창당했고, 1996년 본선거에 개혁당 후보로 출마해 8퍼센트의 득표율을 과시했다.

    2000년 대통령 선거에 이르러 뷰캐넌과 페로는 주목받는 후보로서의 지위를 잃었다. 이들은 전통적인 미국 정치에 대해 끓어오르는 불만을 이용하려 했으나, 아직 불만은 잠재적인 수준이었고 정치적 동력으로는 미숙한 상태였다. 포퓰리즘의 물결이 몰려올 조짐이 있다는 어떤 증거도 없었고, 1990년대의 피어난 연기들이 정치적 불길을 일으킬 것이라는 신호도 감지되지 않았다. 연기는 그저 사라졌다. 뷰캐넌과 페로에게 기회는 있었지만, 당시의 전문가들이 파악했듯이, 포퓰리즘은 열광적인 소수를 동원할 수는 있었으나 민주적 다수를 얻으려는 경쟁에서는 패자였던 것이다.

    2000년대의 대통령 선거들이 부시(George W. Bush) 대 고어(Al Gore), 부시 대 케리(John Kerry), 맥케인(John McCain) 대 오바마(Barak Obama), 롬니(Mitt Romney) 대 오바마와 같이 보수 대 진보라는 익숙한 지형으로 전개되면서, 이 시기의 정치를 규정하는 것은 양당 간의 양극화 증대와 미국 정치를 오염시킨 비정상적 공격성의 증대였던 것으로 보인다. 하지만 이보다 더 중대한 일이 진행되고 있었다. 미국 사회의 주 단층선이 엘리트들의 발 밑에서 요동치고 있었으며 엘리트들 간의 전통적인 경쟁 구조는 아래에서 끓어오르고 있는 것을 더 이상 반영하지 못하고 있었던 것이다. 양극화와 공격적 정치는 당연히 심각한 문제였다. 그러나 이와 더불어 또 다른 문제가 발생하고 있었다. 전통적인 양당 체계가 점점 현대 사회의 문제들로부터 멀어지고 있었고 무언가 변해야만 했던 것이다.

정부의 실패와 포퓰리즘의 발흥

2000년대에 포퓰리즘의 잠재력은 아직 숨겨져 있었고 미국 정치에 대한 예리한 관찰자들조차 그 정체를 깨닫지 못하고 있었다. 그렇지만 남부의 재편과 백인들의 동요를 이끈 월리스 이래 시스템에 대한 반란의 요소들은 완만하지만 지속적으로 정치 지형으로 옮겨 오고 있었다. 페로와 뷰캐넌이 보여 주었듯이, 세계화와 기술 변화와 이민이라는 전 세계적 추동력에 의해 미국 사회에 초래된 경제적, 문화적 혼란이 이 불길에 기름을 부어 왔다. 하지만 포퓰리즘은 아직 휴면 상태에 있었다. 전통적인 진보-보수의 정치적 구조에 의해 제약받았고, 공화당에 대한 자유 시장 보수주의자의 독점적 장악에 의해 억눌려 있었던 것이다.

그러나 2010년이 다가오면서, 그리고 이후 계속해서, 포퓰리즘의 추동력은 훨씬 더 거세졌다. 경제적으로는, 미국 경제가 대침체(Great Recession)에 빠져 들었고 수백만의 노동자들이 일자리와 집을 잃게 되면서 포퓰리즘은 힘을 얻게 되었다. 문화적으로는, 최초의 흑인 대통령이 진보적 정책을 추진하고 다양성을 포용하며 이민을 장려하면서 우파와 백인 노동 계층이 반발하여 미국 정치를 더욱 양극화시키고 급진화시키며 티파티(Tea Party) 운동*까지 벌어지게 되면서 포퓰리즘이 힘을 얻게 되었다. 더욱이 정부가 어느 때보다도 더 교착상태에 빠져서 국가의 심각한 문제들을 다루는 데 있어서 병적일 정도로 무능력하다는 것을 생생하게 보여주게 되면서 포퓰리즘은 더욱 힘을 얻게 되었다.

정부와 기성 엘리트들에 대한 분노는 격렬했다. 선동가, 곧 기회를 감지하고 분노를 부추기며 이 분노를 타고 권력을 장악할 외부자가 출현하기 위한 조건은 모두 구비되었다.

아무리 무르익은 상황이라도 선동가가 자동적으로 출현하지는 않는다. 정부 구조가 기묘하게 분절되어 있고 두 정당만이 권력으로 가는 길을 통제하고 있기 때문에 미국 정치가 수많은 장애를 설치하고 있기 때문이다. 예컨대 1800년대 말의 포퓰리즘 운동 당시 어떤 선동가도 성공하지 못했었다. 대공황 때도 마찬가지였다. 하지만 이 혼란기에 국민들의 불만을 잠재울 혁신주의 개혁이나 뉴딜이 없었더라면 선동가가 권력을 장악하고 미국 민주주의를 위협할 수 있었을 것이다. 효과적인 정부를 만든 대담한 프로그램들이 이를 막았던 것이다.

그러나 이는 그 당시 벌어진 일이다. 2015-16년에 포퓰리즘의 위험성은 현실이 되었다. 경제적, 문화적 조건들은 맞아 떨어졌고, 정부는 터무니없이 무능력했으며, 실제 선동가가 출현하여 이 기회를 움켜잡았다. 공화당을 동력으로 삼아 미국의 대통령이 되었던 것이다.

....

* 역주: 2010년 벌어진 거대 정부에 대한 풀뿌리 저항운동. 2008년 금융위기에 대응하기 위한 오바마 행정부의 월스트리트 구제 금융과 서민들의 주택 금융 구제방안에 반발하여 백인, 중산층, 중년 남성 중심으로 벌어진 반-거대정부 운동으로 2010년 의회 선거에서 공화당이 극적으로 회복되는 데 기여했다.

2

포퓰리스트의 등장과 권력 장악

도널드 트럼프의 승리는 그와는 아무 상관이 없는 것들에 의해 이루어졌다. 그가 이것들을 만들어낸 것이 아니라, 당시의 정치적 상황에 완전히 들어맞았던 전형적인 포퓰리스트 선동가의 역할을 함으로써 이를 이용했던 것이다. 이러면서 그는 국가를 민주주의의 위기 속으로 밀어 넣었다.

2016년에 트럼프가 승리하지 않았다 해도, 이 위기는 잠시 지연되기만 했을 것이다. 트럼프의 승리를 추동했던 그 힘들은 이후 다른 선동가들이 이용하도록 지속되었을 것이다. 이 위기는 언젠가는 일어날 위기였다. 예상치 못하게 트럼프가 승리하면서 우리가 조금 일찍 맞닥뜨리게 되었던 것이다.

많은 관찰자들이 그러하듯이, 민주주의가 무너져 내리거나 독재가 들어서지 못하게 해 주는 안전장치를 우리가 지니고 있다고 생각하면 위로는 된다. 이런 생각은 익숙한 것이다. 우리는 200여 년 전부터 국민들이 민주적 규범과 원리들을 따르도록 하고 시민들이 민주주의 체제의 보호자가 되도록 만들어 주는 민주주의 문화의 축복을 받았다. 또한 법치를 훼손하려는 대통령이 있어도 민주주의를 지킬 수 있게 해 주는 견제와 균형 시스템을 정교하게 고안해내고 정치 엘리트들에 의해 운영되도록 한 헌법의 축복도 받았다. 이에 따라 미국 민주주의는 아래로부터는 국민들에 의해, 그리고 위로는 정치 엘리트들에 의해 보호되고 있다는 것이다.[1]

이런 식의 사고는 너무 낙관적이다. "인민"은 민주주의의 믿을 만한 보루가 아니며, 엘리트들에 의해 운영되는 견제와 균형이 포퓰리즘 선동가로부터 우리를 확실하게 보호해 주는 것도 아니라는 것이 진실이다. 수백만의 국민들이 사회경제적 문제들로 인해 사회가 혼란스러워지고 문화가 위협받으며 정부가 상황을 처리하지 못하는 것을 보았으며, 따라서 이들은 책임지고 문제를 해결하겠다고 약속하는 노골적으로 반민주적인 스트롱맨을 기꺼이 지지했다. 그러는 가운데 헌법은 이 스트롱맨이 대통령직을 장악하는 것을 막지 못했고, 그가 법치를 훼손하는 방식으로 대통령 권한을 행사하는 것도 막지 못했다.[2]

그래서 미국은 위기에 빠지게 되었다. 말할 필요 없이 이는 두려운 일이고 크나 큰 재난이 될 수 있는 일이다. 하지만 위기는 배울 수 있는 기회가 되기도 한다. 그리고 이 위기에서 벗어나기 위해 우리에게 필요한 것은 배우는 것이다. 트럼프가 당선되고 대통령 권력을 행사한 것을 우리 시대 포퓰리즘 정치에 대한 생생한 자료로 활용해야 한다. 이를 통해 포퓰리즘의 논리가 현대 미국 상황에서 실제로 어떻게 펼쳐지는지 알 수 있게 되고, 포퓰리즘이 어떻게 나타나는지, 왜 위험한지, 그리고 궁극적으로 이에 대해 무엇을 할 수 있을지 더 잘 이해할 수 있게 된다.

선동가 후보

2015년 6월 16일에 트럼프는 트럼프 타워의 에스컬레이터를 내려와서 공식적으로 출마를 선언했다. 45분간 연설하면서 트럼프는, 일자리에 대한 무역의 파괴적 영향부터 시작해서 다른 나라들의 기만성, 이민의 해악, 어리석은 정치인들과 관료들, 외교 정책의 허약함에 이르기까지 포퓰리즘을 떠올리게 하는 모든 것들을 늘어놓았다. 그의 장광설에도 불구하고 숨겨진 메시지는 명확했다. 이 캠페인은 무엇보다도 그에 대한 것이라는 점이다. "나는 당신들을 대변합니다. 나만이 고칠 수 있습니다."[3]

이런 말을 누가 하겠는가? 이 말들은 미국의 정상적인 정치인이 하는 말이 아니었다. 그렇다고 억제되지 않은 자만심의 표현만도 아니었다. 트럼프는 자신이 바로 미국의 소외된 대중들이 기다려 왔던 포퓰리스트 스트롱맨이라는 신호를 보내고 있었던 것이다.

그의 연설 중 가장 자극적인 부분은 모든 스트롱맨들이 포퓰리즘적 분노를 불러일으키기 위해 만들어내는 외국의 위협에 초점이 맞추어져 있었다. 구체적으로는 멕시코와 이민에 대한 공격적인 발언으로, 격렬한 불길을 만들어내려고 의도된 것이었다. "저들은 수많은 문제를 지닌 사람들을 보내고 있습니다. 그들은 그 문제들을 우리에게 가져오고 있습니다. 그들은 마약을 가져옵니다. 범죄도 가져옵니다. 그들은 강간범들입니다. 어떤 사람들은 좋은 사람일 수도 있겠지요."4 거의 모든 언론 매체들이 그를 비난했다. 도대체 이런 말을 어떻게 할 수 있는가? 이자는 대통령 후보라기에는 형편없는 저질임이 분명하며, 전혀 가능성이 없다.

하지만 트럼프에게는 모든 일이 계획했던 대로 돌아갔다. 이 하나의 도발적 발언으로 그는 자신의 포퓰리즘 기반이 될 백인 유권자들의 문화적 분노와 두려움을 끌어낼 수 있었다. 이와 동시에 수백만 달러 가치가 있는 언론의 관심을 받을 수 있어서, 자신을 대중의 주목 대상이 되게 하고 공화당의 다른 경쟁자들을 주변으로 밀어냈다. 전혀 가능성이 없다고? 아니다. 포퓰리즘이 끓어오르고 있던 이 시기에 트럼프는 다른 정치인들이 보지 못한 것을 보았다. 많은 백인들이 자신의 사회적 지위에 대해 우려하고 있고, 인터넷과 케이블 텔레비전들이 사회적 갈등과 부정적인 일들을 보도하는 데 목말라 하고 있는 상황에서, 반기성질서의 메시지와 터무니없는 행동을 결합시키면 그가 원하던 관심을 받을 수 있었던 것이다. 그리고 인정과 확인과 리더십을 열망하는 잠재적인 포퓰리스트 지지층에 자신의 메시지가 도달할 수 있게 해 주었다.

트럼프가 대통령이 되기를 원했던 것은 훨씬 전부터였다. 1988년에 처음으로 관심을 보였고, 2000년, 2004년, 2008년, 2012년에는 출마를 적극적으로 고려하기도 했다(그러나 출마하지 않았다). 처음부터 트럼프는 점점 커지는 포퓰리즘의 잠재력에 주목했다. 그는 무역이 미국의 블루 컬러 일자리를 파괴한다고 맹비난했으며, 흑인들과 이민자들에 대해 공개적으로 비난하여 주목을 받기도 했다. 또한 반세계화, 반이민 포퓰리즘의 선구자였던 로스 페로와 뷰캐넌을 자신의 주요 경쟁자로 간주했다.[5] 더욱이 대통령직 도전에서 물러나 있었던 시기에 트럼프는 2004년부터 리얼리티 TV 프로그램인 〈견습생〉(Apprentice)에 출연하여 수년간이나(2015-16년 대선 출마 직전까지) 대중의 시선에서 멀어지지 않았다. 이렇게 해서 그는 대중적으로 유명 인사가 되었고, 관례를 거부하고 주저 없이 말하며 스트롱맨처럼 행동하는 사람, 곧 포퓰리스트 청중들에 딱 들어맞는 인물로 알려지게 되었던 것이다.[6]

그렇지만 페로나 뷰캐넌과는 달리 트럼프는 신념이나 이념에 의한 포퓰리스트는 아니었다. 그는 몇 가지 단골 주제에 대한 입장은 있었으나 실제 핵심적인 가치를 지니지는 않았다. 또한 포퓰리즘을 선동하는 것이 대통령직에 다가가기 위한 전략의 전부이자 핵심도 아니었다. 그는 대통령이 되기를 원했으나 어떻게 해야 할지 잘 알지 못했다. 수년간 트럼프는 양당 사이를 오갔고, 낙태와 기후 변화에 대한 입장을 바꾸기도 했으며, 진지한 정책적 입장에 매이지 않은 정치적 카멜레온처럼 보였다.[7] 그는 기회주의자이자 권력 추구자로 이해되는 것이 가장 어울리며, 이는 오늘날도 마찬가지이다. 트럼프는 권력을 획득하고 행사하여 지구상에서 가장 강력한 인물로서 전 세계적으로 주목받기 위해 필요한 것을 믿고 필요한 대로 말하고 필요한 행동을 하는 것이다. 다른 모든 것들은 도구적이며, 이 목적을 위한 수단에 불과하다.

정치를 어떻게 시작할지에 대한 트럼프의 구상은 오바마 행정부 초기에 무르익기 시작했다. 당시 대침체가 일자리와 소득을 황폐화시켜 포퓰리즘적 분노의 경제적 요인을 증폭시켰으며 이민에 대한 우려를 다시 확대시켰다. 미국 최초의 흑인 대통령의 존재는 보수주의자들 사이의 정치를 급진화시켜서 인종주의와 편견에 더 이끌리게 만들었으며, 문화적으로 위협적인 "다른 사람들"에 대한 백인들의 반발이 더욱 힘을 얻게 되었다. 이런 반발의 표출과 다름없는 티파티 운동 덕분에 공화당은 2010년에 하원을 장악했고 주지사직들과 주 의회들 다수를 차지했다. 2016년 트럼프 캠페인의 몇 가지 구성 요소들이 이 시점에서 명확히 드러났다. 티파티 운동가들과 인터뷰한 정치학자 스카치폴(Theda Scokpol)과 바네사 윌리엄슨(Vanessa Williamson)이 발견한 바에 따르면, 이들은 신랄한 반이민 입장을 지니고 있었고 "받을 만한 자격이 있는" 국민들에 대한 사회복지 지출을 지지했으며 공화당 주류 상당수를 경멸했다. 의미심장하게도 몇몇은 벌써 도널드 트럼프를 칭송하기도 했다.[8]

트럼프의 눈에 이 시기는 공화당이 유망해 보이는 때만이 아니었다. 이 시기는 포퓰리즘이 고조되는 시기이기도 했고, 그가 이 둘을 이용할 수 있는 것으로 보였다. 오래지 않아 그는 더 이상 정치적 카멜레온이 아니었다. 그는 공화당과 운명을 함께 하기로 했고, 대단히 신중하면서 단호하게 완벽한 포퓰리스트의 배역을 꾸며나가기 시작했다. 이런 노력의 상당 부분은 2011년에 그가 출생지 음모론 운동(birther movement)을 이끌면서 시작되었다. 트럼프는 오바마가 미국에서 태어나지 않았으며 정당성 있는 대통령이 아니고 무슬림

일지 모른다고 주장했는데, 이후 5년간 끝없이 반복한 이 뻔한 거짓말과 인종주의적 신호는 끊임없는 논란을 불러일으키면서 포퓰리스트로서 트럼프의 존재감을 키워주었다.[9]

2016년 선거가 다가올 때 포퓰리즘의 폭발적 잠재력을 알아차린 후보는 트럼프가 유일했다. 그의 과제는 이 잠재력을 끌어내고 터져 나오게 하는 방법을 찾는 것이었다. 어떻게 할 수 있었을까? 해답은 바로 포퓰리스트 스트롱맨, 선동가의 역할을 하는 것이었다. 이것이 포퓰리즘의 지지기반을 동원하는 길이라는 점을 오랫동안 역사가 말해 왔으며, 이것이야말로 바로 트럼프가 했던 것이었다.[10]

그가 단지 정치적 전략으로 선동가의 역할을 선택했다고 말하는 것은 이상하게 들릴 수도 있다. 트럼프에 대한 일반적인 생각이, 그가 너무나 충동적이고 제멋대로이기 때문에 그의 비정상적인 행동들은 성격 때문이며 항상 하는 행동들이고 하지 않을 수 없는 행동들이라는 것이기 때문이다. 그는 그저 "트럼프 자신"인 것이다. 하지만 이는 상황을 너무 안이하게 평가하는 것이다. 선동은 정치 전략이다. 이 전략은 포퓰리즘이 끓어오를 때 효험이 있으며, 능수능란한 후보가 이 전략이 작동하도록 하는 방식은 바로 선동가처럼 하는 것이다. 기본기에 있어서 선동가들은 서로 크게 다르지 않다. 이들은 공통의 공식을 따른다. 포퓰리즘의 분노가 분출되는 가운데 권력을 추구한 트럼프의 과제는 자신의 본능이나 성격이 하도록 만드는 데로 하지 않고 이 공식을 따르는 것이었다.

물론 이 공식의 핵심은 선동가들이 정부 및 문화 엘리트들과 실패하고 부패한 "시스템"에 대항하여 자신들이 대표하는 "인민들"과 직접적인 연결을 구축하고 이들을 대변한다는 점이다. 그러나 이보다 많은 것들이 있다. 선동가들은 공통적으로 목적 달성을 위해 일련의 구체적인 방법들을 동원한다. 예컨대 거짓말하기, 희생양 만들기(비난하기), 공포 조성하기, 격정적 연설, 상대방의 허약함과 배신 비난하기, 불가능한 것을 약속하기, 폭력과 협박, 개인적인 모욕과 조롱, 천박하고 터무니없는 행동, 소박한 척하기, 과도한 단순화, 언론 공격하기가 그것이다.[11]

도널드 트럼프가 대통령 선거에 뛰어든 때부터 그는 일상적으로, 그리고 체계적으로 이런 행동들을 해 왔다. 이런 행동들이 그의 선거 운동을 말해 주며, 그의 대통령직을 말해 준다. 그의 명백히 대통령답지 않은 행동들은 이상스런 사고거나 비정상적인 성격으로부터 나온 당연한 결과가 아니다. 그것은 트럼프가 끈질기게 따라 온, 강력하고 일관되고 역사적으로 검증된 공식인 것이다. 그는 단지 작전 계획을 고수하면서 선동가들이 하는 것을 하고 있을 뿐이다.[12]

공화당 엘리트들의 패배

공화당 후보 지명전 동안 트럼프는 16명의 후보가 난립했던 상황 덕분에 이득을 보았다. 이들 모두가 자유 무역과 제한 정부와 합법적 이민과 같은 공화당 정통을 신봉하는 기성 엘리트들이었다. 이런 주류들 속에서 트럼프는 돋보였다.

처음에 트럼프는 질 것 같은 후보라는 점에서 돋보였다. 2015년

6월에 출마를 선언했을 때 여론 조사에서 트럼프는 3퍼센트를 기록했다. 하지만 그를 "인민들"에게 깊이 연결되게 만들어 준 포퓰리즘 메시지와 지칠 줄 모르는 트위터 덕분에 곧 지지자들을 끌어들였다. 한 달쯤 뒤에 트럼프는 1억 2,000만 달러를 헛되게 모금했던 선두 주자 젭 부시(Jeb Bush)를 제쳤다. 8월 31일에 이르러 트럼프의 지지율은 26.5퍼센트로, 다른 어느 후보보다도 두 배가 넘었다.[13] 후보들이 너무 많았기 때문에 후보 지명전을 이기기 위해 공화당원들 사이에서 큰 지지를 받을 필요는 없었다. 어떤 예비선거도 단순 다수의 표로 승리할 수 있었으며, 트럼프의 소규모지만 믿을 수 있는(그리고 증가하는) 지지기반이 그로 하여금 승리하도록 해 주었다.[14]

이 핵심 지지기반을 끌어 모으는 데서 트럼프는 남부 재편 이래 진행되다가 최근 가속화되고 있던 공화당 지지기반의 변화를 활용했다. 사이즈(John Sides) 등이 묘사하듯이,

> 오바마 행정부 동안 백인들은 뚜렷하게 공화당으로 몰렸다. 2007년 퓨 리서치(Pew Research)에 따르면 백인들의 양당에 대한 지지는 똑같았다(44 대 44). 그러나 2010년이 되면 백인들은 민주당보다 공화당 지지경향이 12퍼센트 높았다(51 대 39). 2016년에 이 격차는 15퍼센트로 벌어졌다(54 대 39). 이러한 추세는 대학 학위가 없는 백인들 사이에서 선호가 변했기 때문이다. 대학에 다니지 않은 백인들은 1992년에서 2008년까지는 양당 간에 균등히 나누어져 있었다. 그러나 2015년에 고졸 이하의 학력을 가진 백인 유권자들은 24퍼센트 이상 공화당을 더 지지했다(57 대 33). 한편 대학 학

위를 가진 백인들은 민주당 지지로 기울었다. 또한 데이터들에 따르면 오바마 행정부 시기에 백인 여성보다는 백인 남성들이 공화당 쪽으로 더 많이 옮겨 가서, 민주당으로부터 백인 남성의 이탈 추세를 가속화시켰다.[15]

2016년 대통령 선거 때가 되면 대학 졸업장이 없는 백인들은 공화당 등록 유권자의 59퍼센트에 달했다(민주당은 33퍼센트였다).[16] 이들 모두가 노동 계층이라고 말할 수는 없다. 또 설사 노동 계층이라 하더라도 대단히 많은 사람들이 그동안 익숙해 있었던 선거 유세와 비교해서 트럼프의 선거 유세가 너무도 비정상적이고 비열하고 공격적이고 겁나게 만드는 것이어서 이런 인물에게 투표하는 것에 전혀 이끌리지 않았을 것이다. 그럼에도 불구하고 백인 노동 계층은 (특히 남성의 경우) 현대 사회의 혼란에 가장 부정적으로 반응한 집단이었다. 경제적으로 불안감을 느끼고 문화적으로 주변화되었으며 자신들을 위해 기능하지 않는 정부에 분노하고 있었던 것이다.[17] 걸맞는 정치인에게 끌려나오기를 기다리고 있는 지지층 사이에서 포퓰리스트 지지기반을 구축하려던 트럼프에게 이들이 공화당 지지로 옮겨 간 것은 분명히 유리한 것이었다.

예비선거들이 진행되는 가운데 트럼프 지지자들은 다른 후보들의 지지자들보다 교육 수준이 낮고 소득 수준도 낮았다. 특히 이들은 포퓰리즘적 태도에 있어서 두드러졌다. 2016년 2월과 3월에 이루어진 여론조사에서 올리버(Eric Oliver)와 란(Wendy Rahn)이 발견한 바에 따르면, 트럼프 지지자들은 "경제적으로 가장 비관적이고, 음모론적 생각을 지니고 있으며, 연방 정부에 대해 높은 수준의 불신과 분노를 기록했다. 또한 토착주의(nativism) 지표에서도 최고를 기록했다." 그리고 이들은 가장 사회적으로 소외되어 있었다.[18]

트럼프와 테드 크루즈(Ted Cruz), 존 케이식(John Kasich)만이 공화당 예비선거에 남아 있던 2016년 3월의 퀴니피액 조사(Quinnipiac poll)도 거의 같은 결과를 보여주었다. 당내 우익 포퓰리스트들이 트럼프에게로 지나칠 정도로 몰리고 있었던 것이다. 강경 보수주의자였던 크루즈와의 비교가 특히 의미가 있다. 크루즈 지지자의 38퍼센트에 비해 트럼프 지지자의 55퍼센트가 "미국이 정체성을 잃었다"고 응답했다. 포퓰리즘적 태도를 불러내는 다른 항목들에서도 유사한 차이가 발견된다. 예컨대, "정부가 지나치게 소수 집단들을 돕고 있다"(55 대 41). "나는 경제적으로 점점 더 뒤처지고 있다고 생각한다"(46 대 26). "공직자들은 나같은 사람들이 무엇을 생각하는지에 대해 개의치 않는다"(66 대 42). "오늘날 미국에서 내 신념과 가치가 공격받고 있다고 생각한다"(76 대 67).[19]

불길하게도 트럼프와 크루즈 지지자들 간의 가장 큰 차이는 리더십과 스트롱맨에 대한 항목에서 발견된다. "우리가 필요로 하는 것은 미국의 문제를 해결하기 위해 어떤 것이든 말하고 행하는 리더이다"라는 항목에 대해 크루즈 지지자들의 24퍼센트에 비해 트럼프 지지자들의 54퍼센트가 강력히 동의했다. 사회적 불만에 가득 차 있고 소위 엘리트들에 의해 운영되는 고장난 정부에 진절머리가 난 포퓰리스트들에게 이것이야말로 이들이 변함없이 바라는 정치적 행동 수단이다. 미국이든 다른 나라들이든, "나만이 고칠 수 있다"고 말하고 그 과정에 방해가 되는 부패한 기성질서를 규탄하는 리더가 바로 그것인 것이다.

포퓰리스트 지지기반에는 권위주의적 가치를 지닌 유권자들이 넘쳐났기 때문에 이 스트롱맨 이미지가 또한 트럼프에게 유리하게 작용했다. 2016년 뉴햄프셔 예비선거 직후 아만다 타브(Amanda Taub)와 동료들이 수행한 연구에 따르면, 공화당 지지자들이 민주당 지지자들보다 훨씬 더 권위주의적 가치를 지니고 있었으며, 공화당 지지자들 중 권위주의적 가치를 지닌 사람들은 다른 어떤 후보보다 트럼프에게 몰렸다고 한다.[20] 더욱이 맥윌리엄즈(Matthew MacWilliams)의 두 가지 연구들도 트럼프 지지와 연관된 모든 요소들 중 권위주의적 가치가 가장 강력한 예측 요인이었음을 보여주었다.[21]

이는 놀라운 일이 아니다. 트럼프는 세상을 공포스런 위험들로 가득한 두려운 곳으로 묘사했는데, 이것들이야말로 권위주의자들을 깨워내어 스트롱맨 해법을 찾도록 만드는 대표적인 촉발 요소이다.[22] 대단히 의도적이게 트럼프의 리더십 전략의 핵심에는 두려움이 있다. 언론인 우드워드(Bob Woodward)와의 인터뷰에서 트럼프가 토로했듯이, "이 단어를 쓰고 싶지도 않지만, 진정한 권력은 바로 두려움이죠."[23] 선거 운동을 시작하면서부터 트럼프는 민주주의적 규범을 짓밟고 두려움을 처리하고 질서를 세울 수 있는 유일한 후보로 자신을 내세우며 신중하고 전략적으로 스트롱맨 이미지를 구축했던 것이다.

예비선거 기간 내내 공화당 기성 엘리트들은 곳곳에서 벌어지고 있는 포퓰리즘 혁명에 대해 어렴풋이만 깨닫고 있었다. 그들이 본 것은 터무니없는 후보 도널드 트럼프였으며, 그들이 알고 있었던 것은 트럼프가 공화당의 기본적 가치를 지니고 있지 않고 본선거에서 압도적 표차로 질 것이 뻔하며 이 때문에 의회 선거와 주지사 선거까지 끌려들어갈 것이라는 점이었다. 트럼프를 막아야 하며, 대신에 누군가 적합한 후보가 지명되도록 당이 조치를 취해야 할 필요가 있었다.24

많이 인용되곤 하는『정당이 결정한다』(*The Party Decides*)라는 책에서 개진된 영향력 있는 정당 행동 이론에 따르면, "정당"은 그럴 능력이 있으며 성공한다고 한다.25 구체적으로 이 이론은 공화당 지도부와 정치자금 후원자들과 이익집단들(대기업과 총기협회(NRA) 등)이 "막후 예비선거"에서 협력하여 어떤 후보가 당을 가장 잘 대표할 수 있는지 실질적으로 결정한다고 설명했는데, 당연히 트럼프는 아닐 것이었다. 언론인들이 이 이론에 솔깃해 했으며, 이 이론은 순식간에 학계 밖에서 유명해졌다. 그래서 수개월 동안이나 이 저속한 외부자가 마침내 기성 엘리트로 대체되리라는 예상이 언론에 넘쳐 났다.

한동안 이런 예상은 그럴 듯해 보였다. 선거 유세를 시작할 때 트럼프를 도운 저명 인사들은 별로 없었다. 몇 명의 라디오 토크쇼 진행자들과 폭스 뉴스 출연자들, 그리고 B급 명사들이 전부였다. 조지 H. W. 부시, 밥 돌(Bob Dole), 조지 W. 부시, 존 맥케인(John McCain), 미트 롬니(Mitt Romney)를 포함한 공화당 지도부 인사들 거의 모두가 확고하게 트럼프에 반대했고, 그를 낙선시킬 수 있는 아이디어와 전략과 세 규합을 하려 했다. 현대 공화당의 철학적 대부 윌리엄 버클리의 역할을 고려할 때 대단히 상징성이 컸던 심포지엄을『내셔널

리뷰』가 개최했는데, 여기에서 저명한 공화당 지도부 인사 22명이 한결같이 트럼프를 규탄하며 당이 이 상황을 통제해야 한다고 촉구했다. 그러나 그런 일은 일어나지 않았다. 공화당 전체를 위해 합리적 결정을 내리는 "당"은 없었고, 당은 그저 도저히 해결될 수 없는 엄청난 집합행동 문제에 직면한 이기적 행위자들의 집합체에 불과했기 때문이다.[26]

그들은 실패했다. 싫든 좋든, 이제 트럼프가 공화당의 새로운 리더가 되었고 대통령 후보가 되었다.

"썩어빠진 힐러리"의 패배

대통령직을 차지하기 전에 트럼프는 미국 정치의 주변부에 머물러 있었고 한 번도 공직을 맡아 본 적이 없었다. 그럼에도 불구하고 그는 기성 정치 엘리트들이 알아차리지 못했던 두 가지 중대한 점을 파악할 수 있었다.

첫째는 많은 사람들에게 조롱거리가 되었던 그의 선거 유세 주장, 즉 자신이 뉴욕 맨하튼에서 누군가를 쏴 죽여도 한 표도 잃지 않을 것이란 주장에 반영되어 있다. 조롱한 것은 이해할 만하지만 전혀 근거를 지니지 않은 것이었으며, 트럼프를 둘러싸고 있는 광적인 열기 속에서 무슨 일이 벌어지고 있었는지를 알아차리지 못했던 데 원인이 있다. 왜냐하면 트럼프의 핵심 지지층이 스트롱맨 후보를 갈구하던 포퓰리스트로 구성되어 있었고, 트럼프의 선거 유세가 그런 방식으로 이루어져 있었기 때문이다. 그는 포퓰리즘의 순간이 도래했음을 알아차린 유일한 공화당 후보였으며, 많은 포퓰리스트들이 반응한 편견과 문화적 소외를 통해 선동적 동원을 한 유일한 후보였고, 자신을 강력한 스트롱맨으로 내세운 유일한 후보였다. 그가 바로 그들이 원하던 후보였다. 유일한 후보였다. 트럼프가 무슨 짓을 하던 간에 그들은 트럼프를 버리지 않을 것이었다. 맨하튼에서 누군가를 쏴 죽여도.27

누구도 본 선거에서 트럼프에게 기회가 있을 것으로 생각하지 않았다. 그는 놀라울 정도로 대통령스럽지 않았던 것이다. 공격적이고, 경험도 없고, 정책이나 역사에 대해 너무나 무지했으며, 한 연예 프로그램에서 여성들을 성추행한 것을 자랑 삼아 떠벌리는 녹음 테이프 때문에 욕을 먹고 있었다. 이 사람은 도대체 얼마나 많은 집단들을 적대적으로 만들 것인가? 그렇지만 트럼프의 포퓰리스트 지지 기반은 이런 것들 어느 것에도 신경 쓰지 않았다. 이들은 질서 파괴자, 곧 "시스템"을 공격할 사람을 원했고 자신들의 불만을 대변해 줄 사람을 원했으며, 스트롱맨을 원했던 것이다. 트럼프가 곧 이런 사람이었다. 이들의 지지는 강렬했고 흔들리지 않았으며, 트럼프가 나쁜 짓을 하고 나쁜 말을 할 때는 기꺼이 외면했다.

그렇지만 문제는 이 지지기반이 본 선거에서 승리를 가져다주기에는 너무 작았다는 점이다. 이 점이 바로 트럼프가 옳았던 두 번째 핵심을 가리킨다. 곧, 수많은 공화당 지지자들과 공화당 지도부 전체가 트럼프의 언행을 인정하지 않고 부끄러워하며 그의 과도한 포퓰리즘적 메시지에 반대하고 그가 당과 나라에 재난을 가져올 것이라고 두려워한다 하더라도, 궁극적으로 보통의 공화당 지지자들 대부분이 자신에게 투표하리라는 점이다. 별 문제 없다는 것을 트럼프는 알아차렸다. 일단 후보 지명이 확정되면 공화당 지지자들은 줄을 설 것이었다.

실제 그렇게 되었다. 선거일이 다가오면서 공화당 엘리트들은 참패를 확신했고 트럼프 곁에 서기를 거부했으며 트럼프가 없는 미래를 대비하고 있었다. 하지만 공화당 지지자 대중들은 그렇지 않았다. 공화당 지지자들의 90퍼센트가 공화당 후보, 곧 트럼프를 찍었다. 여론조사들이 줄곧 보여주었듯이 이들 중 대다수는 선거일 직전까지 트럼프를 대단히 좋지 않게 보았다. 그를 좋아하지 않았던 것이다. 하지만 투표용지에 그의 이름 뒤에는 공화당이라고 쓰여 있었고, 그래서 이들은 그를 찍었다.[28]

트럼프는 2016년 선거에서 총투표의 과반을 얻지 못했다. 힐러리 클린턴이 거의 300만 표 차이로 과반을 얻었다. 그렇지만 트럼프의 핵심지지 그룹들, 곧 포퓰리스트 지지기반과 공화당의 일반 지지자들이 사정권 안에 들기에 충분한 표를 가져다주었다. 그리고 이 표들의 지리적 분포 덕분에 남부를 포함한 전국에서 백인 노동자 유권자들의 비율이 가장 높은 미시간, 펜실베이니아, 위스콘신에서 트럼프가 예상치 못하게 승리를 거두면서 트럼프는 선거인단 과반을 획득했고, 대통령직에 올랐다.[29]

정말로 역설적이다. 선거인단 제도는 헌법 제정가들이 포퓰리스트 선동가가 대통령이 되지 못하게 하려고 고안한 수단이었다. 하지만 이 제도가 유권자 과반이 반대한 선동가에게 대통령직을 가져다

주었던 것이다[30]

포퓰리즘 지지기반

총 투표수의 과반 미만으로 당선되었으므로 트럼프는 소수파 대통령이다. 그러나 소수 중의 소수, 곧 포퓰리스트 지지기반에 집중했고 대표성이 없는 이 소수 집단을 발판삼아 승리했다고 말하는 것이 보다 정확할 것이다.

이 핵심 지지자들은 누구였는가? 2016년 선거에 대한 학술적 연구들은 통상 클린턴 투표자들과 비교하기 위해 트럼프 투표자들을 분류한다. 그렇지만 트럼프에게 투표한 유권자들 대부분은 다양한 부류의 공화당 지지자들이었다. 이들은 트럼프의 포퓰리스트 지지기반이 아니었으며, 이들의 전체적 성격은 핵심 지지기반 자체에 대해 알려주는 바가 없다. 다행스럽게도 이에 대해 통찰력 있는 한 연구가 엘킨스(Emily Elkins)에 의해 수행되었는데, 이 연구는 8,000명의 투표자들을 대상으로 한 2016년 조사를 분석했다.[31] 엘킨스는 본 선거의 트럼프 투표자들을 그들이 지닌 태도에 따라 다섯 가지 유형으로 분류했다. 이 집단들 중 하나가 트럼프의 핵심 지지기반과 일치한다. 바로 공화당 예비선거 초반에 트럼프를 승리하도록 만들어 준 핵심 지지층이다. 이 투표자들은 트럼프 지지자의 20퍼센트를 차지했다.

어떤 미국정치 전문가들은 트럼프의 지지기반이 이보다는 커서 30, 혹은 35퍼센트가 된다고 말하기도 하는데, 이는 충분히 일리 있는 견해다. 그렇지만 한 후보의 지지기반을 측정하는데 있어서 합의

된 방법은 없으며, 엘킨스는 트럼프 지지기반의 "순수한" 핵심만을 추출하여 트럼프에게 가장 헌신했던 지지자들의 특징적인 태도를 두드러지게 묘사하고 있는 것이다. 지지기반에 대해 보다 포괄적인 개념을 적용하면 이 특성이 어느 정도 흐려지겠으나, 그 핵심적 성격은 여전히 같을 것이다.³² 이 점을 염두에 두고 트럼프의 핵심 지지기반이 본 선거에서 그에게 투표한 다른 유권자 집단들과 어떻게 다른지 비교해 보자.

- 다른 집단들보다 교육 수준이 훨씬 낮고, 소득 수준도 최하위이다.
- "경제와 정치 시스템이 자신들에게 불리하게 조작되어 있다고 믿는 경향"이 가장 크다.
- "자유 무역에 대해 가장 회의적"이다.
- "트럼프 연합 세력 중 가장 토착주의적인 집단이며" 심지어 합법적 이민에 대해서도 가장 부정적이다.
- "진정한 미국인이 되려면 미국에서 태어났어야 하고(69퍼센트), 생애 대부분 동안 미국에서 살았어야 하며(67퍼센트), 기독교인이어야 한다(59퍼센트)고 믿는 경향이 다른 집단에 비해 20-50퍼센트 더 높다.
- "강한 인종적 정체성을 지니고 있다. 67퍼센트가 백인이라는 것이 자신의 정체성에 대단히 중요하다고 말했는데, 이는 다른 집단들보다 30-50퍼센트 더 높은 수치이다."
- 다른 집단들보다 훨씬 더 권위주의적 가치의 핵심 지표인 "사

회 질서와 복종"에 대한 염원을 드러낸다.
- 다른 집단들보다 더 "거듭난 기독교인"의 정체성을 지니고 있으며 종교가 자신에게 "대단히 중요하다"고 말하는 경향이 있으나, 예배에 참석하는 빈도는 가장 낮다.
- 다른 어떤 TV 뉴스들 보다 폭스 뉴스를 더 보지만, 다른 집단들에 비해 뉴스를 가장 덜 보며 정치적 지식 수준이 매우 낮다.
- 많은 측면에 있어서 보수적이지 않으며, 진보-보수의 연속선상에 잘 들어맞지 않는다. 예컨대 공화당 어젠다의 핵심 이슈인 낙태 문제에 대해 단지 33퍼센트만이 자신이 생명권자(pro-life)라고 밝힌다. 또한 재정적으로 진보적인 경제관을 가지고 있어서, 75퍼센트가 부유층에 대한 증세를 지지한다. 마찬가지로 사회보장과 의료보장을 지지하는 데 있어서도 두드러지며, 정부가 의료 서비스와 가족 및 병가를 제공하고 인프라에 투자해야 한다고 믿는다.
- 마지막으로, 대단히 중요한 것은, 다른 집단들에 비해 공화당 소속감이 낮은 수준이라는 점으로, 이전 선거인 2012년에 40퍼센트가 공화당원이라고 밝혔고 23퍼센트는 민주당원이라고 밝혔다.

2016년 선거 이래 정치학자들은 트럼프의 권력 장악을 추동한 요인으로 문화와 경제의 상대적 중요성에 대해 따져 왔는데,[33] 큰 그림은 변하지 않았다. 트럼프의 핵심 지지자들은 불만감과 반시스템 정서에 더해, 선한(곧 백인, 기독교인, "진정한" 미국인) 사람들이 외부 세력에 의해 배신당하고 있으며 대통령이라는 영웅을 필요로 한다는 강력한 믿음을 지니고 있었던 것이다.

공화당

트럼프는 예비선거와 본 선거 운동 모두에서 포퓰리스트 기반에만 집중했다. 하지만 일반 공화당원들의 압도적인 지지가 없었다면 승리하지 못했을 것이다. 일반 공화당원들은 투표장에 몰려가서 트럼프를 찍었다. 왜 그랬을까?

대체로 답은 단순하다. 미국 정치가 양극화되어 있고 공화당원들은 민주당을 찍지 않는 것이다(민주당원도 공화당을 찍지 않는다). 양당의 지지자들은 정치와 정치적 가치, 심지어 사실 자체에 대해서도 서로 심각하게 대립되어 있다. 그 결과, 정치는 종족화되었고, 거의 모든 사람들이 자기 종족의 입장만을 고수하며 다른 쪽을 불신하고 경멸하게 되었다. 어떤 선거에서나 국민들은 자기 정당의 후보를 "위해" 투표한다. 그러나 연구결과들에 따르면, 많은 유권자들이 다른 쪽에 대한 부정적 감정에 더 이끌리며 대체로 다른 쪽 정당 및 그와 연관된 가치에 대해 "반대하는" 투표를 한다.[34]

더욱이 선거 운동에서 상대방을 적극적으로 악마화하는 것이 일상적이 되었다. 그리고 1980년대 후반에 깅그리치(Newt Gingrich)가 정치는 "권력을 위한 전쟁"이라고 외치며 젊은 선동가로서 워싱턴 정가에 나타난 이래 공화당은 악마화시키는 것을 무기로 삼게 되었다.[35] 레빗츠키와 지블랏이 지적하듯이, "깅그리치와 그 참모들은 민주당을 묘사하는 부정적 용어들을 지시하는 메모를 공화당 후보들에게 나눠주었다. 한심한, 병적인, 기괴한, 배반, 국기에 반대하는, 반가족적, 반역자 등의 용어가 그것이다. 이것은 미국 정치에 있어서 지각 변동의 시작이었다."[36] 최근에 공화당은 오바마 대통령과 힐러리 클린턴을 악마의 화신과 다름없는 것으로 묘사했다. 이 전략은 예술의 경지까지 개발되어 일반 공화당원들에게 종족의 길을 따라야 할 더 많은 이유를 가져다준다. 이들은 트럼프를 좋아할 필요도 없고 그에게 투표할 필요도 없다. 그저 힐러리에 반대하는 투표만 하면 되는 것이다. 많은 사람들이 그렇게 했다는 충분한 증거들이 있다.[37]

그렇다면, 트럼프는 공화당 후보였기 때문에, 그리고 상대방이 증오의 대상 힐러리였기 때문에 일반 공화당원들의 표를 얻은 것이다. 힐러리가 아니었다면, 일반 공화당원들이 증오하도록 만들어졌던 다른 민주당 후보였을 것이다.[38] 구체적인 것이 어떻든지 간에, 이 모든 것에는 자동적인 측면이 있다. 양극화된 시기에는 모든 당원들이 자기 당과 일치된 보조로 투표하는 것이다. 그렇기 때문에 트럼프, 혹은 장래의 포퓰리즘 선동가는 포퓰리스트 기반에 집중하면서도 일반 공화당원들이 충실하게 당에 따라 투표하리라는 것을 확신할 수 있다.

포퓰리스트가 아닌 사람들의 행태를 보여주는 이 자동성이야말로 포퓰리스트 대통령을 가능하게 하는 핵심적인 기제이다. 하지만 다른 측면들도 있다. 공화당이 단지 트럼프가 하이재킹한 운반수단만은 아니었던 것이다. 최근 들어, 특히 미국이 버락 오바마를 경험하게 된 이후, 공화당은 백인의 정당, 월리스를 추종한 백인 반발의 정당이 되었으며, 경제적, 문화적 이슈들과 정부 문제에 대해 시간이 흐르면서 포퓰리스트가 되기에 딱 좋은 교육 수준이 낮은 백인, 남성, 농촌 거주자들로 채워졌다.[39] 수년간 폴 라이언(Paul Ryan)* 같은 공화당 엘리트들은 이 백인 노동층 지지자들과 유리된 채, 이들이 느끼고 경험하고 생각하는 것과는 어울릴 수 없는 자유 시장과 작은 정부, 재정적 보수주의의 어젠다들을 추진했다.[40] 페로와 뷰캐넌이 시도는 했으나, 포퓰리즘으로의 전환에 촉매제 역할을 한 공화당 리더는 없었다. 그러다가 마침내 강력한 리더가 출현했다. 도널드 트럼프였던 것이다. 트럼프는 이 백인 지지층에게 대단히 다른 것을 제공했으며, 그러는 가운데 공화당 내의 힘의 균형을 변화시켜 이 불편한 연합 속에서 포퓰리스트들이 전통적 공화당원들을 제압하여 우월한 파트너가 되려 하는 상황이 되었다. 앞으로 이 균형이 어떻게 변화할지는 불투명하다. 그러나 현재로서는 포퓰리스트들이 주도권을 쥐고 있다.

한 가지 이유는, 현대 세계의 문제들이 악화되고 미국과 서구 세계 모두에서 포퓰리즘이 하나의 정치적 이단으로부터 결속된 운동으로 성장함에 따라 불만에 가득 찬 백인들에게 그동안 전혀 가지지 못했던 선택지를 제공한다는 데 있다. 트럼프와 같은 포퓰리스트 리더들은 이를 이용하기 좋은 위치에 있어서, 자신들의 반시스템 메시지를 받아들이는 백인들을 계속 포퓰리스트로 전환시키면서 힘의 균형을 더 바꿔나가고 있는 것이다.

....

* 역주: 전 하원 의장.

마찬가지로 중요한 또 다른 메커니즘도 작동하고 있다. 정치 행태에 관한 상당수 연구들이 밝혀 왔듯이, 유권자들은 단순히 이미 형성된 정치적 태도를 지닌 채 같은 생각을 하는 후보를 찾아다니지 않는다.[41] 태도 형성 과정은 그 반대로 작동하기도 하며, 기본적으로 엘리트들의 메시지와 집단 정체성, 특히 정당 소속감에 뿌리박혀 있다. 공화당에 소속감을 갖는 유권자들 상당수는 "나는 공화당원인데, 공화당원이라면 무엇을 믿을까?" 생각하며, 이런 생각들을 자기 자신의 것으로 받아들이게 된다. 따라서 공화당의 공인된 리더로서 트럼프는 자신의 포퓰리즘 아이디어와 어젠다를 공화당의 관심 한복판으로 가져와서, 공화당원들이 무엇을 믿어야 할지 결정하고, 당의 대중적 지지기반을 변형시키고 있는 것이다.[42]

트럼프가 이미 이렇게 하고 있다는 증거가 있다. 이전에는 그렇지 않았던 많은 공화당원들이 이제는 포퓰리즘적 생각을 가지게 되었는데, 그 이유는 트럼프와 포퓰리스트 동료들뿐 아니라 폭스 뉴스와 러시 림보(Rush Limbaugh)* 및 공화당의 다른 선전기구들을 통해 공화당(트럼프)의 입장이 무엇이고 이제 공화당원임이 무엇을 의미하는지에 대해 요란스럽고 일상적으로 들어왔기 때문이다. 예컨대, 자유무역은 오랫동안 공화당 정치 철학의 핵심이었다. 2009년에 공화당원의 57퍼센트가 자유무역협정이 좋은 것이라는 데 동의했고 단지 31퍼센트만이 동의하지 않았다. 하지만 북미자유무역협정(NAFTA)이나 환태평양 경제동반자협정(TPP), 그리고 중국 및 유럽

....

* 역주: 라디오 정치 토크쇼의 극우 성향 진행자.

연합과의 무역관계에 대한 맹비난 등 자유무역에 대한 트럼프의 공격이 있고 나서 자유무역에 대한 공화당원들의 지지는 추락했다. 트럼프 취임 첫해인 2017년에 단지 24퍼센트의 공화당원만이 자유무역이 좋은 것이라고 보았으며, 68퍼센트는 나쁜 것으로 보았다.[43] 이것이 바로 현재 보통의 공화당원이 믿는 것인데, 이는 상당히 포퓰리즘적이다. 외교정책에 있어서 NATO에 관한 것부터 러시아와 유럽연합에 이르기까지, 그리고 국내적 이슈에 있어서 인종, 경찰 문제와 특히 이민에 이르기까지 똑같은 일이 벌어져 왔다.[44] 주요 이슈들에 대한 트럼프의 비정상적인 입장과 수사가 점점 더 일반 공화당원들의 관점을 변화시키고 있으며 이들 중 상당수를 포퓰리즘의 방향으로 끌고 가고 있는 것이다.

더욱이 트럼프의 영향력은 공공정책에 대한 공화당원들의 견해를 훨씬 넘어서서 진실이나 민주주의와 같은 근본적인 문제들에 대한 관점에까지 영향을 미치게 되었다. 예컨대 트럼프 취임 첫해에 수행된 여론조사에 따르면, 공화당원들의 절반 가까이가 트럼프가 유권자 투표에서 실제 승리했다고 믿고 있었다. 68퍼센트는 수백만의 "부정투표자들"이 클린턴에게 투표했다고 믿었으며, 73퍼센트는 미국 선거에서 부정 투표가 심각한 문제라고 믿었다. 이런 주장들 중 어느 것도 사실과는 거리가 멀다. 하지만 트럼프는 크고 작은 수많은 이슈들에 대해 그랬듯이 이에 대해 요란하고 반복적으로 거짓말을 했고, 공화당원들은 그의 거짓말을 새로운 현실의 일부로 받아들이게 되었던 것이다. 문제를 더 악화시키는 것은, 이 연구가 발견한 바에 따르면, 공화당원의 52퍼센트가 정당한 미국인 투표자만이 투표

하도록 만들기 위해 필요하다고 트럼프가 말하면 2020년 선거를 연기하는 데 찬성했다는 사실이다.⁴⁵

공화당원들이 믿는 바에 대한 트럼프의 영향력은 주로 교육수준이 낮은 백인들에 한정되어 있고 교육수준이 높은 공화당원들은 자신의 이념적 신념을 더 확신하고 따라서 쉽게 흔들리지 않았을 것이라고 생각할 수 있다. 하지만 에이큰(Christopher Achen)과 바텔(Larry Bartels)이 옳다면, 상황은 전혀 그렇지 않다. 이들의 분석이 보여주듯이, 가장 당의 이념적 성향이 강하고 당에 헌신적이며 "당이 믿는 바"에 대해 가장 잘 알고 있고 이를 통해 자신의 정당 소속감을 확인하는 사람들이 실제로는 보다 세련된 유권자들이기 때문이다.⁴⁶ 그렇다면, 그 결과는 트럼프의 영향력이 공화당의 사회경제적 상층 지지자들에게까지 미칠 것이며, 잠재적으로 공화당 지지 대중 전체가 포퓰리즘으로의 전환에 열려 있다는 점이다.

물론 저항도 있었다. 공화당 내의 전통적 엘리트들, 곧 폴 라이언과 같은 철학적 보수주의자들과 대기업들, 정치자금 후원자들 등은 쉽사리 포기하거나 방관하지만은 않았다.⁴⁷ 수십 년 전에 북부 진보주의자들과 남부 보수주의들 간에 이루어졌던 민주당의 뉴딜 연합처럼 공화당 역시 경쟁적 진영들이 주요 정책들에 대해 서로 다른 입장을 지니고 당을 장악하기 위해 경쟁하는 연합체이다. 상공회의소(Chamber of Commerce)나 제조업협회(National Association of Manufacturers), 비즈니스 라운드테이블(Business Roundtable)은 포퓰리스트가 아니다. 대기업들도 포퓰리스트가 아니다. 코크(Koch) 형제* 역시 포퓰리스트가 아니며, 공화당의 다른 주요 후원자들도 포퓰리스트가 아닌 것이다.

　이들과 포퓰리스트들 간에는 다툴 대상이 많으며, 싸움에 걸려 있는 결과도 대단히 크다. 그러나 양쪽을 묶어 주는 것은 민주당을 물리치기 위해 힘을 합쳐야 할 필요성이다. 이들은 권력 장악을 유지하기 위한 최선책으로서 정책결정과 선거에서 서로 타협하고 결속할 수밖에 없다. 하지만 이 연합의 내적 힘의 균형에 있어서는 트럼프와 포퓰리스트들이 확실한 우위를 점하고 있다. 공화당은 소수파 정당이기 때문에 초당적으로 지지를 끌어내는 포퓰리스트 기반이 필요하다. 더욱이 이 기반의 열광적 지지는 민주당에 대한 승리 가도를 제공하는 동시에, 포퓰리즘 노선을 따르지 않고 트럼프를 지원하지 않을 경우 예비선거에서 보복당하리라는 경고를 전통주의자들에게 보낸다. 이런 상황에서 전통주의자들에게는 포퓰리스트처럼 말하고 행동해야 할 강한 유인이 생긴다. 그렇게 하지 않는 전통주의자는 그렇게 할 후보로 대체되는 것이다. 전통주의자들은 겁에 질려 있다.[48]

　남은 트럼프 임기 동안 어떤 일이 벌어지거나 앞으로 몇 번의 선거들이 어떤 결과를 가져오거나 혹은 사회경제적 상황이 어떻게 변화하느냐에 따라 포퓰리즘이 선거 영향력을 잃으면서 이런 상황전개가 변할 수도 있다. 하지만 현재로서는, 골드워터와 버클리와 레이건의 이름과 오랫동안 함께 해 왔던 신자유주의는 공화당에 대한 장악력을 잃었고, 대신에 공화당은 "미국을 다시 위대하게"(MAGA) 모

----

*　역주: 찰스 코크와 데이비드 코크. 비상장 대기업인 코크 인더스트리의 소유주로, 공화당 및 여러 보수적 단체들에 막대한 기부금을 후원해 왔음.

자를 쓰고 "트럼프공화당"(Trumplican) 셔츠를 입게 되었으며, 미국 민주주의에 대한 포퓰리즘의 공격을 조직하는 수단이 되었다.

포퓰리스트 선동가 대통령

많은 미국 정치 전문가들로서는, 위험스런 포퓰리스트로 선거 유세를 한 트럼프일지라도 일단 막중한 대통령직에 대한 전 국민적 기대와 대통령답게 행동하라는 압력, 자문진과 정부 전문가들의 차분한 조언, 중도적 입장과 타협을 추구하고 국가 전체를 대표해야 한다는 유인들을 경험하고 나면 보다 전형적이고 주류 스타일의 리더로 변할 것이라고 예상, 혹은 최소한 기대하는 것이 합리적이다.[49] 지금이 정상적인 시기라면 이런 식의 동질화야말로 우리가 예측해야 하는 바이며, 올바른 예측으로 판명될 것이다.

하지만 이 포퓰리스트 선동가는 현대 대통령들의 전형을 따르려 들지 않았다. 같은 테마의 44번째 변주곡이 되려는 의도는 전혀 없었다.[50] 그의 목표는 권력을 장악하도록 해 준 그 공식을 따르는 것이었다. 그렇게 하면서 트럼프가 국민들에게 지금까지 전혀 경험해 보지 못한 기괴한 대통령직을 겪도록 하고 위기에 몰아넣는 것은 불가피한 것이었다.

트럼프의 대통령직은 포퓰리스트 시대의 포퓰리스트 대통령직이다. 다른 무엇보다도 이 점이 바로 트럼프 대통령직을 이해하는 데 핵심이다. 그리고 포퓰리즘이 어떤 모습인지, 포퓰리즘이 미국의 정부 권력을 장악했을 때 어떤 일이 벌어지는지 알기 위해 이를 학습 수단으로, 그리고 중요한 증거 자료로 활용하는 데 있어서도 핵심이다.

부패 일소

선거 유세 중 트럼프의 핵심 주장은 미국 정치와 엘리트들이 완전히 부패했고 정부가 로비스트들과 특수이익집단들로 채워져 있으며 이 "썩은 늪"의 물을 빼야 한다는 것이었다. 그러나 일단 당선되자 그가 이 포퓰리즘 공약을 지키지 않을 것이라는 점이 명백했다. 놀랄 일이 아니다. 역사적으로 포퓰리스트 선동가들은 일단 권력을 장악하게 되면 부패하고 민주적 규범을 무시하는 것으로 잘 알려져 있다. 트럼프도 예외는 아니다. 트럼프 행정부는 미국 현대사에서 가장 부패하고 가장 특수이익으로 채워진 행정부이다.

트럼프가 솔선수범했다. 여러 번의 파산[51]과 마피아와의 거래[52]나 러시아와의 재정적 연관성[53] 등의 의혹을 지닌 억만장자 개발업자로서 트럼프는 역사상 최초로 세금 보고를 공개하지 않았고, 따라서 의사결정에 영향을 미칠 수 있는 이해 충돌에 대해 투명하기를 거부했다.[54] 그런 다음에는 금융 자산 처분을 거부하고, 대신에 두 아들, 도널드 주니어(Donald Jr.)와 에릭(Eric)이 운영하는 신탁에 맡겨 두었다. 자신의 사업으로부터 스스로를 전혀 분리시키지 못하는 우스꽝스런 조치였다. 그러는 가운데 외국 정부들과 기업들, 그리고 온갖 부류의 로비스트들이 특히 워싱턴 D.C.에 있는 트럼프의 호텔에서 행사를 개최하고 장소를 빌려서, 트럼프의 주머니를 돈으로 채워

주었다.⁵⁵ 부패하고 비윤리적일 뿐만 아니라 이런 일들은 헌법의 보수조항(emolument clause)*을 명백히 위반한 것이다.

행정부 내의 트럼프 최측근 몇몇도 그에게 돈을 몰아주는 비윤리적 행태에 말려들었다. 예컨대 법무장관 윌리엄 바(William Barr)는 명절 파티에 200명을 초대하기 위해 워싱턴의 트럼프 호텔 대통령 연회장을 빌려서 수만 달러를 낭비했다.⁵⁶ 부통령 마이크 펜스(Mike Pence)가 더블린을 공식 방문했을 때는 더블린에서 세 시간 이상 떨어진 작은 자기 고향 마을에 숙소를 잡았고 가족들과 전체 수행원들의 숙소로 그곳의 트럼프 호텔을 선택했으며, 더블린까지 왕복 교통 비용이 충격적인 60만 달러에 달해서 미국 납세자에게 엄청난 비용을 지불하게 했다.⁵⁷

트럼프와 아들들 이외에 다른 가족들도 이해 충돌에 깊이 관여했다. 트럼프의 딸 이방카(Ivanka)와 사위 쿠슈너(Kushner)는 백악관에서 함께 일하며 그를 대신해 고위 정책 결정자들과 만남을 갖곤 했다. 하지만 이들은 자신들의 사업을 동시에 벌이면서 새로 생긴 영향력을 이용했다. 예컨대 트럼프가 중국의 국가 주석 시진핑을 만나고 있던 때 중국 정부는 이방카가 중국에서 핸드백 등을 팔 수 있도록 얻기 어려운 상표 등록 세 가지를 허가해 주었다.⁵⁸ 정부 고위직의 자격으로 사적 회합을 가진 뒤 쿠슈너는 사업에 필요한 50만 달러를 대출받을 수 있었다.⁵⁹ 부패? 특혜? 사익 거래? 대통령들은 보통 이렇게 보일 수 있는 일마저도 피하려 한다. 그러나 트럼프에게 이는

---

* 역주: 헌법에 명시된 규정으로, 정부 관리가 승인 없이 외국 정부나 국내 정부로부터 선물이나 보수, 혜택을 받는 것을 금지.

불가능하다. 그와 가족들은 뻔뻔스럽게도 자기 자신들의 이익만을 따르고 있기 때문이다.

썩은 늪은 트럼프 행정부 전체로 확산되었다. 포퓰리즘의 언어와 보통 사람들을 위하겠다는 약속으로 선거유세를 한 뒤 트럼프는 내각을 거부 보수주의자들로 채웠다. 억만장자 윌버 로스(Wilbur Ross) 상무장관, 억만장자 벳시 드보스(Betsy DeVos) 교육장관, 투자은행가이자 골드만 삭스의 전회장 스티브 므누신(Steve Mnuchin) 재무장관, 엑손 회장 렉스 틸러슨(Rex Tillerson) 국무장관 등이 그들이다. 또한 로비스트들을 정부에서 쫓아내기는커녕 트럼프는 등록된 로비스트 다수를 대통령실(Executive Office of the President)은 물론 이전에 이들이 기업들을 위해 로비를 하던 정부 부처에 임명했다. 2018년 7월 현재, 백악관에 근무하는 16명을 비롯하여 모두 164명의 전 로비스트들이 40개 이상의 연방정부 부서에서 트럼프가 임명한 직위를 맡고 있다.[60] 또한 트럼프는 등록된 로비스트는 아니지만 정부 정책에 직접적인 이해관계를 지닌 기업들을 위해 일했던 사람들 다수를 임명했다. 유명한 사례로 변호사 출신 윌리엄 웨어럼(William Wehrum)을 들 수 있다. 그는 정부의 환경오염 방지규정에 대한 법적 분쟁에서 석탄 산업과 정유 기업 등 주요 오염원들을 대변했었는데, 트럼프가 그를 2017년에서 2019년까지 환경보호청(Environmental Protection Agency)의 대기질 분야 책임자로 임명했다.[61] 이 책을 집필 중인 현재 환경보호청장은 석탄 산업의 로비스트였던 앤드류 윌러(Andrew Wheeler)이다.

특수 이익 집단들에 치우친 임명과 이해 상충에 대한 경박한 처리를 감안할 때, 수많은 스캔들이 터졌다는 점은 별로 놀랄 일이 아닙니다. 앤드류 윌러의 전임이었던 스콧 프루트(Scott Pruitt)는 사설 경비 업체에 경호를 맡기면서 엄청난 비용을 지불하고 항상 일등석만을 타며 자기 부인에게 치킨 샌드위치 체인점(Chick-fil-A)을 얻어주려고 영향력을 행사하는 등, 셀 수 없이 많은 윤리 위반이 드러나서 사임해야 했다. 보건복지부 장관 톰 프라이스(Tom Price)는 전임자들처럼 이코노미석을 타지 않고 민간 제트기를 정부 예산으로 탄 것이 발각되어 사임하게 되었다.[62] 재무장관 므누신은 부인과 유럽으로 신혼여행을 가는데 관용기 사용을 요청하기도 했다.[63] 내무 장관 라이언 진키(Ryan Zinke)는 자기 고향의 알려지지 않은 회사가 푸에르토 리코의 발전시설을 재건설하는 엄청난 정부 계약을 따도록 영향력을 행사해서,[64] 2018년에 사임 압력 끝에 그만두었다. 트럼프가 임명한 사람들이 미국 정부를 자기의 돼지 저금통처럼 여기면서, 스캔들은 계속된다.

혁신주의 시기 이래 100년이 넘는 동안 좋은 정부를 지향하는 사람들이 이해 상충을 규제할 것을 요구해 왔고, 대부분 받아들여졌다. 특히 현대에 있어서 공직자들의 이해 상충은 면밀하게 감시되어 왔으며, 어떤 대통령이거나 정당과 상관없이, 선거 및 정부 내에서 이러한 윤리적 규범은 수용되었고 대체로 준수되었다. 투명성은 높은 가치를 부여받았고, 아무리 불완전하더라도 적극적으로 추구되었다. 하지만 트럼프는 이 핵심적인 민주적 규범을 무시해 왔다. 좋은 정부의 이상을 추구하겠다고 약속하면서 그 대신 이를 짓밟아 온 것이다. 그리고 트럼프 행정부 내의 많은 인사들도 똑같은 짓을 해 왔다.

행정부 조직화

일반적으로 신임 대통령은 가장 우호적인 정치 환경을 제공하는 밀월기간(첫 6개월에서 많아야 1년)을 이용하기 위해 핵심적 정책 목표 추진을 즉시 시작하려 한다. 이를 위해서는 행정부를 조직화해야 하며, 이는 보통 두 가지 방법으로 달성된다. 하나는 정부 내 고위직에 자신의 사람들을 임명하는 것이다. 다른 하나는 일관성 있는 정책을 고안하고 평가하기 위해 백악관 내에 구조적 역량을 만드는 것이다.[65]

모든 현대 대통령들이 이렇게 했다. 그러나 트럼프 밑에서 이런 일은 벌어지지 않았다. 예민한 정책 직위들에 로비스트들과 기업 대변인들을 임명함으로써 트럼프는 늪을 오염시켰다. 그렇지만 삼천에서 사천에 이르는 임명권을 행사할 수 있었으므로, 트럼프는 관료체계 전체에 자신만의 영향을 미치고 그 정책 방향과 의사결정을 끌고 나갈 수 있는 강력한 도구를 지니고 있었다.

그렇지만 트럼프는 이를 진지하게 활용하지 않았다. 인수위원회 책임자였던 전 뉴저지 주지사 크리스 크리스티(Chris Christie)는 진지했다. 크리스티는 다른 대통령들이 해 왔던 대로 핵심 직위들에 대한 임명을 포함해 신속한 출범을 위한 청사진을 준비하는데 깊이 관여했다. 그러나 트럼프는 선거 승리 직후 크리스티를 해임했고 인수 계획을 버렸으며 부통령 마이크 펜스에게 인수위 책임을 맡겼다. 인수 과정은 혼란스러웠으며, 트럼프는 자신의 사람 대신에 오바마 행정부가 남긴 인사들과 직업 공무원들이 이끄는 방향타 없는 행정부로 임기를 시작했던 것이다.

행정부에 대한 통제력을 확보하기 위한 트럼프의 임명권 활용은 내내 미약했고 단편적이었으며 비정상적이었다. 주요직들을 적절한 사람들로 채워 넣는 책임을 지는 백악관 인사처(Presidential Personnel Office)는 오바마 때에 비해 3분의 1 규모였으며, 존 디스테파노(John DeStefano)가 책임자였는데, 그는 다른 두 일(백악관 공보실과 정무실)을 동시에 수행하려 했다. 밀월기간이 훨씬 지난 15개월 후까지 트럼프는 상원의 승인이 필요한 1,200개 직위들(백악관 이외에 정부 내에서 가장 중요한 정책 직위들) 중 564명의 후보만을 지명할 수 있었는데, 이 중 387명만이 승인되었다. 이와 비교해 같은 기간 동안 부시 대통령은 724명을 지명하여 615명이 승인받았고, 오바마의 경우 732명을 지명해 548명이 승인받았었다.[66]

똑같은 혼란이 더 낮은 수준에서도 발생했다. 행정부 기구들 전체를 통해 트럼프는 수백 명 이상의 중간 수준 정책 관련 직위들을 임명하지 못했다. 특히 국무부의 경우 심각하게 약화되었다. 트럼프가 임명을 하지 못하는 동안 틸러슨은 트럼프의 지시대로 예산 및 인력 감축을 계속했고 노련한 외교관들 중 상당수가 그만두거나 은퇴했다. 일 년도 채 되지 않아 국무부는 대사급 60퍼센트와 고위직 40퍼센트를 잃었다.[67] 이에 따라 중대한 영역에서 공백이 발생했다. 예컨대 트럼프가 트위터로 북한에 대해 "불길과 분노"로 위협했을 때 트럼프는 주한 미 대사를 아직 임명하지 않았었다.[68] 또 언론인 카쇼기(Jamal Kashoggi)가 터키의 사우디 대사관에서 살해되었을 때도 사우디에는 미국 대사가 없었고, 미국의 이익은 대통령의 사위가 대변

하고 있는 듯 보였다.[69]

더욱이 임명을 한 경우에도 트럼프는 그들이 이끌어야 할 부서들에 대한 영향력을 손상시켰다. 예컨대 각료급 임명직의 상당수가 정규직이 아니라 보다 불안정하고 임시적인 "권한 대행"으로 복무해서 업무를 수행할 능력이 제한되었다. 임기 3년간 트럼프의 내각에는 28명의 장관 권한대행이 있었는데, 이는 오바마가 재직 중 임명한 각료급 임명 전체보다 많은 수이다.[70]

역대 대통령들이 행정부를 조직화하면서 따랐던 두 번째 핵심적 전략인 백악관을 통한 권력 집중화에 있어서도 트럼프의 성적은 낫지 않았다. 어떤 기준으로 평가해도 더 나빴다. 영향력 있는 언론인이 2년간 조사하여 보도한 바에 따르면, 백악관은 제대로 작동하지 않게 조직되고 혼란스럽다.[71]

트럼프는 개인적인 사업처럼 백악관을 운영하려 들었는데, 이는 포퓰리스트 선동가가 되려는 그의 시도에 잘 어울린다. 그는 항상 모든 것의 중심에 있는 스트롱맨이고, 권한을 위임하려 들지 않으며, 전문가를 찾거나 존중하지 않고, 충성을 다하지 않거나 실망시키는 사람들을 질책하며, 원하는 대로 되지 않으면 화를 낸다. 몇 몇 경우를 제외하면 트럼프는 전 골프 캐디나 전 사설 경호원, 혹은 〈견습생〉 출연자들처럼 선거유세 당시의 충성파들과 자기 가족을 포함한 새로운 인사들로 둘러싸여 있는데, 이들 모두는 경험도 없고, 지식도 없으며, 서로를 의심했고, 격렬하게 다퉜으며, 집무실의 거인을 만족시키는데 필사적이다.

그 결과는 조직상의 재난이다. 트럼프의 백악관은 대통령의 정책 목표를 효과적으로 달성하기 위해 정보와 자원과 전문성을 조직할 역량을 결여하고 있다. 설상가상으로 백악관을 채우고 있는 것은 자기 업무를 수행하면서 트럼프에게 아첨하거나 트럼프의 실수들을 좋게 포장하고 그가 얼마나 훌륭한지 칭송하며 중요한 정책 이슈들에 대한 트럼프의 거짓말을 합리화하지 않으면 직을 유지할 수 없는 사람들이다. 두드러진 예는 공보 비서관 샌더스(Sarah Huckabee Sanders)로, 그녀는 2년여(2017-2019) 동안 백악관 출입 기자단 앞에 서서 전 세계가 보고 있는 가운데 트럼프의 거짓과 왜곡을 옹호하고 지지했다. 정부 고위급 전체에서도 유사한 일이 은밀하게 벌어지고 있다.

그 결과 중 하나는 자신의 평판을 중시하는, 경험과 진실성을 지닌 우수한 사람들이 트럼프 행정부와 일하기를 특히 꺼려한다는 점이다. 따라서 설사 트럼프가 우수한 인사들을 영입하려 들어도 이들을 끌어들이는 것은 대단히 어렵다. 이 점 역시 트럼프의 조직을 저해시킨다.[72]

우드워드(Bob Woodward) 같은 사람들이 지적하듯이, 트럼프 행정부 안에는 이 대통령이 선을 넘지 않게 하고 정책들을 안정적으로 만들며 재난이 벌어지지 않도록 하기 위해 어려운 상황에서도 애를 쓰는 유능한 인사들이 있다. 우드워드가 자주 언급한 사례는 국가경제위원회 전 위원장 게리 콘(Gary Cohn)인데, 그는 한국과의 무역 협정을 폐기하려는 서류를 트럼프의 책상에서 치워버렸다. 콘은 트럼프가 서명할 경우 한미관계에 피해를 가져올 것을 우려했으며, 집중하지 못하는 것으로 정평 있는 트럼프가 서류가 사라진 것을 알아차리지 못할 것으로 생각했다. 보도에 따르면, 다른 내부자들도 트럼프의 본능적인 충동으로부터 미국과 세계를 구하기 위해 유사한 책략들을 쓴다.73

이런 내부자들 중 하나가 이런 활동들에 대해『뉴욕 타임즈』에 익명으로 기고한 유명한 글에 따르면, "트럼프 행정부 내의 고위 관리들 상당수가 그의 어젠다와 최악의 충동들을 좌절시키기 위해 부지런히 일하고 있다. 이 혼란스런 시대에 이는 미미한 위안일 수 있지만, 방 안에 어른들도 있다는 사실을 국민들은 알아야 한다. 무슨 일이 벌어지고 있는지 우리는 확실히 알고 있다. 도널드 트럼프가 하지 않더라도 우리는 옳은 일을 하려고 노력한다."74

실로 미미한 위안이다. 트럼프는 포퓰리스트 선동가인데, 방 안의 어른들은 그의 독재적 충동들로부터 국가를 구하기 위해 이 정도나 할 수 있는 것이다. 이 자체는 심각하다. 그렇지만 상황이 훨씬 나쁠 수 있다는 것을 인식할 필요가 있다. 만일 트럼프가 정상적인 성격을 가지고 있고 정부와 역사에 대해 지식이 있으며 경험 있고 우수한 참모들로 둘러싸여 있고 효과적으로 조직된 백악관을 만들었다면, 자신의 포퓰리즘 목적을 추진하고 미국 민주주의를 무너뜨리는 데 훨씬 효율적이었을 것이다.

이 논리를 한 단계 더 밀고 나가면, 포퓰리스트 선동가를 대통령으로 선택하는 엄청난 실수를 했어도 혼란에 빠져 허우적대는 자를 선택했다는 점이 미국에게는 행운이었을 수 있다. 단기적으로 우리는 트럼프의 무능력과 조직 결여에 의해 구원받았을 수 있다. 하지만 장기적으로는 전망이 어둡다. 만일 다음번 포퓰리스트 선동가가 나온다면 아마도 트럼프의 약점들을 가지지 않고 파괴적 목적을 추구하기 위해 정부를 조직화하는 데 대단히 능숙할 수 있다. 그러면 어떻게 될까?

연합의 정치: 공화당 주류 만족시키기

정책들에 대해 논의하자면, 트럼프가 오직 포퓰리스트 기반에만 충실했던 것으로 보일 수도 있다. 그러나 포퓰리스트 기반만이 트럼프의 관심일 수 없으며, 그렇지도 않았다. 선택의 여지 없이 트럼프가 의회 내 공화당 엘리트들과 연합할 수밖에 없다는 것이 현실이며, 이 공화당 엘리트들은 기업들과 주요 후원자들의 지원을 받는 정통 공화당 주류들인 것이다. 2018년 중간 선거에서 민주당이 하원을 탈환했으나, 트럼프 임기 첫 두 해 동안은 공화당이 상원과 하원 모두를 장악했었다. 이 2년간은 트럼프가 입법적 승리를 거둘 수 있는 기회의 창이었다. 그러나 공화당 주류의 어젠다는 포퓰리즘의 어젠다가 아니었으며, 근본적으로 이 둘은 양립 불가능했다. 시작부터 트럼프의 정치적 과제는 두 연합 파트너들 모두를 만족시키면서 궁극적으로 어느 한쪽에 유리한 절충점을 찾는 것이었다.

공화당 주류를 만족시키기 위해 트럼프는 이 귀중한 두 해 동안 네 가지 영역에서 정책 변화를 적극적으로 추진했다.

오바마케어. 트럼프는 오랫동안 공화당의 공격 대상이 되었던 오바마케어를 폐지하겠다고 공약했다. 그렇지만 의료보험을 절실히 필요로 하는 (그리고 오피오이드 위기로 심각한 피해를 입은) 백인 노동 계층 때문에 트럼프는 모든 사람이 혜택을 받는 "훌륭한" 것으로 오바마케어를 대체하겠다고 약속했다.75 이 공약은 또 하나의 사기였음이 드러났다. 트럼프에게는 오바마케어를 대체할 어떤 진지한 계획도 없었으며, 공화당 동료들도 마찬가지였다. 첫 번째로 시도된 개혁에서 트럼프는 입법 과정을 진두지휘하는 역할을 포기했으며, 공화당 의원들이 여러 가지 부실하게 만든 대안들을 꿰어 맞추도록 내버려 두었다. 이 안들이 입법화되었다면 수백만 명이 보험 적용 대상에서 제외되었을 것이며 기존 질환이 있는 사람들이 쫓겨나게 되었을 것이다. 이 모두는 지탄받는 참사였으며, 다음 장에서 논의하듯이 끝내 수치스런 실패로 막을 내렸다.

하지만 오바마케어에 대한 공격은 이것이 끝이 아니었다. 이후 트럼프는 자신이 지닌 행정부 권력에 눈을 돌려서, 예컨대 보험회사들에 특정한 지불금을 거부하는 등의 보건복지부 시행령 개정을 통해 점진적으로 오바마케어를 약화시키고 무력화시키려고 했다.76 또한 오바마케어의 핵심을 제거하고 위헌적인 것으로 만들기 위해 법무부로 하여금 소송을 지원하게 했다.77

객관적으로 볼 때 이런 공격들로 가장 피해를 볼 사람들 중에는 트럼프가 항상 대변한다고 주장하는 백인 노동 계층 유권자들이 있다. 이들은 의료 보험이 필요하며, 보험이 없는 사람들도 많다. 하지만 트럼프의 지지기반을 이루고 있는 백인들은 반-정부적이기도 해서, 정부가 (또는 세금이) 자신들을 위해 쓰이는 것이 아니라 도시의 소수 집단들을 위해 쓰인다고 생각한다. 또한 문화적으로 이들은 이런 관점을 조장하고 오바마케어를 거대정부와 사회주의자 민주당의 나쁜 점 모두를 대표하는 것으로 악마화시키는 공화당과 폭스 뉴스의 프레임으로 둘러싸여 있다. 크레이머(Katherine Cramer) 같은 학자들이 최근 분석한 바에 따르면, 정체성과 이념, 그리고 더 포괄적으로는 공화당 지지자들의 문화 자체가 객관적인 이익을 압도할 수 있다.[78] 이런 방식으로 공화당은 포퓰리스트 지지자들의 객관적 이익을 맞춰주지 않으려 하면서도 정치적으로 구원된다. 트럼프와 공화당 주류에게 있어 이것이 바로 불가능한 것을 해결하는, 마치 원을 네모로 만드는 것과 같은 방법이다. 코로나 판데믹의 충격을 포함하여 유권자들이 힘든 진실에 직면하게 되면 과연 수개월, 혹은 수년 뒤에도 원이 네모로 남아 있을지는 두고볼 일이다.

감세. 단점 정부하에서 공화당은 그들의 영원한 목표, 곧 세금 인하를 목표로 했고, 트럼프의 적극적인 지원하에 성공했다. 2017년 12월 20일에 통과된 감세법안은 트럼프 임기 첫 두 해 동안을 대표하는 입법 승리였다. 선거 유세 동안, 그리고 재임 중 트럼프가 말로만 강조한 것은 부자가 아닌 중산층과 보통의 국민들에 대한 세제 혜택이었다. 2017년 9월까지도 트럼프가 떠벌리기를, "이 계획에서 부자는 전혀 얻는 바가 없습니다. 우리는 중산층을 위하고 일자리를 원합니다…내 생각에 부자들에 대한 세율은 현재 수준과 거의 같을 것이고, 필요하다면 더 올라갈 것입니다."[79]

진실은, 이 감세법안이 의도적으로 기업들과 부자들에게 혜택을 주도록 고안되었다는 점이다. 이 법안은 법인세를 대폭적으로, 그리고 영구히 인하했고(35퍼센트에서 22퍼센트로) 부자들의 세율을 감축했으며 상속세를 인하했고 헤지 펀드들의 세금 회피 수단을 보호해 준데다가 트럼프 회사와 같은 패스스루 형태의 기업들*에게 막대한 이익을 가져다 준 반면, 보통 사람들에 대한 세금 인하는 별것이 아니었고 일시적이었다. 대중들에 대한 혜택은 거의 이론적인 것이어서 대부분의 경제학자들이 기각하는 주장,[80] 곧 기업들과 부자들에 대한 막대한 감세가 훨씬 높은 경제 성장과 고용률을 가져 오며 결과적으로 정부 세수를 높이고 보통 사람들의 소득을 증대시키리라는 주장에 근거를 두고 있었다.

오바마케어에 대한 공화당의 공격과 마찬가지로 트럼프의 포퓰리스트 기반은 객관적으로 볼 때 손해 보는 처지가 되었으며, 경제적 불평등은 예견되었듯이 상당히 악화되었다. 하지만 정치적으로 감세 법안은 거대 정부에 대한 공격으로 포장되었고, 공화당 지지자들 중 많은 사람들이 좋은 일로 받아들일 수 있었다.

탈규제. 임기 첫날부터 트럼프는 탈규제를 최우선 과제들 중 하나로 삼고 적극적으로 추진하여 공화당과 기업가들을 기쁘게 했다. 은행 및 금융업에 대한 도드-프랭크 (Dodd-Frank) 규제를 크게 약화시킨 법안처럼, 어떤 탈규제책들은 의회에서의 입법을 필요로 했다. 그러나 대부분의 경우 트럼프는 정부 기구들, 특히 환경보호청이나 에너지부, 내무부, 노동부, 주택 및 도시 개발부, 보건 복지부 등에 자

....
* 역주: 기업의 소득이 기업을 우회하여(pass-through) 소유주나 투자자에게 전해지는 기업 형태. 법인세를 내지 않고 개인 소득세만을 내게 됨.

신이 임명한 고위직들을 통해 일방적으로 추진하여, 기업 규제를 극적으로 감축하고 특정한 산업과 기업과 후원자들에게 막대한 혜택을 제공하려 했다.[81]

이런 시도들은 진행 중이며, 어디까지 성공하게 될지는 두고 보아야 한다. 법원이 나서서 많은 트럼프 제안들을 지연시키거나 무력화시키면서 규정 개정이 효력을 발생시키기 전에 행정절차법 등 특정한 요건이 충족되어야 한다고 강조하기 때문이다. 그렇지만 트럼프는 계속해서 주요 규제들에 대해 칼을 대고 있다. 그가 제안했거나 이미 이룬 변화들 중에는, 석탄 화력발전소의 배출량을 줄이기 위한 오바마의 청정 전력 계획(Clean Power Plan)의 폐기, 자동차 배기가스 기준의 완화, 석유 및 가스 산업의 메탄 배출을 규제하는 규정의 약화, 소비자 금융 보호국(Consumer Financial Protection Bureau)의 폐지, 근로자 초과 근무 보호 규정의 약화 등이 있다.[82] 이 밖에도 많은 시도들이 있다. 석탄 산업과 석유 산업 및 금융업들은 특히 막대한 수혜자들이다. 공화당 주류가 기뻐할 수밖에 없다.

여기서 다시 한 번 트럼프의 포퓰리스트 기반은 대가를 치루고 있다. 반-정부적이고 사람들의 삶에 정부가 간여하는 것을 막아야 한다는 정치적 수사를 지지하지만, 객관적으로 볼 때, 이들도 대기 오염과 수질 오염, 금융기업들의 시장 조작, 초과 근무 수당 삭감 등으로부터 고통을 받기는 마찬가지인 것이다. 이 규제들 대부분은 그들과 같은 사람들을 보호하기 위해 만들어진 것인데, 이제 트럼프는 이 보호를 허물기 위해 바쁜 것이다.

법관 임명. 선거 유세 동안 트럼프는 복음주의자들을 포함한 보수층의 지지를 확실하게 만들기 위해 연방주의자 협회(Federalist Society)*가 작성한 강성 보수 후보들 명단에서 법관 지명자들을 선택하겠다고 약속했다. 미치 맥코넬(Mitch McConnell)하의 상원 공화당이 이전 두 해 동안 오바마의 지명을 막았었기 때문에 트럼프는 100명이 넘는 법관 공석들을 채워 넣게 되어 있었다. (이에 비해 레이건은 35명, 오바마는 54명을 지명했다.) 연방 판사는 종신직이므로, 수십 년간 전체 사법 체계의 이념적 구성을 바꿔 놓을 역사적 기회를 트럼프가 가지게 되었던 것이다. 『이코노미스트』가 지적했듯이, "많은 보수주의자들에게는 이 기회만으로도 트럼프를 지지한 것이 정당화되었다."83

트럼프의 행정부 조직 자체는 조직상의 혼란으로 심각한 장애를 겪었지만, 법관 선택은 예외였다. 법관 선택은 백악관 법률자문실(White House Council's office)의 통제하에서 효율적이고 집중적으로 다루어졌으며 대단히 성공적이었다. 트럼프는 이미 닐 고서치(Neil Gorsuch)와 브렛 캐버너(Brett Kavanaugh)를 임명하여 대법원에서 보수파를 다수로 굳혀 놓았다. 중대한 순회 법원 수준에서 트럼프는 첫 두 해 동안 24명을 임명했는데, 이는 현대 대통령들 누구보다도 많은 수이다. 상원이 공화당의 수중에 계속 남게 된다면, 사법부 체계의 보수화는 현실이 될 가능성이 크다.84

그렇게 되면 예상되는 결과는 무엇일까? 〈로 대 웨이드〉(*Roe v.*
....

* 역주: 미국 법조계에서 가장 영향력 있는 보수적 단체. 헌법을 원문주의와 원래 의미로 해석하는 것을 지지.

Wade) 판결을 약화시키거나 뒤집는 판결, 정치에 대한 돈의 영향력을 키우는 판결, 소비자보다 기업에 유리한 판결, 가난한 사람들보다 부자들에 유리한 판결, 총기 규제를 제약하는 판결, 적극적 차별철폐제(Affirmative Action)를 폐지하는 판결, 정부의 프로그램들과 규제들을 제한하는 판결, 그리고 전반적으로 국민들의 문제들을 처리하기 위해 정부가 할 수 있는 바를 위축시키는 판결이 될 것이다. 트럼프의 포퓰리스트 기반은 어떨까? 사법 보수주의(Judicial conservatism)가 이들에게는 어떻게 작동할까? 별로 좋지 않을 가능성이 크다. 종교와 총기와 생명권이 강조되는 것을 이들이 반길 수는 있으나, 다른 것들은 보통 사람들로서 이들의 객관적 이익에 크게 반하는 것이며, 이들의 문제를 처리하기는커녕 여러 가지 방식으로 더 악화시키는 정부를 만들어낼 것이기 때문이다.

연합의 정치: 포퓰리스트 기반 만족시키기

포퓰리스트 기반은 주류 엘리트보다 달래기가 쉬웠다. 선동가로서 트럼프는 포퓰리스트 기반을 위해 중대한 정책적 승리를 거둘 필요가 없었다. 이들을 만족시킬 수 있는 다른 방법들이 있었던 것이다.

트럼프는 이들의 반시스템적 분노와 스트롱맨에 대한 열망을 부추겼고, 시스템의 기존 질서, 곧 그 제도와 민주적 규범과 절차, 그리고 특히 버락 오바마를 연상시키는 기존 정책들을 공격하면서 "진전되고 있다고" 함으로써 이들의 충성심을 유지했다. 달리 말하자면, 트럼프는 기본적으로 건설자가 아니라 파괴자였다. 성공적인 정책 성과는 어렵지만, 파괴는 쉬우며, 말은 더 쉽다. 트럼프의 세계에서 이 논리는 통했고, 포퓰리스트 기반을 열광시켰다. 스트롱맨이라는 자신의 이미지를 빛나게 했고, 실제 아무것도 이루지 못하고 오히려 이들의 물질적 이익에 상반되는 행동을 했음에도 불구하고 자신이 "인민"을 위해 얼마나 이루었는지 자화자찬할 수 있게 해 주었다.

트럼프가 포퓰리즘을 대변한다고 주장하고 포퓰리스트 기반의 충성을 공고화시키기 위해 집중했던 정책 영역들은 다음과 같다. 모두 일방적 행동에 의해서였다.

무역. 거의 모든 경제학자들은 관세가 경제에 나쁘고, 일자리에도 나쁘고, 보통 사람들과 근로자들에게 나쁘다는 데 동의한다. 하지만 트럼프는 전문가들을 그저 무시한다.[85] 관세는 포퓰리스트의 정치에 완벽하게 들어맞는다. 대중들을 선동해서 그들의 불만이 상식적인 해법으로 다루어지고 있다고 생각하게 만드는 것이다. 또한 이 영역에서 대통령은 막강한 일방적 권한(unilateral power)을 지니고 있기 때문에 트럼프는 스트롱맨 역할을 할 수 있다.

취임하자마자 트럼프는 아시아에서 미국 외교정책의 초석으로 고안된 12개국 간의 환태평양 경제동반자 협정(TPP)에서 즉각 탈퇴했다. 그리고 나서 유럽 연합과 중국, 멕시코, 캐나다 등 우리의 주요 무역 상대국들을 비난하고 폄하하고 공격했다. 또한 철강과 알루미늄 수입품에 대해 다국적 관세를 부과했다. 그는 또 중국에 대해 수천억 달러에 달하는 관세를 부과하여 위험스런 무역전쟁을 촉발시켰다. 북미자유무역협정(NAFTA)도 탈퇴하겠다고 위협했는데, 온갖 허세를 부린 뒤에 원래 협정을 살짝 고친 새 협정을 (새 이름으로) 자랑스러워 하며 받아들였다. 이러면서 트럼프는 우리의 전통적 동맹들을 소외시켰고, 세계 무역체계를 혼란에 빠지게 했으며, 불확실성을 확산시켰다.

공화당 의원들과 이들의 기업가 후원자들, 특히 상공회의소는 격노했다. 이들은 당연히 자유무역을 지지했고, 경제적 이해관계는 막대했다. 이들은 트럼프가 하고 있는 것을 지지하지 않았지만 그를 막을 수가 없었다. 계속 해 나갈 독자적 권한을 가지고 있었던 것이다. 그리고 민주당과의 양극화된 전쟁에서 트럼프는 같은 편이었으므로 이들은 그를 공격하지 않고 보호해야 했다. 더욱이 이것이 이제 "공화당원이 믿는 것"임을 받아들이게 되면서 공화당 지지자들의 태도가 트럼프의 반자유무역 방향으로 변화하고 있었다. 결과적으로 공화당 주류는 꼼짝할 수 없었다.[86] 연합 정치 속에서 이들은 포퓰리스트 기반에 대한 트럼프의 손짓을 내버려둘 수밖에 없었다. 분명 그 대가는 컸지만, 다른 한편 보상도 많았다. 감세와 탈규제, 사법부 인사가 그것이다.

이민. 대통령으로서 트럼프는 이민자들에 대해 전쟁을 벌여 왔다. 포퓰리스트 기반을 흥분시키기 위해 "이들은 사람이 아니라 짐승이다"[87]와 같은 극단적 수사를 쓰면서 자신의 일방적 권한을 사용해 징벌적 행동을 벌였다. 취임하자마자 트럼프는 행정명령으로 악명 높은 "무슬림 금지령"을 포고하여 무슬림이 다수인 7개국의 여행자들이 미국에 입국하는 것을 일시적으로 금지하고 난민 재정착 프로그램을 중지시켰다. 이 포고령은 사법부에서 가로막혔다가, 이후 대법원의 보수파 다수가 대폭 수정된 형태로 살려냈다.

무슬림 금지령은 전주곡에 불과했다. 트럼프는 국가안보부(Department of Homelad Security)와 그 산하 이민세관단속국(Immigration and Customs Enforcement)을 통해 국경 순찰을 강화하고 미등록 이민자들을 색출, 추방하기 위해 훨씬 더 적극적인 활동을 벌였다. 한편 법무부를 통해 "이민자 보호 도시들"(sanctuary cities)에 대한 법적 조치를 취하고 연방정부 지원금을 중단하겠다고 위협했다. 또한 히스패닉 시민들을 프로파일링 하고 시민권을 침해한 혐의로 기소된 조 아파이오(Joe Arpaio) 보안관을 사면했다. 트럼프는 멕시코와의 국경 2,000마일을 따라 "크고 아름다운 장벽"을 세울 것을 계속 요구했는데, 모든 전문가들이 효과가 었을 것이라고 했고, 의회가 20억 달러의 지출을 승인해야 하는 일이었다. 그는 결국 예산 확보를 위해 정부 운영중단까지 감행했으나, 망신스럽게 실패했다. 미등록 이민자 아동들의 미국 체류를 허용하는 미성년 입국자 추방 유예제(Deferred Action for Childhood Arrivals; DACA)도 표적삼아, 의회가 조치를 취하지 않는 한 이 프로그램을 없애는 종료일을 설정하기도 했다. 물론 의회는 조치를 취하지 않았으나, 다시 한 번 법원이 이를 구해냈다. 2018년 가을에는 멕시코 국경에 수천 명의 병력을 배치하여, 수천 마일 떨어져 있고 대부분이 가난한 여성과 아동들인 중앙 아메리카 이주자 집단으로부터 미국을 보호하겠다는 선거 책략을 벌이기도 했다. 2019년에 의회가 국경 장벽에 대한 자금 지원을 명시적으로 거부하자 트럼프는 의회가 다른 목적으로 지출 승인한 자금의 사용을 정당화하기 위해 (의심스런 법적 근거 위에서) 국경 지역에 비상사태를 선포했다.

이런 일방적 행동은 포퓰리스트들과 사회적 보수주의자들에게는 잘 받아들여졌으나, 공화당 주류와 특히 기업가 집단들은 곤혹스러웠다. 이민자들이 노동력의 중요한 일부분이기 때문에 이 이슈에 있어서 오랫동안 온건한 입장이었기 때문이다.[88] 더욱이 국민들은 미등록 이민자들에 대해 상당히 동정적이다. 2018년 퓨 리서치 조사에 따르면 69퍼센트 대 29퍼센트로 동정적이었다.[89] 전반적으로 이민에 대한 트럼프의 극단적인 정책과 수사는 그 본질에 있어서나 선거에 미치는 영향에 있어서나 공화당 주류 엘리트들에게 심각한 우려 대상이다. 그렇지만 유럽을 휩쓸었던 정치적 혼란이 보여주었듯이, 이민은 포퓰리스트들이 성공의 열쇠로 여기는 선동적인 이슈이다. 선동가 트럼프는 최대한 밀어붙이고 있는 것이다.

인종. 트럼프 이전의 현대 대통령들 모두는 통합을 하려 했고 민권을 지지하고 백인 우월주의에 반대하는 입장을 취했었다. 하지만 트럼프는 부분적으로 포퓰리스트 기반의 인종적 적개심으로부터 자신의 권력을 끌어내는 선동가이며, 인종에 기반을 둔 분노와 두려움과 편견을 자극하려 애쓴다. 백인 우월주의자들이 샬롯빌에서 시위를 벌이며 격렬한 저항과 폭력사태를 일으켰을 때 트럼프는 양쪽이 똑같이 책임이 있다고 말했다. 뜬금없이 그는 경찰 폭력과 사회적 불공정에 항의하기 위해 국가가 연주되는 동안 무릎을 꿇었던 흑인 미식축구 선수들에 싸움을 걸어, 이들이 애국심이 없고 해고되어야 한다고 말했는데, 아프리칸 아메리칸들을 부정적으로 조명하고 이들과 대결을 벌일 기회를 잡았던 것이다. 트럼프는 CNN 뉴스진행자 돈 레몬(Don Lemon)이나 농구 선수 르브론 제임스(LeBron James), 하원의원 맥신 워터즈(Maxine Waters) 등 저명한 아프리칸 아메리칸들을 지목하여 이들의 지능에 의문을 제기하며 저열한 비판을 하기도 했다. 또한 (모두 미국 시민이고 세 명은 미국에서 태어났음에도 불구하고) 유색인종인 네 명의 진보적인 민주당 여성 하원의원들에 대해 왔던 곳으로 "돌려보내야" 한다고 트위터에 올려 의도적으로 격렬한 논란을 불러일으켰다.[90]

이 모든 것들은 우연이거나 기괴한 품성의 산물이 아니다. 이것들은 포퓰리스트 기반의 호응을 얻기 위한 전략의 필수적 요소이고 이민 이슈를 이용하는 것과 밀접히 연관되어 있으며, 백인 문화에 대한 위협이라고 흑인과 황인종을 악마화하는 것이다. 인종 문제에 관한 한 공화당 주류도 결코 책임을 면하기 어렵다. 수십 년간 이들은 당내 사회적 보수주의자들의 호응을 얻기 위해 예컨대 "법과 질서"와 같은 인종주의적 메시지를 활용해 왔던 것이다.[91] 트럼프는 이들보다 훨씬 더 나갔으나, 이들은 트럼프에게 명백한 인종주의를 그만두라고 요구하지 않는다. 몇몇 예외를 제외하면 이들 모두가 침묵을 지켜 왔다. 어떤 면에서 이는 다가올 보상을 받기 위해 많은 구성원들이 침묵 속에서 버텨야 하는 연합 정당의 모습일 수 있다. 하지만 다른 측면에서는 훨씬 더 불길해 보인다. 사회의 최악의 충동들이 충족되고 표현될 때의 정당의 모습일 수 있는 것이다.

이 충동들은 공화당을 점령해 가고 있다. 공화당을 변형시키면서 위험스런 것으로 만들고 있는 것이다.

민주주의를 파괴하는 대통령

진실과 전쟁을 벌이고 인종주의에 호소하고 부패를 저지르고 분노와 분열을 조장하는 의도적 전략으로 트럼프는 우리 정부 체계를 타락시킨다. 하지만 가장 불길한 것은 그가 막강한 권력을 사용하여 법치를 거부하고 민주주의의 근간을 공격해 온 점이다.

선출될 경우 그가 바로 그렇게 하리라는 징조는 2016년 선거 유세 중 수없이 많았다. 그는 선거가 조작되었다고 주장했으며, 그가 진다면 선거 결과를 정당하다고 받아들이지 않을 것임을 암시했다. 우리 정치 제도가 부패했고 대중의 지지를 받을 가치가 없다고 비방했다. 상대방 힐러리 클린턴이 범죄자이며 감옥에 갇혀야 한다고 말했다. 푸틴과 러시아를 미화했다. 선거 집회들에서 폭력을 조장했다. 언론을 "인민의 적"이라고 공격했다. 스트롱맨인 자신만이 "인민을" 대표할 수 있다고 주장했다. 민주주의 자체를 표적으로 삼은 인물이었던 것이다.

취임하던 순간부터 트럼프의 반민주적 성향은 공개적으로 나타났다. 이는 다른 어느 경우보다도 러시아의 2016년 선거 개입을 다룬 일에서 생생하게 드러났다. 러시아의 활동에 대한 믿을만한 증거들과 또 트럼프 선거 진영의 인사들이 러시아 정보요원과 공모했을 수 있다는 증거에 근거해서 FBI는 트럼프가 취임하기 전에 이미 철저한 수사를 벌이고 있었다.

만일 트럼프가 민주주의를 정말 신봉했다면, 러시아의 개입을 역사적인 안보 위협으로 간주했을 것이고 진실이 밝혀지도록 수사를 전적으로 지원했을 것이다. 그러나 그는 그렇게 하지 않았고, 정반대로 나아갔다. 트럼프는 어떠한 공모도 없었다고 부인했을 뿐 아니라, 러시아가 개입했다는 의심할 수 없는 증거들을 제시한 우리 정보기관들과는 상반되게 러시아가 개입하지 않았다는 기괴한 주장을 되풀이했다. 그는 이보다 더 나아갔다. FBI 국장 제임스 코미(James Comey)와의 은밀한 단독 회합에서 개인적인 충성을 요구했고, 코미가 주저하자 후에 그를 해고했다. 러시아 조사를 통제하고 무산시키기를 바랐던 것이다.

뮬러 조사

트럼프의 마피아 보스 같은 전략은 곧바로 역효과를 냈다. 러시아와 접촉한 사실 때문에 법무장관 제프 세션스(Jeff Sessions)가 러시아 조사에서 손을 뗀 뒤 부장관 로젠스타인(Rod Rosenstein)은 트럼프가 취임한 지 몇 개월이 지나지 않은 2017년 5월 17일에 러시아 조사를 담당하도록 뛰어난 전문성을 지닌 법률가이자 오랜 경력을 가진 검사로 특히 9/11 이후 혼란스러운 12년 동안 FBI를 이끌었던 로버트 뮬러(Robert Mueller)를 특별 검사로 임명했다. 이후 2년간 뮬러는 트럼프의 선거 운동 책임자 마나포트(Paul Manafort), 트럼프의 전 변호사 코헨(Michael Cohen), 전 국가 안보 보좌관 플린(Michael Flynn)을 포함하여 32명의 개인과 3개의 회사들로부터 기소, 유죄 인정, 또는 유죄 판결을 확보했다.

조사가 진행되는 동안 트럼프는 법 집행 기관에 대한 신뢰를 무너뜨리려고 애썼다. 끝없이 반복된 그의 주장은 조사가 "날조"된 것이고 "마녀 사냥"이라는 것이었으며, 그는 뮬러와 FBI를 부패하고 당파적이며 정당하지 않다고 공격했다. 공화당 의원들과 폭스 뉴스가 이끄는 보수 언론들은 이런 거짓 선전을 확산시켰고 트럼프를 보호하기 위해 결집했다. 트럼프와 이들의 목적은 간단했다. 조사를 중단시키고 조사관들을 악당으로 만드는 것이다. 트럼프와 그 일당들에게 진실은 위협적인 것이었으며 왜곡되고 감춰져야 했다. 투명성이고 시민들의 알 권리고 민주주의고 아무 상관이 없었다. 외국의 공격으로부터 국가를 지키는 것도 상관이 없었다.

반민주적 거짓 선전의 뒤에는 제한되지 않은 날 것 그대로의 권력이 있었다. 트럼프는 "법무부에 대해 내가 하고 싶은 대로 할 수 있는 절대적 권한이 있다"고 선언했는데,[92] 그와 측근들이 범죄 혐의의 대상이 된 조사를 방해하고 심지어 중단시킬 권리가 있다는 소름끼치는 주장이었다. 이것이야말로 권위주의자에게 기대할 수 있는 주장이다. 민주주의에서는 대통령을 포함하여 어느 누구도 법 위에 있을 수 없다. 하지만 트럼프는 자신이 법위에 존재하는 것처럼 행동한다. 예상했던 대로 2018년 중간선거가 끝난 뒤 트럼프는 법무장관 세션스를 해임하고 제대로 된 자격이 없는 매튜 위태커(Matthew Whitaker)로 교체했는데, 그의 유일한 자격은 트럼프에 대한 충성과 뮬러 조사가 정당하지 않다는 트럼프의 주장에 대한 충성인 듯 보였다.⁹³ 또 다른 방어선으로 트럼프는 "내 자신을 사면할 절대적 권한이 있다"고 선언했으며⁹⁴ 형사 고발될 수 있던 선거 참모들과 가족들을 사면하겠다고 공개적으로 거론했다.

뮬러의 최종보고서는 2019년 4월에 법무부에 제출되었다. 뮬러가 밝힌 것은 우선, 트럼프 캠프 인사들이 러시아 요원들과 백번 이상 접촉했고 이에 대해 거짓 증언하곤 했으며 선거에 대한 러시아의 도움을 기꺼이 환영했으나, 범죄 공모 혐의를 제기하기 위한 높은 법적 기준을 충족하는 충분한 증거가 없다는 것이었다. 이는 공모가 없었다는 것을 의미하지 않는다. 충분히 있을 수 있다. 실제로 뮬러는 필요한 정보를 확보하려는 자신의 노력이 이 일에 직접 연루된 사람들의 지속적인 거짓 진술로 방해받았다고 적시했다. 결국 우리는 진실을 결코 알지 못하게 될 것이다. 우리가 아는 것은, 대단히 많은 수의 의심스럽고 비윤리적인 행태들이 이 보고서에 담겨 있다는 점이다.

뮬러는 또한 트럼프가 여러 가지 방식으로 사법 방해를 했다는 "충분한 증거"를 제시했다. 예컨대, 백악관 법률고문 돈 맥간(Don McGahn)을 통해 뮬러를 해임하려고 시도하거나, 폴 매나포트의 증언을 회유하기 위해 사면을 저울질한 것 등이 그것이다. 그러나 모든 사람들을 충격에 빠뜨린 것은, 이런 증거들에도 불구하고 뮬러가 검사들이 항상 하듯이 이 행동들이 범죄 행위의 기준을 충족시키는지에 대한 자신의 법적 판단을 제시하지 않았다는 점이다. 대신에 뮬러는 현직 대통령은 기소될 수 없다는 법무부의 소견을 지적하며, 트럼프가 법정에서 스스로 방어할 기회가 없음에도 불구하고 그가 범죄를 저질렀다고 결론짓는 것은 불공평하다고 말했다. 그렇다면, 사법 방해 문제에 대해 입장을 취하는 대신에 뮬러는 단지 범죄혐의를 입증할 수 있는 산더미 같은 증거를 수집해 놓은 채 무엇을 할지 여부는 의회에 넘겨주었던 것이다.

사법방해에 대해 입장을 취하지 않은 뮬러의 무결정(nondecision)은 분명 현대 사법사에 있어서 가장 이상스럽고 가장 중대한 것 중의 하나가 될 것이다. 이 보고서에서 결론이 어떻게 되어야 하는지에 대해서는 별 의심이 없다. 민주당이든 공화당이든 천명이 넘는 전 연방 검사들이 뮬러의 증거들은 사법 방해의 여러 혐의에 대한 법적 기준을 충족한다는 공개적 진술에 서명했다. 증거로부터 법적 결론을 도출하기를 거부함으로써 뮬러는 자신의 일을 하지 않았다. 왜 그랬는지는 알 수 없다. 하지만 하지 않았기 때문에 뮬러는 자신의 조사가 트럼프의 무법 행위에 대해 실제 무엇을 밝혔는지 국민들에게 알려야 하는 의무를 수행하지 못했고, 미래의 대통령들을 법적 테두리 안에 머물도록 만들 명확한 선을 긋는 데 실패했다. 피터 베이커(Peter Baker)가 제대로 지적하듯이, "뮬러 조사의 어떤 다른 결과보다도 이 (무결정이) 가장 오래 지속될 유산이 될 것이다."[95]

보다 즉각적으로는, 뮬러의 무결정이 트럼프와 그 측근들에게 거짓 선전으로 빈 공간을 채울 수 있는 기회를 열어주었다. 뮬러 보고서는 트럼프가 새로 임명한 법무장관 윌리엄 바(William Barr)에게 제출되었는데, 바는 법무장관 자리를 얻기 위해, 뮬러를 해임하고 조사 전체를 중단시킨다 하더라도 트럼프가 사법 방해를 하는 것은 아니라는 메모를 여기저기 돌렸던 인물이다.[96] 이런 극단적인 입장에 동의할 법학자들은 별로 없을 것이었으나, 어쨌든 그에게 법무장관

자리를 가져다주었던 셈이다.

바는 바로 자신이 열렬한 트럼프 충성파임을 보여주었다. 뮬러가 쓴 요약을 공개하는 당연한 일을 해서 뮬러 보고서를 공개적으로 요약하는 대신에 바는 트럼프가 어떤 잘못도 저지르지 않았음을 입증하는 보고서라는, 대단히 오해를 불러일으킬 수 있는 서한을 의회에 보냈다. 바는 보고서가 "어떤 공모"도 발견하지 않았다고 주장했는데, 이는 잘못 해석한 것이었다. 또 그는 트럼프를 사법 방해로 기소할 근거가 없다고 스스로 결론내렸다. 이 기만은 너무 터무니없어서 뮬러가 바에게 국민을 오도했다고 불평하는 서한을 보냈을 정도였다.[97]

하지만 피해는 이미 발생했다. (편집된 형태의) 전체 보고서는 3주 안에 공개되지 않을 것이었다. 그 동안 모두가 아무것도 모르는 상태에서 법무장관 바와 트럼프, 공화당 의원들, 그리고 폭스 뉴스와 보수주의 지지자들은 보고서의 발견에 대해 거짓말을 자유롭게 설파했다. 아무 공모도 없다. 아무 사법 방해도 없다. 완전 무죄이다.

이 거짓말은 분명히 보고서에 대한 국민들의 반응에 영향을 미쳤고 그 진정한 내용이 가져올 영향을 상당히 약화시켰다. 비난받을 일이다. 뮬러에게도 어느 정도 책임이 있다. 그러나 주된 책임은 진실과 법치에 대해 전쟁을 벌였던 무법자 대통령과 부정직한 측근들에게 있다.[98]

트럼프, 러시아, 돈

러시아와 관련해서는 밝혀져야 할 일이 대단히 많은데, 아직 미스터리로 남아 있다. 가장 중요한 것은, 뮬러가 러시아에 대한 트럼프의 재정적 연결 관계를 직접적으로 조사하지 않았다는 점이다. 이 연결 관계는 수십 년 전으로 소급되며, 푸틴과 러시아에 대한 트럼프의 대단히 묘하고 위험스러운 애착을 설명해 줄 수 있는 돈 세탁과 대출, 재정적 의존, 부당 이익 추구 등을 포함하고 있다.[99] 뮬러는 왜 이런 재정적인 문제들을 조사하지 않았는지 전혀 밝히지 않았다. 조사되지 않았다는 것은, 재정적으로 얽힌 관계에 있었다는 수많은 증거가 있었기 때문만이 아니라 모든 검사들이 "돈을 쫓을" 필요를 인식한다는 점 때문에도 대단히 이상하다. 뮬러가 왜 하지 않았는지 우리는 결코 알 수 없을 것이다.

미국 대통령이 러시아에 재정적으로 신세를 지고 있었을 가능성은 최고 수준의 위험이고 이전에는 상상도 못했던 악몽이며, 진실은 알려져야 한다. 이런 일이 벌어지지 않도록 의회의 공화당 측근들은 할 수 있는 모든 것을 했다. 공화당 통제하의 단점정부 2년간 공화당이 장악한 위원회들은 트럼프의 재정 상태에 대해 투명성을 확보하려는 노력을 전혀 하지 않았다. 2019년에 민주당이 하원을 장악하게 됐을 때에야 의회 위원회들은 진지한 조사를 시작했고 트럼프의 세금 보고(tax return)와 재정 상황에 대해 소환장을 발부했다. 나라를 보호하기 위해 의회가 해야 할 일을 하기 시작한 것이다.

하지만 의회는 철문 앞에 서 있었다. 선거 유세 초기부터 트럼프는 세금 보고를 공개한다는 대선 후보의 규범을 거부했는데, 이는 단지 재정상 비밀을 지킨다는 전략의 시작일 뿐이었다. 뮬러 조사 동안 트럼프는 자신의 재정 상황이 조사관들이 넘을 수 없는 "레드 라인"이라고 공언했다.[100] 하원 위원회들이 그의 재정 상황에 대한 문서들을 소환했을 때 트럼프는 이 모든 요구들을 일언지하에 거부했고, 의회는 법원을 통해 소환장을 수용하도록 할 수밖에 없었다. 이는 어쩔 수 없이 오랫동안의 지연과 셀 수 없는 항소로 이어졌고, 이 중대한 조사는 2019년과 2020년 내내 중단되었다.[101]

민주주의가 무언가 의미가 있다면 국민들은 대통령의 재정 상태에 대해 알 권리가 있다. 그가 외국에 재정적으로 얽매여 있는지 알 권리가 있다. 하지만 복잡하게 뒤얽히고 무능력한 정부 때문에 진실은 결코 알려지지 않을 수 있다. 그리고 포퓰리스트 대통령은 그렇게 되도록 만드는 데 많은 것이 걸려 있다.

우크라이나와 탄핵

뮬러 보고서는 2019년 4월에 공개되었다. 그 영향이 있다면 그것은 "완전 무죄"가 트럼프로 하여금 반민주적 행동을 더 대담하게 지속하도록 해 주었다는 점이다. 트럼프는 노골적인 사법 방해 혐의로부터 풀려났다. 그의 재무 상황은 조사되지 않았다. 법적 규범과 관습을 무시한 것도 어떤 처벌도 받지 않았다. 그는 이제 충성파 윌리엄 바가 법무장관이 되어 더 잘 보호받게 되었다. 그리고 제임스 매티스(James Mattis), 맥매스터(H. R. McMaster), 렉스 틸러슨(Rex

Tillerson), 존 켈리(John Kelly) 등 방안의 어른들은 예스맨들로 대체되었다. 그 어느 때보다도 트럼프는 하고 싶은 대로 할 수 있게 되었던 것이다.

그는 그렇게 했다. 그리고 그해가 가기 전까지 트럼프가 자신의 권력을 너무나 남용해서 하원이 그를 탄핵했다. 이는 미국사에서 드문 사태이다. 단 두 명의 대통령들, 1868년 앤드류 존슨(Andrew Johnson)과 1998년 빌 클린턴(Bill Clinton)만이 탄핵되었었다. 물론, 워터게이트 사건 때문에 리차드 닉슨(Richard Nixon)도 탄핵의 길 위에 있었지만, 그는 하원이 공식 표결을 하기 전에 사임했었다.

진실을 말하자면, 트럼프는 예컨대 사법 방해부터 헌법 보수 규정 위반과 이해 충돌까지 많은 근거들 위에서 정당하게 탄핵될 수 있었다. 그렇지만 첫 두 해 동안 하원을 장악했던 공화당은 그를 보호했다. 2019년 1월에 민주당이 하원을 장악하고 나서야 비로소 하원이 트럼프를 조사하고 평가하여 책임을 묻게 되었던 것이다.

하지만 이를 효과적으로 하는 것은 쉽지 않았다. 하원 위원회들은 즉각 행동에 돌입하여 사법방해와 트럼프의 납세 등 여러 가지 문제들에 대해 조사를 개시했다. 그러나 바가 장악한 법무부의 극단적인 법적 주장하에 트럼프 행정부가 요청된 서류 제공을 거부하고 행정부 관리들의 증언을 허락하지 않는 등, 역사적으로 선례가 없는 전면 거부에 부딪히게 되었다.[102] 결과적으로 모든 문제들이 법정으로 넘어가게 되어 장기간 지연되었으며, 하원의 조사 시도가 거의 무력화되었다. 트럼프의 전략은 바로 지연 전술이었으며, 그 효과를 보았던 것이다.

이런 상황에서 하원 의장 낸시 펠로시(Nancy Pelosi)는 트럼프의 행동이 얼마나 용납할 수 없었던지 간에 민주당이 그를 탄핵하지 않아야 한다고 결론지었다. 조사가 방해받고 있었는데, 명백하고 설득력 있는 증거를 생생하게 공개하지 않는 한, 경합 선거구의 민주당 의원들이 탄핵을 지지해서 의석을 잃을 위험에 처하는 것을 바라지 않았던 것이다. 하지만 대부분의 민주당 의원들은 트럼프가 권력 남용과 의회 방해로 인해 탄핵되어 마땅하고 이 불량 대통령을 견제하는 헌법적 의무를 의회가 수행하기 위해서 트럼프가 탄핵될 필요가 있다는 데 동의했다.

그러나 트럼프는 법과 관습에 그토록 얽매이지 않았기 때문에 얼마 지나지 않아 민주당이 행동할 수 있는 엄청난 비리를 저질렀다. 2019년 8월, 정보 기구들 내의 내부 고발자가 국가 안보와 관련되는 "긴급한 우려"를 담은 구체적인 공식 보고서를 공개했다.[103] 그의 주장에 따르면, 러시아와 전쟁 중이고 미국의 지원과 군사 원조에 대단히 의존하고 있는 우크라이나에 트럼프가 압력을 가해 정치적으로 의도된 두 가지 조사를 하도록 만들고 있다는 것이었다. 하나는 민주당 정적 조 바이든(Joe Biden)과 그의 아들 헌터(Hunter)에 대한 조사였고, 다른 하나는 2016년 선거에 대한 우크라이나의 개입 여부에 대한 조사였는데, 이는 트럼프가 아니라 클린턴을 위해 러시아가 아닌 우크라이나가 선거에 개입했다는, 이미 오래 전에 거짓으로 판명된 음모론에 근거를 두고 있었다. 트럼프의 압박 작전의 핵심에는 교환조건이 있었다. 우크라이나가 이 조사들을 수행하겠다고 동의하지 않을 경우, 트럼프는 4,000억 달러에 달하는 군사 원조를 보류하고 우크라이나 신임 대통령의 백악관 방문을 거절할 것이었다. 트럼프가 원하는 것을 우크라이나가 할 경우, 군사 원조가 재개되고 백악관 방문이 준비될 것이었다.

내부 고발자 보고서에 대한 뉴스는 폭탄처럼 터졌다. 이 보고서는 트럼프가 국내 정적을 공격하기 위해 외국 정부를 이용하고 미국과 귀중한 동맹국의 국가 안보보다 자신의 정치적 이익을 우선하는 지독한 권력 남용을 했음을 지적했다. 신속하게 낸시 펠로시는 탄핵 심사의 개시를 선언했으며, 하원 정보위는 조사를 개시하고 무슨 일이 벌어졌는지 알고 있는 행정부 관리들의 증언과 서류들을 요청했다. 트럼프 진영은 예상했던 대로 극단적으로 대응했다. 행정부 모든 인사들에게 증언하지 말고 문서를 제공하지 말라고 명령했던 것이다.104

그 자체가 탄핵 사유가 될 수 있는 트럼프의 이 장벽은 의회의 조사 노력에 크게 방해가 되었다. 트럼프의 최측근으로 직접 겪은 정보를 지녔을 많은 인사들, 예컨대 비서실장 믹 멀베이니(Mick Mulvaney), 국가 안보 보좌관 존 볼튼(John Bolton), 국무장관 마이크 폼페오(Mike Pompeo) 등이 하원에서 증언하기를 거부했다. 하지만 트럼프가 모든 사람들을 통제할 수는 없었다. 국방부와 국무부, 심지어 백악관 국가 안전보장회의의 중간 수준 관리들 18명이 트럼프의 명령을 거부하고 하원 위원회에서 기꺼이 선서 후 증언했다. 신뢰할만한 문서들로 뒷받침된 이들의 구체적인 증언들, 그리고 수많은 언론인들의 철저한 조사들은 미국 외교정책에서 트럼프가 자기 이익을 위해 벌인 추잡한 거래를 생생히 보여주었으며 탄핵을 위한 확고한

증거를 제공했다.[105]

추잡하다는 말이 맞다. 수개월간 트럼프는 대통령의 권력을 개인적으로 남용하여 우리의 적 러시아와 전쟁 상태에 있는 우크라이나에 대해 의회가 적법하게 승인한 군사원조를 비밀리에 보류했었다. 무엇 때문에? 국내 정치에서 자신의 선거 이익을 위해. 설상가상으로 트럼프는 자신의 소위 개인적 변호인 쥴리아니(Rudy Giuliani)에게 우크라이나 자체에서 막후 외교정책을 수행하도록 했다. 공식적인 외교 경로 밖에서 쥴리아니는 바이든과 우크라이나의 선거 개입에 대한 트럼프의 음모론을 기꺼이 도우려는 맹백히 부패한 우크라이나 행위자들로부터 "증거"를 수집했으며, 최근 FBI가 체포한 수상한 인사들을 통해 허위정보를 정리했고, 주우크라이나 미국 대사 마리 요바노비치(Marie Yovanovitch)에 대해 비방전을 벌여 해임되게 만들었으며, 우크라이나 관리들에게 트럼프가 요구하는 조사에 착수하도록 압력을 가했다. 국무부 내의 소수의 트럼프 충성파들과 협력하여, 그리고 국무장관 폼페오의 승인하에, 쥴리아니는 완전히 부적절하고 잘못됐으며 전혀 미국 외교정책을 수행하는 방식이 아닌 기괴한 임무를 맡은 대통령의 개인적 특사로 행동했던 것이다.[106]

공화당 의원들은 이런 것들에 조금도 신경 쓰지 않는 듯했다. 탄핵 청문회 내내 이들은 모든 분노를 민주당 지도부에 퍼부었다. 낸시 펠로시뿐 아니라, 하원 정보위 청문회를 주관했던 아담 쉬프(Adam Schiff)와 법사위 위원장 제리 내들러(Jerry Nadler)가 그 대상이었다. 트럼프가 트위터에 올린 것들을 따라 하면서 공화당 의원들은 탄핵 청문회를 날조된 것이자 마녀 사냥이라고 했다. 이들은 불공평한 절차와 노골적인 당파성에 대해 비난했으며, 트럼프가 어떤 잘못도 저지르지 않았다고 주장했다. 기회가 있을 때마다 이들은 위원회 청문회를 정치 쇼로 만들려 했고, 믿을 만한 정보를 수집하려는 노력을 무산시켰으며, 근거 없는 음모론을 제기하여 주의를 분산시켰다. 이들은 사실을 무시했던 것이다.

그래서 부정행위와 방해에 대한 산더미 같은 증거에도 불구하고 탄핵에 대한 최종 표결은 정확히 정당별로 나뉘었다. 권력 남용과 의회 방해의 두 조항에 대해 두 명의 민주당 의원이 반대표를 던졌고, 한 명의 민주당 의원은 한 조항에만 찬성했으며, 다른 한 명의 민주당 의원은 출석한 채 표결하지 않았다. 하지만 공화당 의원들 중 단 한 명도 두 항목 중 어느 것에 대해서도 찬성하지 않았다. 하원 내 민주당의 다수 의석 때문에 양 항목 모두 쉽게 통과되었다.

상원에서의 탄핵 재판도 이런 당파적 분열을 피해가지 못했다. 시작되기 전에 이미 다수당 대표 미치 맥코넬은 폭스 뉴스에 출연하여 트럼프의 이익에 완전히 부합하도록 "재판"을 조직하려고 백악관과 조율하고 있다고 말했다. 맥코넬은 "대통령의 변호사들로부터 조언을 들을 것"임을 약속하면서, "이 상황을 어떻게 다룰지에 대해 대통령의 입장과 우리 입장에는 어떤 차이도 없을 것임"을 청중들에게 확인시켜 주었다.[107] 우크라이나에서 벌어진 일에 대한 온전한 진실을 밝히는 데 완전히 무관심했던 맥코넬은 재판을 시작하면서, 얼마나 관련성이 있던지 간에 상원이 새로운 증인이나 증거들을 채택하지 않겠다고 선언했다. 여기에는 예컨대 트럼프의 관여에 대해 직접적으로 알고 있고 의회 소환장에 따르겠다고 공개적으로 밝힌 존 볼

튼의 증언이 포함되어 있었다. 그러나 트럼프가 자기 자신에만 신경 썼듯이 맥코넬은 오직 자기 당의 운명에만 신경을 썼다. 둘은 재판 내내 어깨동무를 했고, 모두가 예상했듯이 이 형식적 재판은 또 하나의 당파적 표결로 끝났다. 유죄 판결에 필요한 절대 다수 3분의 2에 훨씬 못 미쳤던 것이다.

그렇다고 해도, 역사상 세 번째로 대통령이 탄핵당했으며, 탄핵의 흠집은 영원히 트럼프의 유산에 남을 것이다. 하원의 공식적 견책은 이 대통령이 국민의 신뢰를 저버렸다는 점과 개인적 이익과 국가 이익을 동일시한 잘못, 그리고 대통령직을 타락시킨 점들을 영원히 일깨워 줄 것이다.

역사와 상징은 중요하다. 그렇지만, 미국 정치와 정부의 실제에 있어서는 현실이 거의 변하지 않았다. 트럼프는 여전히 권력을 장악하고 있었고, 탄핵에서 교훈을 얻기는커녕 공화당 상원에 의해 무죄 판결을 받은 뒤 승리 행진을 벌이며 곧바로 복수극을 자행했다. 의회에서 증언했던 관리들을 쫓아냈고, 전문가적 자세로 자신을 불쾌하게 했던 인사들의 지명을 철회하거나 승진을 취소했으며, 로저 스톤(Roger Stone)에게 유죄 판결했던 판사와 전문직 검사들을 공격했고, 스톤, 마이클 플린, 폴 매니포트를 사면할 수 있음을 암시했다. 트럼프는 탄핵되었다. 그렇지만 정치적 참호전 속에서 무엇이 이루어졌던가? 별로 없다. 무언가 이루어진 것이 있다면, 그것은 트럼프가 이전보다 더 위험스런 존재가 되었다는 점이다. 무죄 판결로 풀려나서는, 자신이 적으로 간주하는 사람들을 공개적으로 벌하고 측근과 동지들을 편애하며 왕의 반지에 키스하지 않는 사람들을 행정부에서

쫓아내고 있는 것이다.[108]

세계적 맥락: 공격받는 민주주의

러시아 선거 개입 조사나 결국 탄핵으로 이끈 우크라이나와의 수치스런 거래 등에서 트럼프가 저지른 여러 가지 권력 남용은 미국 민주주의에 대한 명백한 위협이다. 하지만 트럼프의 대통령 재임기간은 취임 첫날부터 우리 민주주의 체계에 필수적인 규범과 가치를 손상시켜 온 온갖 반민주적 언행으로 가득 차 있다.

법무부를 정치화시킨 것부터 샬롯빌의 백인 국가주의자들을 부추긴 것, 소수 집단들의 투표를 방해하기 위한 선거 제도 "개혁"을 지지한 것, 자신이 좋아하지 않는 판결을 내린 법원의 정당성을 공격한 것, 힐러리 클린턴이 기소되고 감옥에 가야 한다고 계속 고집한 것에 이르기까지, 그 예들은 넘쳐 난다. 트럼프는 민주주의를 끊임없이 공격하고 있으며, 여론조사에 따르면, 결과적으로 미국 민주주의에 대한 미국인들의 믿음은 약화되고 있다.[109]

이 모든 것들 중 가장 해로운 것은 진실 자체에 대한 그의 공격일지 모른다. 독립적 언론은 정보와 전문성과 경쟁적 아이디어와 세계관의 출처로서 어떤 민주주의에도 필수적인 것인데, 트럼프가 언론을 "가짜 뉴스"나 "인민의 적"이라고 공격하는 것은 그 자체가 대단히 위험한 것이다. 하지만 이는 그가 벌이고 있는 더 큰 전쟁의 일부에 불과하다. 그의 목표는, 그의 말대로, "당신이 보고 읽고 있는 것은 실제 일어나고 있는 일이 아니며"[110] 자신으로부터 듣는 것이 아니면 그들이 믿을 수 있는 진실이란 실제로 없다고 국민들을 설득하는 것이다. 언론 매체는 신뢰할 수 없다. 전문가들은 신뢰할 수 없다. 사실 자체는 사실이 아니다. 결과적으로 점점 더 많은 국민들이 무엇을 믿어야 할지 더 이상 모르게 되었고, 정부와 정책과 정치가 기반을 두고 있는 진실이란 것이 있다고 더 이상 생각하지 않게 되었다. 트럼프의 진실과의 전쟁이 성공한다면, 그것은 민주주의에 대한 조종이 될 것이다. 이것이 바로 트럼프가 우리를 끌고 가고 있는 방향이다. 그리고 트럼프의 시도는 모든 단계마다 폭스가 주도하는 우파 선전 매체들에 의해 지원되고 있다.[111]

지금까지의 모든 논의는 국내에서 미국 민주주의를 트럼프가 어떻게 훼손시키고 있는지에 집중되었다. 그러나 그는 미국 민주주의를 더욱 위협할 뿐 아니라 전 세계에 걸쳐 다른 나라들의 민주주의와 평화와 번영을 위협하는 행동도 저질러 왔다.

취임할 당시 트럼프는 수십 년간 미국과 민주주의 동맹들이 만들어 온 세계질서를 물려받았다. 노련한 외교정책 전문가들의 조언에도 불구하고 트럼프는 민주주의 서방 세계와 국제질서를 약화시키는 일인 철거반이었다. 그는 유럽의 핵심적 보호자인 NATO를 불필요하고 시대착오적인 것이라고 맹비난했다.[112] 우리 동맹국들에게 관세를 부과하고 일방적인 양보를 고집하며 모욕하고 두려움을 주기 위해 적대적이고 호전적으로 행동하며 동맹국들 모두와의 관계를 악화시켰다.[113] 파리 기후협약에서 탈퇴하여, 지구상에서 미국이 유일하게 회원국이 아닌 상태가 되었다. 엄청난 난관을 헤치고 타결되었던 이란 핵 합의에서 탈퇴하여 우리 동맹들을 곤경에 빠지게 하고 이란으로 하여금 핵개발을 계속하고 도발적 행동을 하도록 만들었다. 그리고 이 모든 혼돈과 혼란이 지속되는 가운데, 독재자들, 특히 러시아의 블라디미르 푸틴뿐 아니라 중국의 시진핑, 필리핀의 두테르테(Rodrigo Duterte), 헝가리의 오르반, 폴란드의 카친스키, 터키의 에르도안(Recep Tayyip Erdoğan), 사우디 아라비아의 빈 살만(Mohammad bin Salman)과 같은 독재자들을 칭송했다.

국제 제도들과 동맹들을 비난하고 나서 그 대체물로 무언가 건설적인 것을 트럼프가 제시한 적은 없다. 물론 탈냉전 이후의 국제체제는 완벽과는 거리가 멀었고, 트럼프는 이에 대한 가장 현명한 비판가들로부터 조언을 들어서 새로운 외교 방향을 설정할 수도 있었다.[114] 그러나 그는 그렇게 하지 않았다. 긍정적 어젠다가 없는 그저 혼란 조성자이자 적대자였기 때문이다. 지금 존재하는 질서를 증오하고 무너뜨리고 싶을 뿐, 국제 질서에서 미국에 대한 비전은 전혀 없었던 것이다.

트럼프의 위대한 "업적들"은 파괴적이고 혼란스런 것들이다. 그리고 이 모든 것들을 통해 그는 미국이 자유세계의 리더가 아님을 분명히 했다. 국제질서에 대한 트럼프의 공격은 다른 포퓰리스트 리더들이 달성하려는 바와 들어맞는 것이며, 더 불길하게는 러시아 푸틴의 핵심적 외교정책 목표를 반영하고 있다. 서구의 포퓰리스트들은 푸틴을 민족주의와 전통적인 종교적, 문화적 가치, 그리고 백인의 가치를 대변하는 스트롱맨으로 받아들여 왔다. 그런데 트럼프는 칭송 이상까지 갔다. 그는 푸틴을 너무나 완전히, 복종하듯이 받아들여서, 공화당 엘리트들을 포함하여 많은 국민들이 혼란스럽고 불안해 하게 되었다. 푸틴은 독재자이다. 푸틴의 정부는 반정부 인사들과 언론인들을 죽였고 이웃 국가들을 침공했으며 미국 선거 체제를 공격했다.

러시아는 우리의 적이고 세력을 확장하려 들며, 그 전 세계적 목표는 우리의 국가 이익에 위해하다. 그렇지만 이런 목표를 분명히 돕고 있는 파괴적인 국제적 행태를 하고 있는 트럼프는 푸틴에 대한 비판을 피하기 위해 대단히 노력한다. 둘이 만날 때, 트럼프는 간혹 어떤 조언가도 참석하지 않는 비밀 회합과 무엇이 논의되었는지에 대한 어떤 기록도 남기지 않을 것을 고집한다. 충격적이게도, 한 회합에서는 통역에게 회합에서의 노트를 넘겨줄 것을 요구했고 스스로 폐기해 버리기도 했다.[115] 트럼프는 미국 민주주의의 수호자로 행동하지 않는다. 만주 후보(Manchurian Candidate)*같이 행동하고 있는 것이다.

위험에 처한 미국

이 비유가 그럴듯하기는 하지만, 실제로는 약간 빗나간다. 리차드 콘든의 소설 속 주인공과는 달리 트럼프는 우리나라를 무너뜨리도록 세뇌된 것이 아니다. 그는 의도적이고 전략적으로 포퓰리스트 선동가 역할을 맡은 것이며, 그 교본을 이용해 포퓰리즘의 분노를 타고 미국 대통령직에 올랐다. 이것은 들어맞은 전략이자, 그뿐만 아니

---

* 역주: 리차드 콘돈(Richard Condon)의 소설로, 외부 세력에 의해 조종받는 인물을 지칭.

라 많은 야심적 정치인들이 너무도 잘 알게 된 교훈이다.

대통령직에 오르고 엄청난 정치권력을 행사할 수 있게 되자 트럼프는 그저 포퓰리스트 선동가들이 하는 일을 계속했다. 스트롱맨 역을 만끽하고 법치를 경멸하며, 규범을 어기고, 민주주의 제도들을 공격하며, 독재자들을 포용했다. 이 모든 것을 하는 내내 그는 질서 파괴자였다.

건설적 리더십은 포퓰리즘의 교본에 없다. 대통령직에 오른 뒤 트럼프의 행태가 이 점을 드러낸다. 하지만 이를 생생하게 보여준 것은 바로 그의 첫 번째 진정한 위기, 곧 코로나 바이러스 팬데믹이다. 코로나 바이러스는 2020년 1월 말에 대유행을 시작하여 2개월 안에 우리 경제와 사회에 엄청난 피해를 끼쳤는데, 최악은 아직 오지 않았다.

바이러스를 적극적으로 억제했어야 할 초기의 중대한 시기에 보인 트럼프의 리더십은 절망적인 실패였다. 그는 반복해서 문제를 축소시켰고, 바이러스가 통제되고 있다고 주장했으며, 위험을 과장한다고 민주당과 언론 탓을 했고, 백신이 임박했으며 누구나 쉽게 검사 받을 수 있다고 주장했다. 이 모든 것들은 사실이 아니었다. 그는 또한 자신의 행정부가 대단히 잘 대응하고 있다고 자화자찬했는데, 사실 제대로 조직화되지도 못했고 과학계에 대한 자금지원도 삭감했으며 준비 과정도 부족했고 수백만 개의 검사 키트를 주들에게 보내는데도 오랜 기간 지연되었다. 그 결과는 참혹해서, 이 중대한 시기에 바이러스가 확산되게 만들었던 것이다.[116] 이 책을 쓰고 있는 지금, 두 달이 흐르는 동안 바이러스는 기하급수적으로 확산되었다. 점점 심각해지는 재앙에 직면하게 되자 트럼프는 행동할 필요성을 인정했다. 그는 TV의 중심 무대를 차지하고 책임감 있는 모습을 보여주려 하고 있다. 하지만 정말로 필요했을 때 행동하지 못했었다. 그리고 그 결과 국민들은 엄청난 대가를 치루고 있다.

이 모든 것들은 우연이 아니다. 트럼프는 파괴자이지, 건설자나 국가적 문제의 해결자가 아니다. 국민들이 포퓰리스트를 선출하면, 그 결과는 이런 것이다. 트럼프의 재임 기간은 그저 트럼프라서 트럼프 역을 한 것이 아니다. 포퓰리즘의 논리가 대통령의 행태로 전환될 때 어떤 일이 발생하는지를 보여주는 것이다. 만일 장래에 다른 포퓰리스트가 또 대통령이 된다면, 똑같이 무책임하고 파괴적인 행태가 일어날 것이다.

우리 과제는 단지 트럼프를 쫓아내는 것이 아니다. 이런 일이 언제 생긴다 하더라도, 심지어 민주당 대통령이 선출되고 정상 상태가 지배적인 것처럼 보인다 하더라도, 그것이 곧 포퓰리스트 위협이 끝나는 것은 아니다. 우리의 진정한 과제는 포퓰리즘 자체의 근원을 종식시키는 것이다.

3

무능력한 정부의 지속

혼란을 가져오는 사회경제적 변화는 서구 세계 전체에 강력한 포퓰리즘 운동을 촉발시켰으며, 트럼프가 있건 없건 이 추동력은 장래에도 지속될 것이다. 이 추동력이 바로 포퓰리즘과 민주주의의 위기를 초래하고 있으며 미국은 민주주의가 위협받고 있는 많은 나라들 중 하나일 뿐이다.

전 세계적으로 포퓰리스트 리더들이 지닌 강한 호소력은, 현대성의 이 강력한 힘을 막고 백인 기독교인들이 우월하고 백인 노동 계층이 경제적, 문화적으로 안전함을 느끼며 사회적 다양성이 최소화되는 이상화된 과거로 돌아가게 만들겠다는 약속에 있다. 정책적으로 볼 때, 이런 약속들은 실패할 수밖에 없다. 현대성의 이 강력한 힘은 막을 수 없으며, 과거는 다시 만들어질 수 없다.

그런데도 불가능한 것을 약속하는 것이야말로 포퓰리스트들의 특기이다. 또한 트럼프와 같은 선동가들에게 불가능하다는 것은 아무 상관이 없다. 현대성이 강력한 영향을 지속적으로 미치고 약속들이 현실화되지 않으면, 지지자들은 계속 분노할 것이고 위협을 느낄 것이며 실패한 것으로 여겨지는 시스템을 기꺼이 공격할 것이기 때문이다. 이들은 자신들의 분노를 표출해 주는 스트롱맨이 아니라 시스템에 책임을 물을 것이다.

그렇다면 포퓰리즘의 시대에 민주주의는 어떻게 해야 제대로 작동하고, 심지어 번성할 수 있을까? 답이 없을 수도 있다. 현대성의 강력한 영향력은 너무 끈질기고 다루기 어렵고 파괴적일 수 있으며, 고조되고 있는 포퓰리즘이 민주주의들을 무너뜨릴 수도 있다. 만일 해답이 있다면, 그것은 민주주의 정부들이 눈앞의 도전을 이해하고 강력하고 적절한 행동을 취함으로써 스스로를 구해내야 한다는 것이다.

민주주의 정부들은 수백만 명을 포퓰리즘의 수중에 몰아넣고 있는 이 현대 세계에서 희생자들이 지닌 강력한 요구와 우려를 해결하는 데 자신들이 비참할 정도로 무능력했음을 깨달아야 한다. 자신들의 결함을 인정해야 하고 현대성이 초래한 해악을 인식해야 하며 잘 계획된 프로그램들로 대응해야 한다. 그러기 위해서는 "정치적 의지" 이상이 필요하다. 진정으로 문제를 해결하는 행동을 취할 수 있는 제도적 역량이 필요한 것이다. 미국이 분명 그렇듯이 지금 현재 이런 역량이 없다면 이를 개발해 나가야 한다.

효과적인 정부가 포퓰리즘 운동 안의 인종주의적이거나 권위주의적인 요소들을 만족시킬 필요는 없다. 그보다는 일자리와 의료 서비스, 은퇴 후 삶, 직업 재교육, 안전과 같은 대중들의 정당한 요구를 해결해야 한다. 코로나 팬데믹, 오피오이드 사태, 경제 변화에 의해 파괴된 지역 공동체 문제들을 처리해야 한다. 이민자들을 존중하면서도 이민 문제에 대해 우려하는 대중들을 더 만족시킬 수 있는 방법을 찾아야 한다. 가장 근본적으로는 진정한 문제 해결을 촉진할 수 있는 제도 개혁을 이루어야 한다. 민주주의 정부들이 강력한 개혁과 효과적인 프로그램들로 대응한다면 포퓰리스트 리더들이 끌어 모을 수 있었던 지지 대부분이(전부는 아니다) 떨어져 나가게 할 수 있고 민주주의에 대한 위협을 사라지게 할 수 있다. 오래 전처럼 포퓰리즘은 여전히 존재할 것이지만, 심각한 위험이 되지는 않을 것이다.

미국 민주주의는 포퓰리즘의 시대에 살아남을 수 있다. 앞으로 나아갈 길은 있다. 하지만 그 길은 장애물과 출구가 뒤덮인 험로이다. 효과적인 정부란 이루기 힘든 목표이며, 이를 위해서는 문제의 본질과 해결에 필요한 행동에 대해 냉철하게 생각해야 한다.

이것이 바로 이 책의 후반부가 다룰 과제이다. 우리는 먼저 무능력한 정부의 문제에 대해, 곧 그 기원과 성격, 현대에 드러난 형태, 교정을 그토록 어렵게 만든 정치적, 문화적 요인들에 대해 면밀히 살펴본다. 그리고 나서 트럼프의 유령에도 불구하고, 효과적인 정부를 만들고 민주주의를 구하는 열쇠는 바로 대통령직에 있음을 보일 것이다.

왜 개혁 노력의 초점이 대통령직에 있어야 하는가? 트럼프가 잘 보여주었듯이 우리는 대통령직을 포퓰리즘과 스트롱맨 지배의 도구로 두려워할 만한 충분한 이유가 있다. 그러나 대통령직은 또한 보다 효과적인 정부를 만들고 포퓰리즘을 패퇴시키고 민주주의를 구원할 수단이다. 이것이 바로 민주주의를 지속시키기 위해 풀어야 할 딜레마이다.

무능력한 정부의 문제

2016년 선거 유세에서 도널드 트럼프는 우리 정치체계가 인민의 의지를 왜곡시키도록 조작되었다고 반복적으로 경고했다.[1] 선거 당일 투표 결과가 집계되자, 그 결과는 인민의 의지를 왜곡시켰다. 하지만 트럼프가 예견했던 방식은 전혀 아니었다. 힐러리 클린턴이 트럼프 보다 거의 300만 표를 더 얻었지만, 트럼프가 대통령에 당선되었던 것이다.

이런 일이 벌어진 것은 미국 헌법의 심각하게 비민주적인 조항, 선거인단(electoral college) 제도 때문이다. 1787년에 헌법을 만들었던 제정가들은 폭도의 통치를 피하고 작은 주들과 남부 노예주들에 투표권을 더 주기 위해 대통령 선출을 보통 시민들이 아닌 주들이 선택하는 선거인단에게 맡겼다. 지금은 유권자들이 선거인단을 선택하지만, 대통령 선거전은 여전히 유권자 투표 결과와 무관하게 주 선거인단의 다수를 획득하는 것이 된다. 이렇게 비정상적인 시스템은 오늘날 이해가 되지 않는다. 가장 기본적인 민주주의 원리에 위배되는 것이다.[2] 그렇지만 우리는 우리 민주주의를 괴롭히는 이 과거의 유물에서 벗어나지 못하고 있다.

우리가 벗어나지 못하고 있는 것은 선거인단 제도만이 아니다.

헌법은 현대에는 맞지 않고 우리가 현대의 문제들과 씨름하고 있을 때 마치 수갑처럼 작동하는 정부 구조를 우리에게 부과한다. 장기적으로 우리의 가장 크고 중요한 도전은 제대로 작동하지 않고 심지어 역기능을 하는 정부라는 짐을 지고 있다는 점이다. 최근 출판된 『유물』(Relic)에서 우리는 왜 그런지, 그리고 헌법이 어떻게 효과적인 정부에 대한 전망을 어둡게 하고 있는지 구체적인 설명을 제시했다. 이를 다시 반복하진 않겠으나, 기본적인 점들 몇 가지는 다음과 같다.

진정한 문제는 헌법의 고안에 의해 국법을 만드는 책임을 맡은 정부의 핵심 부분에 있다. 의회가 바로 입법 과정의 핵심에 있으며 역기능의 핵심에 자리 잡고 있는 것이다. 정책 결정자로서 의회는 변명의 여지없이 잘못 되었으며 국가를 위해 효과적인 행동을 할 능력이 없다. 대부분의 관찰자들이 양극화를 지목하기도 한다. 우리가 보다 온건한 정치 행태로 옮겨갈 수만 있다면, 의회가 제대로 공공 정책을 만들었던 예전의 호시절로 돌아갈 수 있으며 모든 문제가 해결될 것이라고 이들은 말한다.[3] 이런 통념은 부분적으로만 옳다. 이 장의 뒷부분에서 논의하듯이 양극화는 실제 심각한 문제이다. 그렇지만 예전의 호시절에 미국 정부가 훌륭하게 작동했었다는 생각은 순전히 환상에 불과하다. 예전의 호시절에도 좋지 않았다는 것이 진실이다.

몇 가지 예외를 제외하고, 의회는 국가적 문제들에 대해 효과적인 정책 대응을 만들 능력이 없었다. (『유물』이외에 추가적인 증거들을 원하면, 산더미 같은 역사적 증거들을 제시하고 있는 피터 슉(Peter Schuck)의 『왜 정부는 자주 실패하는가』를 보라.)[4] 거칠어진 공적 담론과 의회 정치에서 돈의 역할이 커진 것과 함께 양극화는 나쁜 상황을 더 악화시켰다.[5] 그렇다고 하더라도 이런 것들은 의회에 본질적으로 포함되어 있는 핵심적 부적절성의 근본 원인이 아니다. 의회가 무능력한 정책 결정기구인 것은 헌법에 의해 그렇게 되도록 만들어져 있기 때문이다. 헌법의 고안은 입법가들이 자신의 지역구에 묶이고 자신이 재선되도록 해 주는 지지층과 특수 이익들에 고도로 반응하며 정치자금 모금에 과도하게 신경 쓰면서 후원자들을 만족시키기 위해 애쓰도록 만드는 것이다.

의원들은 국가적 문제들을 국가 이익을 위해 해결하는 일에 종사하는 것이 아니다. 지역구로부터 선출된 개개 정치인으로서 이들은 국가적 문제가 해결되지 않아도 책임을 지지 않는다. 이들은 특수 이익들을 만족시킴으로서 잘 나가게 되는데, 이것이 바로 제도로서 의회가 일상적으로 하는 일이고, 또 그렇게 조직된 것이다. 전형적인 입법 과정은 정치적인 일로서, 긴박한 국가 문제에 대한 일관되고 합당한 정책 해법을 만들어내려는 진지한 노력이 아니라, 다수(혹은 초과 다수)가 찬성할 수 있도록 어떤 조항들이든 임시방편으로 조립해내는 식이 된다. 중요한 것은 아무리 온갖 것들이 섞여 있고 적합하지 않던지 간에 무언가 통과시키는 것이다. 정치인들과 그 지지자들은 혜택을 받겠으나, 실제 문제는 해결되지 않는다.[6]

의회의 병폐가 헌법 구상에 뿌리 박혀 있으므로 진정한 악당은 헌법 자체이다. 하지만 이에 대해 18세기 헌법 제정가들을 탓할 수는 없다. 그들은 대단한 능력가들이었으며, 그들이 현대 사회가 얼마나 복잡한 사회일지, 어떤 문제들을 초래할지, 시민들이 무엇을 요구할지, 이런 시민들이 어떤 정부를 원할지에 대해 전혀 몰랐던 것이 그들 탓은 아니다. 헌법 제정가들은 자기들 시대의 정부, 곧 세계에서 고립되어 있던 작은 농업 국가의 정부를 고안했던 것이다.

당시 민주주의는 새로운 실험이었다. 그래서 다수의 독재가 일어날 수 있다는 것을 우려했던 제정가들은 지역적 기반을 둔 양원제 의회를 입법의 중심에 두고 복잡하게 뒤엉킨 견제와 균형의 집합체 속에 새 정부를 묻어버렸다. 이런 고안은 실제 엘리트들을 대중으로부터 보호해 주었다. 하지만 이는 또한 정부의 중대한 정책 결정을 대단히 어렵게 만들었다. 그리고 이런 결정이 만들어지더라도 방금 논의한대로 조잡한 조립의 정치가 생길 수밖에 없도록 만들어버렸다. 그래도 그들에게는 문제가 되지 않았다. 연방 정부가 별다른 일을 하지 않기를 바랐기 때문이다. 당시 정부에 대한 그들의 기대는 국가 안보, 징세, 주간 통상 규제와 같이 별로 큰일이 아니었던 것이다.[7]

하지만 헌법 제정가들은 사회가 변화함에 따라 정부 역시 변할 필요가 있음을 인식했다. 토머스 제퍼슨의 말을 빌리자면, "문명화된 사회가 야만적이었던 선조들의 체제에 계속 남아 있으라고 하는 것은 성인에게 어릴 때 입던 옷을 입으라고 하는 것과 같다."[8] 그러나 후세들은 제퍼슨의 경고를 따르지 않았다. 사회가 변함에 따라 헌법을 고쳐나가는 대신에 숭배의 대상으로 만들었으며, 빠르게 현대화하는 세상에 대응하기에는 너무나 낡고 변하지 않은 18세기 정부 구조를 그대로 남겨두었던 것이다..

훨씬 이전에도 비정상적인 상태는 명확해 보였다. 건국 후 백년도 되기 전에 미국은 인구가 열다섯 배로 커졌고 지리적으로는 태평양까지 뻗어 나갔으며 근대 산업사회로 폭발적으로 발전하면서 탐욕스런 독점 자본에서부터 아동 노동과 도시 빈곤, 규제되지 않는 약물 등에 이르기까지 셀 수없이 많은 문제들이, 건국 시조들이 전혀 예상하지 않았었고 그들의 정부가 해결하려 들지 않았었던 문제들이 발생했다. 통치해야 하는 사회와 이미 유리되어 있었던 것이다.

1800년대 말과 1900년대 초의 혁신주의 운동은 이렇게 전개된 사회적 혼란과 이를 다룰 능력도 의지도 없는 정부 체계에 대한 반작용으로 일어났다. 혁신주의자들은 당시의 극도로 심각한 사회적 문제들에 대응하기 위해 독립적 규제 위원회들과 같은 보다 적극적인 새로운 접근을 성공적으로 이끌어냈다. 그러나 더 근본적인 것은 혁신주의자들이 보다 강력한 대통령직과 능력 기반의 관료제, 전문주의 강화, 엽관제 위주의 정당체계 약화 등을 통해 정부 자체를 현대화시켰다는 점이다. 이러한 개혁을 추진한 것은 의회가 아니었다. 오히려 의회는 중대한 면에 있어서 개혁의 표적이었다. 대통령들, 특히 시어도어 루스벨트와 우드로 윌슨이 "좋은 정부"를 향한 역사적 운동을 진두지휘했다. 그렇게 하면서 이들은 자신들과 이후의 대통령들을 미국 민주주의 체계에 필수적인 진정한 리더로 자리매김할 수 있게 만들었다. 그리고 이들은 현대 세계의 도전들에 대응하는 데 더 잘 갖춰진 발전된 형태의 정부, 곧 대통령이 이끄는 행정국가를 물려주었다.[9]

하지만 얼마 지나지 않아 이 정부는 미국 역사상 최악의 경제적 참사, 대공황에 압도되어 버렸다. 4년간의 후버(Herbert Hoover) 행정부를 우유부단하다고 인식하고 절망한 국민들은 프랭클린 루스벨트를 대통령으로 선출하고 상, 하 양원에서 민주당을 압도적 다수로 만들어 주었다. 국민들에게 일자리를 되돌려주고 은퇴 후 안정된 삶을 가져다주며 근로자들의 권리를 보장하는 등 고통 받는 국민들의 요구를 들어주기 위해 루스벨트는 역사상 최대 규모의 정부 팽창인 뉴딜을 곧 시작하게 되었다. 여기서 다시 한 번 정부의 이 거대한 대응은 그 구상에서 실행에 이르기까지 대통령이 주도했다. 의회가 따라 주었으나, 이에 필요한 리더십을 발휘한 것은 대통령이었던 것이다.[10] 또한 여기서 다시 한 번 정부의 대응은 행정국가와 대통령직의 규모와 복잡성과 통치 능력의 경이로운 증대를 포함했다.

그러나 이 개혁들은 충분하지 않았다. 혁신주의자들과 루스벨트는 현대 미국 정부의 뼈대를 만들었으나, 헌법의 낡은 구상을 국가의 사회경제적 문제들을 효과적으로 처리할 수 있는 제도적 체계로 바꾸는 데는 이 정도가 다였다. 시간이 흐르면서 도전은 더욱 거세졌고 정부와 사회 간의 괴리는 더 커져갔다.

지난 한 세기 동안 경이로울 정도의 기술 발전과 점점 더 복잡해지는 세계화된 경제로 인해 사회 변화의 속도는 격렬해서, 상상하기 어려울 정도로 복잡한 문제들이 생겨났다. 전 세계적 팬데믹, 테러리즘, 환경 오염, 불평등, 지속되는 빈곤, 기후 변화, 낙후된 사회 기반 시설, 격화된 국제 경쟁, 붕괴된 이민 체계 등, 무수한 문제들이 발생했다. 또한 현대 사회는 의료 보장, 교통, 은퇴, 교육, 안전 등, 정부가 처리해 줄 것으로 시민들이 기대하는 온갖 종류의 사회적 필요를 낳는다.

뿌린 대로 거두는 법이다. 사회적 문제들이 너무나 심각해지고 정부의 대응은 너무나 무능력해서 수백만의 국민들이 민주주의를 위협하는 포퓰리즘과 스트롱맨 리더십을 받아들이게 되었던 것이다. 미국이 필요로 하는 것은 현대의 사회경제적 문제들을 효과적으로 다룸으로써 포퓰리즘의 도전에 대응할 수 있는 정부이다. 하지만 지금 미국이 가지고 있는 것은 우리가 살고 있는 세상과는 전혀 다른 단순한 세상을 위해 1700년대 후반에 고안된 정부이다.

병든 의회

우리의 정부는 현대성의 도전에 대응하는 데 실패해 왔다. 하지만 정부의 부서들 모두가 동등하게 책임이 있는 것은 아니다. 사법부와 행정부도 상당히 많은 실수를 했고 어떤 것은 재앙적이기도 했으나, 사회 문제들을 해결하는 데 고질적으로 실패해 온 시스템의 주 원인은 헌법의 고안 때문에 의회에 있다.

『유물』에서 우리는 의회가 논리적 일관성을 결여하고 전혀 효과적인 정부를 이루려고 고안된 것이 아닌, 조각조각을 이어붙인 정책들로 국가적 문제에 "대응"해 온 사례들 하나하나를 제시하면서 비정상적인 의회를 집중 조명했다. 하지만 우리가 수집한 의회의 역기능 사례들 모두는 도널드 트럼프가 대통령이 되고 혼돈의 정치가 실제로 자리 잡게 된 2016년 이전의 것들이었다. 트럼프는 우리에게 전문성과 집중과 제도적 기억과 규율이 결여된 행정부를 가져다주었지만, 공화당이 다수인 의회가 보내는 거의 모든 법안에 서명할 태세가 되어 있었다. 그렇다면, 지금은 의회가 빛날 수 있는 때라고 생각할 수 있다. 공화당이 연방 정부를 장악하고 있고 대통령이 지식이나 재능을 상실하고 있는 상황에서, 의회가 분발해서 리더십 공백을 메우고, 예컨대 고비용이면서 사생활을 침해하는 의료 정책, 고장 난 이민 제도, 혼란스런 세금 제도 등 공화당 의원들이 선거 운동에서 그토록 공격했던 문제들에 대한 해법을 제공할 수 있었을지도 모른다.

무슨 일이 벌어졌던가? 공화당이 의회의 제도적 결함을 직접적으로 다루고 단점정부의 기회를 활용해서 보다 생산적인 방향을 제시했는가? 전혀 아니다. 트럼프의 등장은, 의회는 그 필요성이나 상황이 어떻든지 간에 현대의 문제들을 해결하는 과업에 맞지 않는다는 기본적 진실을 부각시켜줄 뿐이었다. 예컨대 이민과 같은 이슈들에 대해 의회는 진지하게 처리한 적이 없으며 종합적인 개혁 입법 대신에 대통령이 일방적 조치를 하도록 내버려두었다. 더욱이 의회가 행동을 한 경우에도 그 결과는 효과적인 정부와는 거리가 멀었다. 단점정부라는 가장 좋은 상황에서조차 의회의 병폐가 어떻게 발현되는지를 생생하게 보여주기 위해, 이제 트럼프 임기 절반 동안에 가장 두드러진 세 가지 입법 활동 사례를 소개한다. 오바마케어를 폐기하고 대체하려던 시도, 엄청난 규모의 감세 법안 처리, 그리고 러시아의 2016년 선거 개입을 다룬 사례가 그것들이다. 제2장에서 우리는 이 사례들에 대해 트럼프의 측면에서 매우 간단히 살펴보았다. 여기서 우리는 헌법상 입법기구 역할을 하는 의회 내에서 무슨 일이 벌어졌는지 분석한다.

대굴욕: 의회의 오바마케어 처리 과정

2008년에 버락 오바마는 심각한 국가 문제를 해결하겠다고 공약했다. 수백만의 국민들이 건강 보험을 가지고 있지 못한데, 대부분 너무 비싸서 감당하기 어렵기 때문이었다. 평균적으로 미국인들은 다른 선진국 국민들에 비해 일인당 두 배 이상의 의료비를 지출하고 있었다. 대통령에 당선된 뒤 오바마는 공약을 이행하여, 대표적 국내 정책 업적인 감당할 만한 의료법(Affordable Care Act; ACA)이 입법화되었다. 이 기념비적인 법은 건강보험을 지닌 국민들의 수를, 특히 저소득층을 중심으로 크게 늘렸고, 자녀가 부모의 건강보험에 더 오래 가입할 수 있게 했으며, 기존 질환이 있는 사람들에 대한 보호 조치를 제공했고, "개인 의무"(individual mandate) 조항을 통해 모든 국민들의 가입을 의무화했다.[11]

오바마케어는 곧 공화당을 결집시키는 구호가 되었다. 공화당은 이 새로운 법이 거대 정부와 연방정부의 과도한 개입을 상징한다고 비난했다. 오바마케어는 분명 문제가 있었다. 법안이 통과되도록 하기 위해서 오바마는 법안의 세부적 설계를 의회에 넘겼는데, 예상했듯이 의회가 만들어 낸 것은 거대 제약회사, 보험회사, 병원, 의사, 변호사, 노조 등 특수 이익들에 크게 영향을 받았다. 이 영향으로 인해 보다 효과적인 조직적 대안들이 삭제되었고 비용과 수가를 적절하게 통제할 수 없게 되었으며 가입자들에게 충분한 선택을 제공하지 못하게 되었던 것이다.[12]

이런 문제들은 해결될 수 있는 것이었다. 오바마케어는 좀 더 효과적인 것으로 대체될 수도 있었던 것이다. 그러나 공화당에게 오바마케어는 민주당과 오바마의 나쁜 점들을 상징하는 것이었고, 정치적 우위를 점하기 위한 전쟁에서 가장 믿을 만한 도구가 되었다. 이들은 오바마케어의 폐지를 위해 결집했다. 2010년부터 2017년까지 공화당 의원들은 오바마케어를 폐기하거나 크게 감축시키려는 시도를 70회 이상 했다.[13] 이들은 공화당이 집권하면 훨씬 효율적인 대안을 제공할 수 있다고 주장했다. 2016년 선거 유세에서 트럼프도 이에 편승해서 오바마케어의 폐지를 강력히 주장했으며, 자신과 공화당이 이를 더 나은 것으로 대체하여 "모든 사람들에게 저렴한 건강보험을 제공하고 공제액과 의료비를 낮추며 더 나은 의료 서비스를 제공하고 저소득층 의료지원(medicaid)*에 대한 삭감이 없도록" 하겠다고 약속했다.[14]

공화당이 선거에서 승리하고 정부를 장악하게 되면서 이제 오바마케어에 대해 행동을 하거나 입을 다물 때가 되었다. 의회 공화당 지도부는 오바마케어를 최우선 입법 대상으로 하도록 트럼프를 설득했고, 그도 동의했다. 선거 공약에 따라 트럼프는 단순한 폐기가 아니라 폐기하고 대체해야 한다고 요구했다. 그렇지만 오바마케어를 대체하는 것에 관한 한, 공화당은 별다른 생각이 없었다는 것이 진실이다. 트럼프도 없었고, 공화당 의원들도 없었다. 오바마케어를 개선하겠다고 떠벌렸지만, 단지 떠벌림이었고 이를 뒷받침할 어떤 것도

....
* 역주: 오바마케어 이전 미국에서 연방정부가 제공하는 의료보장 제도에는 두 가지가 있다. 하나는 은퇴자들에게 제공되는 메디케어(medicare)이고, 다른 하나는 빈곤선 이하의 저소득 가구에 제공되는 메디케이드(medicade)이다.

없었던 것이다.

하지만 의회에서 이런 식의 지적, 정책적 공허함은 일상적인 것이다. 의회가 일반적으로 일을 처리하는 방식을 감안할 때, 실제로 작동하는 일관적이고 잘 짜여진 프로그램을 만드는 것은 목적이 아니다. 의료 전문가에게도 대단히 복잡하고 어렵고 시간이 많이 드는 일이기 때문이다. 의회의 목적은 적절한 선택을 해서 적절한 정치인들과 집단들을 만족시키고 통과에 충분한 표를 확보할 수 있는 법안을 만드는 것이다. 그것이 논리적으로나 기능적으로 끔찍한 것이 된다 하더라도 아무 상관이 없다.

하원에서 공화당 온건파는 오바마케어의 비용을 낮추고 강한 규제를 줄이기를 원했지만 건강 보험이 없는 사람들의 수가 증가하는 것에 대해서는 우려했다. 온건파 화요그룹(Tuesday Group) 코커스의 공동회장 맥아더(Thomas MacArthur)가 말했듯이, "우리 건강 보험 체계를 반드시 개혁하고 수정해야 하지만, 건강 보험을 필요로 하는 취약 계층으로부터 혜택을 빼앗지 않으면서 개혁하는 법안을 찾고 있다."[15] 한편 하원에서 가장 보수적인 프리덤 코커스(Freedom Caucus)는 의료 산업에서 정부가 완전히 철수하기를 바랐으며, 먼저 오바마케어의 폐기에 대해 표결하고(당연히 통과될 것이고), 그리고 나서 대체안에 대해 표결하기를(논란적이고 분열적이며 통과되지 않을 수도 있는) 원했다.[16] 프리덤 코커스의 회장 짐 조던(Jim Jordan)이 말했듯이, "우리 계획은 이전에 우리 모두가 표결했던 그대로 폐기하는 것이고, 그리고 나서 보험료를 낮출 것으로 생각되는 모델에 따른 별개 법안에 대해 표결하는 것이다."[17] 이런 모델은 존재하지 않았다. 설령 존재했다 하더라도 프리덤 코커스는 보편적 보험 체계를 만드는 데는 전혀 관심이 없었다.

특히 감세와 같은 다른 중요한 정책들을 염두에 두고 있던 하원 공화당 지도부는 오바마케어를 하루 빨리 처리하려 했다. 건강 보험 정책은 대단히 복잡하고 미묘한 것이라서 판단이 혼란스러우며, 국민들 전체에 엄청난 영향을 미칠 수 있다. 하지만 좋은 정책에 도달하려는 숙려나 입법 분석의 진지한 과정은 없었다. 청문회도 없었다. 전문가의 증언도, 관련 자료의 제시도, 이해 당사자들과 연관 집단들의 증언도, 주요 대안들에 대한 공개적 고려나 평가도 없었다.[18] 공화당 각 파벌들이 받아들일 수 있도록 조각들을 끼워 맞추는 동안 모든 일은 장막 뒤에서 은밀하고 긴박하게 벌어졌다.

2017년 5월 4일에 의회 예산국(Congressional Budget Office; CBO)의 프로그램 분석을 기다리지도 않은 채 하원 공화당 의원들은 미국 건강보험법안(American Health Care Act; AHCA)을 217 대 213으로 통과시켰다. 어떻게 상상력을 발휘한다 해도 이 법안은 오바마케어에 대한 일관되고 책임 있는 대안이 아니었다. 통과되기에 충분한 공화당 의원들의 표를 얻기 위해 고안된 수정안들과 조항들의 혼합물에 불과했다. 이 법안은 논란이 되었던 개인 의무 조항을 폐기했는데, 전문가들이 정확히 지적했듯이, 결과적으로 건강한 사람들 다수가 이 체계에서 빠져나갈 것이고 비용을 크게 올려서 이 체계의 재정적 생존가능성을 위협할 것이었다. 이 법안은 또한 오바마케어가 빈곤선 바로 위 계층까지 메디케이드를 확장했던 것을 폐지하고 메디케이드 자금을 9,000억 달러 가까이 삭감했는데, 이에 따라 수백만의 저소득층들이 건강 보험을 잃게 될 것이었다. 또한 부자들에 대한 대규모 감세와도 같아서 공화당 후원자들과 자유 시장 이념가들을 만족시켰으며, 기존 질환이 있는 사람들을 보호하는 조항과 임산부에 대한 의료 서비스와 같은 최소한의 혜택을 요구하는 조항들을 주 정부들이 무시할 수 있도록 허용했다.[19]

이 법안이 얼마나 형편없는지는 널리 알려져 있었다. 한 언론 보도에 따르면,

> 서로 동의하는 바가 별로 없는 좌, 우, 중도의 건강보험 전문가들이 의견 일치를 이루고 있는 것은 하원 공화당의 오바마케어 대체 입법이 작동하지 않으리라는 점이다. 이념 성향에 따라 반대 내용이 다르기는 하지만, 새로 발의된 미국 건강보험 법안(AHCA)는 끝도 없는 비판을 받고 있다. 어떤 전문가들은 이 법안이 개인 건강보험 시장의 붕괴를 가져올 수 있다고 경고한다. (그리고 이 법안은) 도널드 트럼프 대통령이 내건 목표, 곧 모든 사람들에게 저렴한 건강보험을 제공하고 공제액과 의료비를 낮추며 더 나은 의료 서비스를 제공하고 저소득층 의료지원에 대한 삭감이 없도록 하겠다는 목표에 훨씬 못 미친다.[20]

수 주 후 의회 예산국이 구체적인 기술적 분석을 내놓았는데, 이에 따르면 새 법이 10년 이내에 가입자 수를 2,300만 명 줄이게 될 것이었다.[21]

이제 관심은 상원으로 향하게 되었다. 상원에서 공화당은 52 대

48로 간신히 다수를 점하고 있었으며, 온건파의 영향력이 더 컸다. 다수당 대표 맥코넬은 13명의 공화당 의원들에게 법안을 작성하도록 했는데, 다른 의원들은 배제시켰고 공개적인 청문회나 증언도 없었다. 그 결과 제출된 "더 나은 의료 조정 법안"(Better Care Reconciliation Act; BCRA)은 하원안보다는 덜 가혹했으나 핵심에 있어서는 매우 유사했다. 이 법안은 개인 의무 조항을 폐기했고 메디케이드 확대를 단계적으로 축소했으며 메디케이드 예산을 감축하고 그 한도를 설정했는데, 오바마케어와 비교해서 "더 적은 보조금을 지급하며 혜택이 적고 공제액이 높은 건강 보험 플랜"을 제공했다.[22]

하원안과 마찬가지로 BCRA는 작동할 수 있는 일관된 체계를 만든 것이 아니라 표를 얻기 위해 여러 조항들을 짜깁기한 것이었다. 테드 크루즈(R-TX)와 몇몇 상원의원들이 보험업자들이 최소한의 혜택을 싸게 팔 수 있도록 허용하는 조항을 추가하면서 한배를 탔다. 그러나 이 조항은 건강한 사람들이 포괄적인 보험을 들지 않아서 가입자들의 비용을 증대시키고 보험 체계의 재정적 생존력을 위협하는 문제를 더 악화시킬 수 있었다. 의회 예산국의 분석에 따르면, 하원안과 대단히 유사하게 이 법안은 2026년까지 2,200만 명이 건강 보험에서 제외되는 결과를 가져올 것이었다.[23]

맥코넬에게는 아직 표가 충분하지 않았다. 온건파와 보수파 사이에 반대하는 의원들이 많았기 때문에 수정된 BCRA도 본회의에 상정되지 않았던 것이다. 이후에 이루어진 일은 법안이 폐기되지 않고 궁극적으로 승리를 가져다 줄 수 있는 타협이 이루어지도록 법안을 조정하는 복잡 미묘한 정치적 흥정들이었다. 이를 위한 핵심적 시도는 "단순 폐기"라고 불렸는데, 오바마케어를 폐기하기만 하고 협상을 하원으로 돌려보내는 것이었다. 그러나 존 매케인(R-AZ)이 명확히 거부하면서 이 시도는 새벽 2시의 극적인 표결에서 실패하게 되었다. 맥케인은 다음과 같이 말했다. "이제 우리는 제대로 된 입법과정으로 돌아가야 합니다. 법안을 위원회에 돌려보내고, 청문회를 열고, 양당으로부터 당론을 듣고, 주지사들의 견해를 경청하고, 마침내 국민들에게 저렴한 건강보험을 제공할 수 있는 법안을 만들어내야 합니다. 국민들이 우리에게 기대하고 있고 우리가 마땅히 해야 할 힘든 일을 해야만 합니다."[24]

공화당 지도부는 이렇게 할 의도가 전혀 없었다. 결국 공화당 입법 어젠다의 발판이었던, 오바마케어를 폐기하고 대체하려던 2017년의 시도는 불명예스런 사망을 맞이했다. 7년간 온갖 불만과 짜증을 부리다가, 이제 의회를 완전히 장악한 상태인데도, 공화당은 오바마케어에 대한 대안을 만들어내지 못했던 것이다. 하지만 국민들 전체와 마찬가지로 민주당도 반가워할 이유는 없었다. 왜냐하면 오바마케어의 문제들 중 아무것도 해결되지 않았으며, 취약한 점들은 더 악화되었던 것이다. 2018년에 보험료는 다시 32퍼센트가 올라 월 평균 444달러가 되었다.[25] 전문가들은 공화당이 오바마케어의 자금 지원을 수정했기 때문에 640만 명이 보험을 잃게 될 것으로 추산했다.[26] 정부의 부담 또한 계속 올랐다.[27] 연방정부가 보조하는 건강 보험 시장의 미래가 위험에 처했던 것이다.[28]

2018년에 공화당 의회는 한 가지는 달성했다. 세법을 뜯어 맞추는 과정에서, 전문가들이 오바마케어의 근간이라고 평가했던 개인 의무 조항을 제거했던 것이다. 수년간 오바마케어에 반대해 왔고 포괄적인 대안을 만들 수 있는 많은 기회가 이었음에도 불구하고 공화당은 어떤 건설적인 일도 할 수 없었다. 비용을 더 절감하고 가난한 사람들과 병자들의 의료 수요를 충족시키고 형편없는 미국 의료 상태를 개선하는 대안적인 건강 보험 체계를 구축하는 대신에 공화당은 오바마케어의 문제들을 더 악화시키기만 했다. 문제가 넘쳐나는 미국 보건 정책을 나아지게 만든 것이 아니라 더 나빠지게 만든 것이다. 이것이 바로 우리의 입법기구인 의회의 모습이다.

또 하나의 엉터리 세법

세금은 경제 성장과 투자 및 소비 유인들, 불평등과 빈곤의 문제들 등 많은 것들에 지대한 영향을 미친다. 국민들의 경제적, 사회적 복지를 증진시키려는 국가라면 이런 목적을 염두에 두고 마련된 건전한 재정 정책을 필요로 한다. 이것이 가능하려면 합리적인 세제가 필수적이다. 정부는 마음대로 세금을 거두고 쓰면서 사회에 대한 결과가 좋으리라고 생각할 수 없다. 잘 고안된 프로그램이 필요한 것이다.

그러나 의회에게 세법은 정치적인 노다지와도 같아서, 기업들이나 산업들, 농업 관련 산업들, 부유한 후원자들을 포함한 특수 이익들에게 값진 혜택을 줄 수 있는 말로 다할 수 없는 기회를 제공한다. 백년이 넘는 기간 동안 의원들은 이 기회를 최대한 활용하여 수천, 수만의 특수 이익 조항들을 만들어 냈다. 정치적 가치를 제외하면 이 조항들은 서로 아무런 연관이 없으면서, 합쳐지면 논리적으로 납득이 되지 않는 복잡하고 혼란스런 체계가 된다.

그래서 주기적으로 정치 지도자들은 세법을 정리하려고 시도한다. 트럼프 이전에 이런 일이 이루어졌던 것은 레이건 시절이었다. 그 결과가 1986년 세법으로, 초당적 노력의 결과 수천 가지 특수 이익 조항들을 삭제했고 훨씬 정돈된 세법을 만들어 냈다. 그러나 이런 식의 혁신적 시도는 오히려 비정상적인 것이다. 의회의 유인이 똑같은 상태로 남아 있어서, 이런 시도가 오래갈 수 없기 때문이다. 해가 가면서 세법에는 새로운 특수 이익 조항들이 점점 들어차서, 2005년이 되면 대통령이 임명하여 이 이슈를 분석했던 위원회가 1986년 이후 덧붙여진 부가 조항이 15,000개라고 밝혔다.[29] 의회는 의회가 하는 일을 했던 것이고, 과거의 괴물은 요란스레 부활했던 것이다.

따라서 트럼프가 대통령이 되고 공화당이 의회를 장악하게 되면서, 국가에 필요한 진정한 세제 개혁을 할 수 있는 보기 드문 기회가 올 수 있었다. 공화당은 이 이슈에 대해 공약한 바 있으며, 오바마케어 폐지 다음으로 두 번째로 중요한 입법 어젠다로 설정하고 세법 개혁을 추진했다. 이들은 세법을 단순화하고 합리화하기를 원했는데, 그러면서 다른 무엇보다도 이들의 목적은 세금을 대폭 줄이는 것이었다. 대폭적 감세가 경제성장을 촉진하고 일자리를 창출하며 효율성과 생산성을 증진시킨다는 주장에 근거해서였다. 이는 놀랄 바가 아니다. 이것이야말로 공화당의 정통인 것이고, 공화당이 의회를 장악하고 있었던 것이다.

그 결과, 오바마케어를 둘러싼 대혼란 이후 6개월도 채 되지 않아 압도적인 공화당의 입법 승리가 이루어졌다. 1986년의 기념비적인 개혁 이래 가장 중대한 수정(그리고 감세)이 이루어진 세법인 감세 및 일자리 법(Tax Cuts and Jobs Act)이 입법화되었던 것이다. 2017년 12월의 정당 노선 표결 결과 의회는 법인세를 3분의 1 이상 삭감했고, 특히 소득 분포의 상위 계층에 대한 개인 세율도 그만큼 삭감했다. 어떤 기준으로 보아도 이는 엄청나게 중요한 정책 전환이었으며, 공화당은 국가를 위해 강력하고 효과적인 리더십을 발휘했다는 주장을 뒷받침하기 위해 가장 대표적인 사례로 이 법을 내세웠다.

하지만 좀 더 면밀히 들여다보면 공화당의 주장은 말이 되지 않는다. 합리적인 사람들이라면 다르게 생각하는 문제, 곧 감세가 좋다는 주장과는 아무 상관이 없는 이유들 때문이다. 실제 의회가 한 것은 오바마케어를 폐기하고 대체하는 데 실패한 것과 마찬가지로 역기능적이었다.

과정의 문제부터 따져 보자. 공화당은 이 법을 비밀리에 만들었다. 아직 작성되지 않은 세금 법안이 어떤 것을 담아야 할지에 대해 여러 위원회들이 일찌감치 청문회들을 열었었지만, 공식적인 법안이 공개된 이후에는 어떤 공개적 청문회도 열리지 않았다. 따라서 논의도 없었고, 증언도 없었고, 증거 제출도 없었고, 어떤 진지한 공개적인 평가도 없었다.[30] 실제, 공화당이 신년 이전에 승리를 거두기 위해 밀어 붙이면서 전 과정은 서둘러 진행되었다. 상원의원 카퍼(Tom Carper; D-NH)는 이 과정에 대해 이렇게 말했다. "시작부터 공화당이 당파적인 세제 개혁 법안을 위해 결승선까지 질주하면서 우리 입법 과정은 조롱거리가 되었다."[31] 철저히 논의되고 연구되었으며 6개월 이상이 소요되었던 1986년의 세제 개혁과는 달리 2017년에 공화당이 장악한 의회가 세금 법안을 수정하고 통과시키는 데에는 단지 수 주만이 걸렸다.

대부분의 의원들은 법안의 작성과 수정 과정에서 완전히 배제되었다. 상원에서 법안의 최종안은 500페이지가 넘었는데, 페이지 여백에 급히 손으로 쓴 수정조항들까지 포함하여 완성되었다. 법안은 12월 1일 저녁에 공개되어 다음 날 아침 일찍 표결에 부쳐졌다. 상원의원 더빈(Dick Durbin: D-IL)은 트위터에 다음과 같이 좌절감을 드러냈다. "공화당의 속임수 세금 법안을 살펴보려 하는데, 지금도 새 법안에 손으로 쓴 수정조항들을 만들어내고 있네요. 도대체 누가 이것을 읽을 수 있을까?"[32] 말할 필요도 없이 많은 의원들이 표결 이전에 최종 법안을 읽지 못했으며, 따라서 국가를 위해 제정하고 있는 새 법의 실제 내용에 대해 잘 알지 못하는 상태였다. 감세 및 일자리 법은 분명 공화당에게 커다란 정치적 승리였지만, 민주적 통치로서는 엉터리였던 것이다.

내용도 과정 못지않게 나빴다. 무언가 통과시키기 위해(그리고 그토록 원했던 대규모 감세를 하기 위해) 서두르면서 공화당 의원들은 사려 깊고 철저하고 논리적으로 정당화되게 세법을 재작성하는 기념비적인 개혁을 이룰 기회를 포기했다. 표를 의식하고 권력에 반응하면서 이들은 특수 이익 조항들을 주먹구구식으로 조합해서 법안을 구성했고 온갖 허점들과 특정 집단을 위한 조항들 그리고 예외규정들로 가득 찬 법률을 만들어냈다. 세법을 단순화한 것이 아니라 더 복잡하게 만들었다. 잘 알려진 문제들에 대해 해법을 제공한 것이 아니라

힘 있는 집단들과 업계, 그리고 후원자들의 특권을 보호하기 위해 애를 썼다. 이제 개인 세금은 어느 정도 낮아졌고, 법인세는 훨씬 낮아졌다. 그러나 세법 자체는 공화당 의회가 "개혁"에 착수하기 전만큼이나 대단히 엉성하고 부적절하며 비논리적이었다.

예컨대 주류 산업에 추가해 준 세제 혜택을 보자. 법안의 일곱 페이지 이상이 맥주 제조업의 세금을 낮춰주는 데 할애되었고, 와인과 증류주 제조업에도 세제 혜택이 있어서, 10년간 주류 산업이 대략 42억 달러의 혜택을 보게 되었다.[33] 이 법안이 겉으로는 소규모 맥주 제조업과 와인 제조업을 대상으로 삼고 있었으나 대부분의 세금 혜택은 대규모 업체들로 가고 있었다.[34]

어떻게 이런 특수 이익 조항들이 법안에 들어갔을까? 실마리는 이것이다. 맥주, 와인, 증류주 기업들은 의원들을 끌어들이기 위해 214명의 로비스트들을 고용했다. 안호이저 부쉬(Anheuser-Busch)만 90명의 로비스트와 19개의 업체들을 고용했다.[35] 모두 따져 보면 주류 산업은 본회의 이전에 법안 작성을 맡았던 하원 세입위원회(Ways and Means Committee)의 공화당 위원 한 명당 대략 9명의 로비스트들을 고용했다.

한편, 선거에서 주류 산업의 지원을 받는 의원들은 보상을 가져오는 데 적극적인 역할을 했다. 미주리 공화당 상원의원 로이 블런트(Roy Blunt)의 예를 들어보자. 법안에서 맥주, 와인, 증류주에 대한 감세를 규정한 부분의 제목은 "수제 음료 현대화 및 세제 개혁법"인데, 2017년 블런트가 제안했던 법안과 거의 똑같았다.[36] 감세 및 일자리 법안에 블런트의 법안을 합쳐 넣음으로써 상원 공화당 지도부는 그의 표를 굳힐 수 있었다.

블런트의 조항을 감세 및 일자리 법안에 끼어 넣은 오하이오 공화당 상원의원 포트만(Rob Portman)도 주류산업과 관계가 있다. 주류산업의 이익을 대변해 온 로비 회사 피어스 정부관계사(Fierce Government Relation)는 수년간 계속해서 포트만의 선거운동 자금을 후원했다.[37] 이 로비 회사는 또한 밀러쿠어즈(MillerCoors)사를 대신해 9명의 로비스트들로 하여금 세제 개혁을 위한 로비를 하도록 했다.[38] 결정적인 것은 포트만의 비서실장이 피어스사의 이전 공동 경영자였다는 점이다.[39]

물론 주류 산업은 감세 및 일자리 법에서 특별 대우를 받은 많은 특수 이익집단들 중 하나일 뿐이다. 예를 들어 감귤류 산업은 자연재해로 피해를 입은 감귤 재배업자들에 대한 세금 혜택을 받았고,[40] 국내선 항공사들은 미국 내에서 비행하는 외국 항공사들에 대한 법인세를 통해 이득을 보았으며,[41] 영화와 TV 및 공연업은 첫해의 투자액 전체에 상응하는 세금 혜택을 받았다. 이런 목록은 길게 이어진다.[42]

그런데다가 알래스카의 석유 기업들에 대한 선물도 있었는데, 이것은 세금 정책과는 아무 상관이 없고 다만 전적으로 중요한 상원의원의 표와 연관된 것이었다. 법안의 마지막 부분은 알래스카의 국립 북극 야생동물 보호구역(Arctic National Wildlife Refuge; ANWR)에서 40년간 개발을 금지해 온 것을 해제하는 조항을 포함하고 있었다.[43] 상원 에너지 및 천연자원 위원회 위원장인 알래스카 상원의원 머코우스키(Lisa Murkowski)는 법안에 대한 자신의 지지가 이 조항이 포함될지 여부에 달려 있음을 명확히 했다.44 그녀와 그녀 가족들이 수십 년간 원해 왔던45 ANWR의 석유 시추 조항을 추가함으로써 공화당은 머코우스키의 표를 확보했던 것이다.

세제 개혁이 필요했다는 점에는 의심의 여지가 없다. 세법은 모호했고 정책 방향을 결여하고 있었으며 특수 이익들에 대한 혜택으로 가득 차 있었다. 법인세율도 국제 기준에 어긋나 있었다. 또한 대침체에서 회복되는 과정도 꾸준하기는 했으나 만족할 만한 것은 전혀 아니었다. 미국이 필요로 했던 것은 재정 정책과 통합되고 견고한 경제적 사고에 근거를 둔 합리적인 세금 정책이었다. 그러나 공공의 이익은 이 세제 개혁 과정의 목적이 아니었다. 일관된 정책을 이루기 위한 숙의, 증언, 연구, 평가의 합리적 과정이 전혀 없었던 것이다. 공화당 "정책"의 문제점들은 주류 경제학자들 사이에서 널리 인식되었다. 이들에 따르면, 이 법은 향후 10년간 국가 부채를 1조 달러 이상 증가시킬 것이고, 결코 정부 세입 증대로 "귀결"되지 않을 것이며, 거의 모든 혜택이 기업들과 부자들에게 돌아가게 될 것이었다. 공화당 의원들은 이들의 조언을 무시한 채 무작정 밀어붙였다.

양당의 수많은 의원들이 그래왔듯이 2017년 의회를 장악한 공화당 의원들 대부분은 세법을 강력한 이익집단들을 위한 특혜와 보상을 확보하는 수단으로 간주했다. 은밀하고 급하게, 그리고 국가 경제에 대한 장기적 영향을 거의 고려하지 않으면서 이들은 그렇게 했다. 그 결과는 전혀 정책 같지 않은 정책이었다. 개혁을 위한 드문 기회가 무산되었던 것이다.

러시아의 선거 개입에 대한 의회의 경멸스런 조사

2016년 선거의 전 기간 동안 미국 민주주의는 외국의 적으로부터 공격당했다. 이 공격이 얼마나 위협적인 것인지는 과장해서 말하기가 어려울 정도이다. 그래서 한 번 더 강조해야 한다. 우리 국가가 외국의 적으로부터 공격당했다.

예비선거부터 11월의 본 선거에 이르기까지 러시아는 국가의 자금 지원 하에 미국 유권자들을 오도하고 최종 선거 결과에 영향을 미치기 위해 대규모의 사이버 전쟁과 선전전, 가짜 뉴스, 사회관계망의 댓글 달기들을 벌였다. 대표적인 공격 사례들은 다음과 같다.[46]

- 러시아는 민주당 전국위원회(Democratic National Committee)와 민주당 고위급 인사들을 해킹했으며, 위키리크(WiKiLeaks)와 협력하여 막대한 양의 민주당 내부 코뮤니케이션을 유출하여 인터넷에 올렸는데, 이 중에는 힐러리 클린턴에게 민감하고 정치적으로 피해가 되는 것들이 있었다.
- 러시아와 연계된 조직들은 페이스북을 통해 하루에 약 220개의 광고(총 8만개의 게시물)를 올려서 이를 1억 2,900만 명이 보았다. 이들은 또한 36,746개의 자동화 계정과 2,752개의 사람이 직접 관리하는 계정을 생성하여 인종적 분열을 조장하고 사회적 불화를 야기하며 특정 후보에 대한 태도에 영향을 주기 위해 140만 개의 트위트를 올렸다.
- 크레믈린이 직접 관리하는 국제 뉴스 기관인 RT(이전의 러시아

투데이)는 페이스북과 트위터, 유튜브를 통해 수백만 미국인들의 컴퓨터와 전화기와 케이블에 프로파간다를 퍼뜨렸다.
• 러시아 선거개입은 선거에서 도널드 트럼프를 돕고 힐러리 클린턴을 방해하기 위해 체계적으로 고안되고 실행되었다.

미국 정보기관들과 탐사 보도 언론들은 선거유세가 진행됨에 따라 이 수수께끼를 풀어 나가기 시작했다. 선거일 이전에 이미 정보기관들은 러시아의 개입을 확신했지만 친 트럼프 의도에 대해서는 확신하지 못했었다.[47] 선거가 끝난 후 한 달 내에 이들은 러시아 개입의 실제 규모와 범위에 대해 훨씬 더 많은 증거들을 수집했고, 러시아가 개입했을 뿐만 아니라 트럼프를 지원하기 위해서였다는 점을 확신하게 되었다.

트럼프 취임 2주 전인 2017년 1월 6일에 미국의 전체 정보기관들을 감독하는 국가정보국(Director of National Intelligence)은 기본적 사실들과 결론을 담은 상세한 보고서를 제출했다. 선거에 영향을 미치고 트럼프를 돕기 위한 러시아의 공격적 시도는 블라디미르 푸틴 자신에 의해 지휘되었음을 이 보고서는 강조했다. 보고서가 밝히지 않은 것은, 2016년 봄에 처음으로 구체적인 증거가 드러났을 때부터 조사를 진행해 온 FBI가 트럼프 선거 진영의 인사들이 러시아와 공모했을 가능성을 적극적으로 수사하고 있다는 사실이었다.[48]

트럼프가 취임하고 새 의회가 개회했을 때가 되면, 미국의 안보와 민주주의 제도들이 대단히 위험스런 러시아의 공격에 희생되었다는 데 대해 아무 의심도 없었다. 어느 리더십에게나 가장 중대한 의무이긴 하지만, 새 리더십이 우리나라를 지키는 데 헌신한다면 즉각적이고 적극적인 행동을 취해서 무슨 일이 벌어졌고 누가 책임이 있으며 어떻게 우리의 방어 체계 및 정부와 민간의 제도적 장치들이 이런 일이 벌어지도록 허용했는지, 그리고 다시 일어나지 않게 하기 위해 무얼 할 수 있는지 알아내야 했다.

이 과제를 국가 안보상의 최우선으로 삼고 주도했어야 할 대통령 트럼프는 정반대로 행동했다. 경악스럽게도 그는 자신의 정보기관들이 확신한 것을 근거 없이 부인했고, 러시아가 선거에 개입하고 게다가 자신을 위해서라는 것을 믿지 않는다고 고집했다. 그런 이야기는 자신의 선거 승리가 정당했다는 것에 도전하려는 민주당의 푸념에 불과하다고 그는 이후 수개월간 계속 주장했다.

현대 대통령들 중에 트럼프는 예외적 존재이다. 하지만 새로운 공화당 의회는 그렇지 않았다. 자신의 선거구와 주들에서 선출된 535명의 의원들로 구성되어 헌법이 부여한 권한과 책임에 의해 법률을 만들고 불량 대통령을 견제해야 했던 것이다. 미국은 이제 민주주의와 국가 안보에 대한 심각한 위협을 무시하는 비정상적인 대통령을 갖게 되었다. 하지만 우리 정부는 권력 분립 위에 세워져 있으며, 국가가 보호되고 있음을 확인하기 위해 개입해서 의무를 다해야 하는 의회가 있는 것이다.

그러나 의회는 해야 할 일을 하지 않았다. 요란을 떨면서(의회가 잘하는 일 중 하나이다) 2017년 봄에 의회는 러시아의 개입에 관해, 러시아가 트럼프 편을 들었는지, 그리고 트럼프 선거 캠프와 공모했는지 조사를 시작했다. 그 핵심 역할은 상, 하원 정보 위원회였는데, 양원 정보위들은 워터게이트 이후 의회가 기밀 정보들에 대한 접근을 해서 대통령 권력을 견제할 수 있는 제도적 역량을 지니게 하려는 목적에서 설립되었었다.

하지만 이런 역량을 발휘하려는 의지는 전혀 다른 문제였다. 하원 의장 폴 라이언과 상원 다수당 대표 미치 맥코넬을 포함하여 대부분의 공화당 의원들의 목적은 진실을 밝혀서 국가를 위험으로부터 지키고 적절한 안전장치를 요구할 수 있도록 철저하고 객관적인 조사를 하는 것이 아니었다. 이들의 목적은 정치적 타격으로부터 자기들의 대통령과 당과 자기 당 의원들을 지키는 것이었다. 이는 곧 진실을 추구하는 것이 아니라 왜곡하고 억누르는 것을 의미했다. 또한 국가를 지키기 위해 필요한 일을 하지 않는 것을 의미했다.

하원 정보위 위원장은 데빈 누네스(Devin Nunes; R-CA)로, 그는 트럼프의 국가 안보 분야 인수위에 있었던 트럼프 충성파였다. 누네스는 수년간 하원 정보위 소속 이었는데, 기밀 자료들을 거의 보지 않았다. 실제 그는 위원회에서 "가장 안 읽는" 위원으로 간주되었으며[49] 정보기관들의 브리핑에도 거의 참석하지 않았다. 전 보좌관에 따르면, 누네스는 "능력밖인 것처럼 보이곤 했다." 그는 또한 음모론을 쫓아다니고 퍼뜨리는 것에 열중하곤 했다. 하지만 2011년에 공화당이 하원을 탈환했던 시기에 당시 하원 의장이던 보너(John Boehner)가 충성스런 팀원이라고 아끼게 되면서 2014년 말에 누네스를 하원 정보위 위원장으로 만들어주었다.[50] 위원회에서 가장 능력 없는 사람이 이제 위원장이 되었던 것이다. 누네스의 러시아 조사는 2017년 3월에 시작되었다. 그리고 위원회 내 공화당 동료들의 강력한 지지를 받으면서 누네스는 이 조사를 극단적인 당파적 서커스로 만들어버렸다. 러시아의 선거 개입에 대한 기본적 사실과 쓸 만한 정보들이 발굴되었지만, 러시아의 친트럼프 성향이나 트럼프 선거 캠프 인사들의 공모 여부에 관한 한, 조사는 기만적이었다.

> 위원회는 마이클 플린이나 폴 매너포트, 조지 파파도풀로스 같은 트럼프 선거 캠프와 인수위 인사들을 인터뷰하려고 시도하지 않았다. 힐러리 클린턴에게 피해를 주는 정보를 트럼프의 아들 도널드 주니어에게 제공했던 러시아인 변호사 베셀니츠카야(Natalia Veselnitskaya)를 소환하지 않았고, UAE와 사우디 아라비아가 트럼프 일가에게 선거를 이기게 도와주겠다고 한 회합에 참석했던 것으로 알려진 스티븐 밀러(Stephen Miller)도 소환하지 않았다…
> 위원회의 공화당 위원 13명 중 10명은 증인 심문 대부분에 나타나지 않았다…
> 증언을 한 증인들 대부분은 자발적으로 출석했는데, 이는 출석한 사람들이 답변할 질문들을 선택할 수 있었음을 의미했다… (스티브 배넌이 증언하려고 출석했을 때) 배넌에게 트럼프에 관해 질문하자 절차는 중단되었다. 배넌은 위원회에 백악관이 사전에 승인한 질문 목록을 참조하라고 요청했으며, 모든 질문에 대한 답변은 "아니오"였다.[51]

이와 같이 불충분한 소환과 증언이 계속되면서 누네스는 의도적으로 러시아의 선거 개입이나 공모와는 아무 상관이 없는 무의미한 이슈들을 만들어 갔다. 왜곡된 사실과 불완전한 진실을 대대적으로 퍼뜨리면서 누네스는 정보 당국 자체, 특히 FBI와 특별 검사 로버트 뮬러(Robert Mueller)에 조사의 초점을 맞추어, 이 소설 속의 악당으로 만들었다. 그와 위원회의 공화당 동료의원들은 트럼프 측 인사들이 외국 정보요원들에 대한 감시의 부산물로 불법적으로 "신원이 노출" 되었으며, 공모에 대한 FBI의 수사가 민주당이 고용한 악명 높은 "크리스토퍼 스틸(Christopher Steele)의 문서"*에만 근거하고 있고, 이 문서가 트럼프 측 인사 카터 페이지(Carter Page)에 대한 FBI의 외국정보 감시법(Foreign Intelligence Surveillance Act) 감시영장 청구의 (부적절한) 근거였으며, FBI가 사적 이메일을 사용한 힐러리 클린턴을 기소했어야 하고 이 조사를 재개해야 한다고 주장했다.

이렇게 하면서 누네스와 동료의원들, 특히 가우디(Trey Gowdy; R-SC)와 코나웨이(Mike Conaway; R-TX)는 청문회에서 법무부와 FBI 당국자들을 질책했으며, FBI의 수사와 내부 의사소통과 연관된 엄청난 양의 내부 문서를 제출하라고 요구하면서(민주주의 규범상 전통적으로 금지해 왔다), 이들을 소환장과 탄핵으로 위협했다. 이런 시도를 하면서 정보위는 하원 법사위원회 및 정부감독위원회(위원장이 가우디)의 지원을 받았는데, 이 위원회들도 본질을 흐리려는 조사를 수행했고 과도한 문서 제출을 요구했으며 법무부와 FBI 당국자들을 위협했다.

누네스와 공화당 충성파들이 날조한 이야기는 트럼프 자신과 루

---

* 역주: 스틸은 전직 영국 정보요원으로, 스틸 문서(Steel dossier)는 2016년 선거에서 러시아의 개입과 트럼프의 연관성을 제기했음.

디 줄리아니 같은 트럼프의 나팔수들, 그리고 폭스 뉴스가 주도하는 우파 언론들이 되풀이하고 증폭시킨 똑같은 이야기들의 일부였는데, 이들은 딥 스테이트(deep-state)* 음모를 경고하면서 많은 청중들의 호기심을 자극하려 들었다. 러시아의 개입과 공모라는 하원 정보위의 원래 임무는 한 번도 진지하게 수행되지 않았다. 2018년 3월에 위원회는 갑작스레 조사의 최종 보고서를 제출했는데, 위원회 소속 공화당 의원들만이 지지한 이 보고서는 러시아가 선거에 개입했으나 공모의 증거는 없고 (정보기관들 전체와 상반되게) 러시아가 선거에서 트럼프를 지원했다는 증거도 없다고 결론지었다. 이 보고서는 허울만 있는 조사에 기반을 둔 당파적 눈속임이었던 것이다.

보고서가 공개된 후에도 누네스와 그의 동료들은 멈추지 않았다. 의회 권력을 이용하여 이들은 트럼프를 보호하고 법무부와 FBI와 뮬러의 정당성을 무너뜨리기 위해 계속해서 청문회를 열고 본질과 무관한 이슈들을 퍼뜨리고 위협을 가했다. 이 참사는 2019년 1월에 민주당이 하원을 장악하게 될 때까지 지속되었다.

왜 누네스는 그토록 뻔뻔하게 국가 이익 보다 당파적 이익을 우선 했을까? 민주주의와 진실에 대한 그의 공격이 그가 기대했던 대로 공화당 내에서 그의 지위와 권력을 높여주어 커다란 정치적 이득이 되었다는 데 답이 있다. 트럼프가 5,000만 팔로워들에게 트윗했던 대로, "엄청난 용기와 끈기를 지닌 데빈 누네스 의원은 그가 밝힌 것들과 그가 견뎌야 했던 것들로 인해 언젠가 미국의 위대한 영웅

....
* 역주: 민주적으로 선출된 정권이 아닌, 장막 뒤에서 국가를 움직이는 존재.

으로 인정받을 것입니다."⁵² 당시 한 기자가 보도했듯이,

> (누네스는) 이제 전국의 공화당 활동가들이 록 스타처럼 여긴다. 하원 공화당의 선거 운동 기구인 전국 공화당 하원 선거 위원회(National Republican Congressional Campaign Committee)는 기금 모금 이메일에서 그를 활용한다. 공화당 의원들 사이에서 그가 이토록 인기 있던 적이 없다… 2월에 워싱턴 외곽에서 열린 보수정치행동 연례회의에서 미국보수연합(American Conservative Union)은 누네스에게 "극심한 압박 속에서 진실과 자유를 지키기 위해 단합된 용기를 발휘했다"며 자유수호자상을 주었다.⁵³

누네스는 진실을 지킨 것이 아니라 진실을 억눌렀다. 하지만 종족 정치의 의회 세계에서는 그것이 얼마나 왜곡되었던지, 얼마나 국가의 최선의 이익에 위험하던지 간에, 트럼프와 공화당을 보호할 수 있는 것이라면 어떤 것이라도 공화당 의원들에게는 진실이었다. 더 나쁜 점은, 그리고 더 중요한 점은, 누네스가 독불장군이 아니었다는 점이다. 그는 위원회 내의 공화당 동료들과 하원 전체의 공화당 의원들, 그리고 핵심적으로 하원 의장 폴 라이언의 지원 덕분에 힘을 행사할 수 있었던 것이다.

라이언이 누네스가 그런 식의 위험스런 행동을 하게 해 주었다는 것이 의회 자체에 대해 많은 것을 말해 준다. 라이언은 정치인들 중 깨끗한 인물로 널리 인정된다. 가정을 중시하는 사람이자 원칙주의자이고 훌륭한 인간으로 알려진 것이다. 그러나 하원 의장 역할을

함에 있어서 인간 라이언은 공화당원 라이언으로 대체되었고, 최선의 국가 이익을 위해 진실을 추구하는 대신에 진지하고 독립적인 러시아 조사가 밝힐 수 있는 불편한 진실로부터 트럼프와 공화당과 공화당의 어젠다를 지키는 것이 정치적 목적이 되었다. 물론 라이언은 이런 식으로 생각하지 않았다. 이것이야말로 정말 위험스런 것이다. 의회 내에서는 이런 식의 행태가 정상적인 것으로 받아들여진다. 이것이 바로 의원들이 하는 일인 것이다.[54]

상원도 러시아 선거 개입과 공모 가능성에 대해 조사했다. 하원보다는 더 침착하고 책임 있게 했으나 상원의 조사도 중요한 것들을 밝히는 결과로 이어지지는 않았으며, 당파간 치열한 공방을 막기 위해 공모 가능성에 대한 진지한 조사는 거부했다. 상원에서 벌어진 일은 여기서 의회의 역할을 평가하기 위해 필요하지는 않다. 사실, 우리 민주주의 제도에 대한 러시아의 공격과 트럼프와 그 측근들의 개입 가능성에 대한 의회의 조사에 관한 한, 국민들과 언론들의 관심을 끌었던 거의 모든 논란들과 헤드라인들을 만들어냈고 지금까지 미국 정치에 가장 큰 영향을 미친 것은 바로 하원의 조사였다.

2019년에 민주당이 하원의 다수당이 되자 상황이 달라졌다. 1990년에 소련 스파이에게 기밀을 건넨 FBI 요원을 간첩 혐의로 기소해서 유명해졌던 전직 검사 아담 쉬프(Adam Schiff)가 누네스 대신 하원 정보위 위원장이 되었다.[55] 대통령을 망신스럽지 않도록 보호하는 대신에 쉬프와 다른 민주당 의원들이 위원장인 하원 위원회들은 신속하게 움직여서 민감한 문서들을 요청하고 핵심증인들의 증언을 요구했으며 요구가 받아들여지지 않을 경우 소환장을 발부했다. 법사위는 편집되지 않은 뮬러 보고서 전체를 제출하도록 소환장을 발부했고, 세입위는 트럼프의 세금 보고를 소환했으며 금융 서비스 위원회는 도이치 뱅크의 자료들을 소환했다.[56]

이에 대응해 트럼프 행정부는 완전 봉쇄 전략으로 들어갔다. 문서들에 대한 위원회들의 요구를 거부했고 모든 참모들과 행정부 관리들의 증언을 막았으며 모든 소환장에 대해 법정 싸움을 벌였던 것이다. 대통령의 이러한 장벽 쌓기는 대통령을 조사하고 견제와 균형의 의무를 수행하는 의회의 헌법상 권한을 트럼프가 거부하는 견제와 균형의 진정한 대결을 만들어냈다.

트럼프 측 변호인들이 꾸며낸 법적 주장들은 대부분의 헌법 학자들과 행정법 학자들의 눈에는 기껏해야 근거가 희박한 것이었다. 하지만 이 자체는 법률에 대한 다툼이 아니었다. 이 이슈들을 사법 과정을 통해 해결하는 것이 수개월, 심지어 수년이 걸릴 것이고 2020년 선거(만일 있다면) 이후까지 하원 민주당이 조사를 수행할 수 없을 것이라는 점이 모두에게 명백했다. 당연히 이것이야말로 트럼프 장벽 쌓기의 엄청난 이점이었다. 법적 근거가 아무리 의심스럽다 하더라도, 시간을 흘러가게 하고 그러는 동안에 불리한 정보들이 공개되는 것을 막는 지연 전술이었던 것이다.

이런 전략을 쓰면서 트럼프는 헌법과 미국 민주주의, 법치, 통치 체계에서 의회의 적절한 역할들을 조롱거리로 만들었다. 더욱이 이렇게 하면서 트럼프는 하원 공화당의 전폭적인 지지를 받았는데, 공화당 의원들은 위원회 조사로부터 트럼프를 보호했을 뿐 아니라, 자신들의 정부 제도와 그 가장 근본적인 권한과 의무에 대한 트럼프의 공격을 지지했다.57 수많은 공화당 의원들이 의회와 국가를 보호하기 위해 일어설 것을 거부했던 것이다.

이렇게 해서 민주당이 하원을 장악했음에도 불구하고, 가장 강력한 적국이 우리 선거 체계를 공격하고 이에 트럼프가 연관되었는지 여부에 대한 중대한 조사를 의회가 수행하는 것은 불가능해졌다. 이론적으로 볼 때 이 조사는 정치적 책임성을 실현하기 위해 헌법 제정가들이 고안한 권력 분립의 전형적인 사례가 구현되는 것이어야 했다. 하지만 실제로 벌어진 일은 불량 대통령이 권력 분립을 (그리고 정부 제도로서 의회의 병폐를) 이용하여 어떻게 의회의 행동을 훼방 놓고 장기간 지연시키고 진실의 추구를 억압하는지를 보여준다. 어쩌면 의회가 끝내 법정 싸움을 이겨서 필요로 하는 증언과 정보 제출을 강제할 수 있을지 모른다. 하지만 그렇게 된다 하더라도 대단히 오랜 시간이 걸릴 것이고, 체계적이지 않고 단편적일 것이다. 그 결과가 트럼프의 여러 가지 권력 남용과 러시아와의 연관성에 대한 진지하고 철저한 조사가 될 가능성은 별로 없다.

요점은 이것이다. 미국 민주주의에 대한 적의 역사적인 공격 이후에 의회가 국가를 보호하는데 완전히 실패했다는 점이다. 바로 이런 상황에서 강력하고 효과적인 행동을 하는 것보다 중요한 것은 없다. 그러나 의회는 이 일을 감당할 수 없음을 보여주었다. 의회가 필요로 했던 것은 단지, 러시아의 개입에 대한 진실을 끈질기고 거리낌 없이 추구하고 이 진실을 기반으로 장래 이런 문제가 생기지 않도록 개혁을 고안해서 실행하는 것이었다. 이렇게 말하는 것은 당연한 것이다. 그러나 의회는 이 당연한 일조차 할 수 없었다. 그 대신, 의회가 한 일은 무능력한 정부의 전형이었다.

효과적인 정부의 필요성

이런 식일 필요는 없다. 오랫동안 워싱턴 정치를 관찰해 온 토마스 만(Thomas Mann)과 노만 온스타인(Norman Ornstein)의 말대로 "정치적 편의를 국가 이익보다 우선하고 협력적인 문제 해결보다는 집단적 자만을 앞세우곤"[58] 하는 의회와 우리 국민들이 운명을 같이 할 필요는 없다. 이 나라의 시민들은 더 나은 것을 기대한다. 그리고 연방 정부는 더 잘할 수 있다.

우리에게 필요한 것은 두 가지 전선, 하나는 정책이고 다른 하나는 제도 변화인 두 전선에서 개혁을 밀어 붙이는 강력하고 폭넓은 지지기반을 가진 운동이다. 첫 번째에 관해서는 혁신주의 시대와 뉴딜 시기에 미국이 어떻게 포퓰리즘의 위협을 피해갈 수 있었는지 상기해 보라. 두 경우에 있어서 민주주의의 재앙을 피할 수 있었던 것은 도움이 필요한 사람들을 정부가 지원하기 위한 프로그램들을 대규모로 확장했기 때문이다.[59] 이것이 바로 지금 일어나야 하는 일이다. 정부의 연장함에 있는 모든 도구들을 사용하여, 하향식의 중앙집권적 관료주의를 넘어서서 문제해결의 효과적 수단이 된다면 시장에 기반을 둔 유인책과 민간 행위자들까지도 포함하는 모든 수단들을 활용해야 한다. 정부 행동의 중대한 측면은 워싱턴이 아닌 주와 지역에 맡겨두는 것이 좋을 때가 많다는 점을 덧붙여야겠다.

어떤 수단을 쓰던지 간에, 오늘날의 위기는 현대성의 파괴적 힘에 의해 안전과 복지가 황폐화된 지역 사회들을 직접 목표로 삼은 잘 마련된 정책들과 프로그램들을 요구한다. 사람들은 일자리를 필요로 하고, 교육과 고도의 기술직을 위한 재훈련을 필요로 하고, 저주지 이전에 대한 지원을 필요로 하고, 건강 보험을 필요로 하고, 고령 연금을 필요로 하고, 아동 보육 서비스를 필요로 하며, 주변화되는 것에 대한 문화적 우려와 두려움이 인정되고 처리되는 것을(예컨대 종합적인 이민제도 개혁을 통해) 필요로 한다.

더욱이 국민들은 정부가 이러한 필요를 처리할 것을 기대한다. 2019년 NORC-AP 여론조사에 따르면,[60] 기후 변화에 대응하고 건강 보험에 대한 접근성을 개선하고 범죄를 줄이고 경제성장을 촉진하는 등의 일에 있어서 정부가 "대단히 많은" 책임을 져야 한다고 미국인들 상당수가 생각한다. 그리고 2019년 퓨 여론조사에 따르면,[61] 연방정부의 지출에 대해 물었을 때 국민들 대다수는 정부가 "지출 규모를 현재대로 유지해야" 한다고 답했으며, 교육과 사회 기반 시설, 의료, 과학 기술, 환경 보호 등의 정책 영역에 대해 "지출을 증대"해야 한다고 답했다. 두 여론조사 모두에서 정부가 개입하지 말아야 한다고 답하거나 정부 지출이 감소해야 한다고 답한 사람들은 극히 적었다.[62]

과거에는 적지 않은 수의 유권자들이 중요한 공적 영역들에서 정부를 차단시키길 원했었을 수 있다. 작은 정부와 제한 정부를 요구하던 자유지상주의자들(libertarians)에게 청중이 있었을 수 있다. 이제 더 이상 그렇지 않다. 오늘날의 정치 생태계에서 자유지상주의자들은 도도새와 스텔러 바다소처럼 멸종된 상태이다. 양당 모두의 대다수는 정부가 광범위한 이슈들을 처리하기를 기대한다. 이슈에 따라 양당은 의견을 달리 한다. 예컨대 민주당은 소득 불평등을 해결하기 위해 정부가 더 큰 역할을 하기를 바라고, 공화당은 국경 안전 문제를 처리하기를 원한다. 그렇지만 양당을 넘어서서 사람들은 정부가 현대성의 도전을 감당하고 난제들을 해결하기를 기대한다.

개혁가들은 이 점에 주목해야 한다. 국민들의 압도적 다수가 우리 앞에 놓여 있는 이 도전들을 정부가 처리하기를 원하며, 이는 틀린 일이 아니다. 이 문제들은 상상으로 만들어진 것이 아니고, 그 해결에는 오직 정부만이 제공할 수 있는 자원과 조정이 필요하다. 처리되지 않을 경우, 이 문제들은 계속해서 포퓰리즘의 분노에 기름을 끼얹을 것이고 우리 민주주의의 해체를 부추길 것이다. 적극적인 정부 행동이야말로 이 분노를 희석시키고 자유 민주주의에 대한 위험을 감소시킬 수 있는 가장 빠르고 직접적인 방법이다.[63]

그렇지만 이러한 대대적인 정책적 노력들은 해법의 일부일 뿐이다. 전체 정부 체계의 중심에 있는 근본적인 결함, 곧 수세기 전에 고립된 농경사회를 위해 고안되어 현대의 복잡한 문제들을 다룰 효과적 수단을 제공하지 못하는 정부체계의 결함을 다루지 않기 때문이다. 이 근본적 결함이 고쳐지지 않을 경우 미국은 계속 취약한 상태에 머물 것이고, 그 결과는 재앙적일 수 있다.

그렇다면 포퓰리즘과의 전쟁에서 두 번째 전선은 올바른 정책과 프로그램들을 택하는 것만이 아니다. 그것은 정부 제도들을 올바르게 만들어서 정부가 오늘날의 세계에서 효과적인 행동을 할 수 있는 역량을 갖도록 하는 것이다. 당면한 정책적 도전들은 복잡하고 까다롭지만, 이를 해결하는 데 더 큰 장애가 되는 것은 정책적 전문성의 결여 때문이 아니다. 이보다는 신중하게 연구되고 철저하게 검증된 정책안들조차 왜곡시키고 방해하는 정치 제도들 때문이다. 효과적인 행동을 위한 제도적 역량이 없이는 정책적 지식을 더하는 것이 도움이 되지 않을 것이며 실험과 학습을 계속해도 도움이 되지 않을 것이다.

여기서 다시 혁신주의 운동과 뉴딜이 교훈을 준다. 이 시기들 동안 개혁가들은 온갖 종류의 정책적 대안들을 추진했지만 다른 한편으로 제도적 개혁의 필요성도 인식했다. 이들은 정책적 개혁에 맞추어 정책이 만들어지고 실행되는 데 대한 규칙과 자원들을 세밀하게 조정했던 것이다. 기본적인 정부 구조에 대한 헌법을 개혁하지는 못했지만 이들은 이 헌법 안에서 원시적이고 부패하고 무능력한 의회 주도 정부의 문제들을 부분적으로 극복했고, 현대의 거버넌스에 보다 적합한 대통령 주도의 행정 국가를 미래 세대들에게 물려주었다.

이런 개혁들은 정말 필요한 것들이었고, 더 나은 정부를 만드는 데 기여했다. 그러나 입법의 중심에 깊이 자리 잡은 편협한 의회를 지닌 헌법 체계에는 역부족이었으며, 곧 미국 정부의 역량으로는 제대로 다룰 수 없는 복잡한 문제들을 야기하는 급변하는 세계에 압도되었다. 그래서 이제 국민들의 필요를 충족시키지 못하는 정부에 의해 야기된 엄청난 위기를 마주하고 있는 것이다. 과거의 해결들은 단기적인 것이었다. 오늘날의 민주주의 수호자들은 장기적으로 생각해야 한다. 우리의 정치 제도들에 대해 생각해야 하고 개선하기 위해 어떤 일을 할 수 있을지 생각해야 한다. 그렇지 않을 경우, 미국 민주주의는 위험에서 빠져나오지 못할 것이고 살아남지 못할 수 있다.

제도적 변화의 필요성을 주장하는 것은 우리만이 아니다.[64] 그러나 미국 정치체계에 대한 비판가들 대부분이 우려했던 것은 충분히 민주주의적인가 하는 문제였으며, 예컨대 정치에 대한 돈의 영향력이라든가 제리맨더링(gerrymandering)이나 예비선거 같은 것들과 연관된 다양한 개혁들을 제안했다. 이런 개혁들도 중요하다. 하지만 정치체계를 보다 민주적으로 만드는 데 대한 많은 논의들에도 불구하고 효과적인 정부에 관해서는 아무런 논의가 없다.[65] 보통 사람들의 요구에 체계가 반응해야 하는 것이 "좋은 정부"의 요건임은 맞다. 그렇지만 정부는 처리하려는 문제들을 실제로 해결하지 못하면서 새로운 정책들을 통과시킬 수도 있다. 이런 일이 벌어지면, 특히 문제가 심각하고 복잡할 경우, 사회는 치명적인 위기에 봉착하여 경제와 문화가 무너지고 국민들이 소외되고 불신에 빠져 독재 정부의 길을 열어줄 수 있다.

지금 미국은 이런 지점에 처해 있다. 이 시대의 근본적인 사회경제적 도전만이 아니라 해법을 제공하지 못하는 정부의 실패에 의해 초래된 위기를 맞고 있는 것이다. 미국 민주주의가 장기적으로 생존하려면 효과적인 정부를 필요로 한다. 효과적인 정부를 갖기 위해서는 효과적인 정부의 문제가 현재의 위기의 핵심에 있으며 헌법에서 기원한다는 점을 국민들과 정치인들이 깨달아야 한다. 이것이 바로 궁극적인 해법이 있는 곳이다. 지금의 불길을 끄는 데 있는 것이 아니고, 인간성을 비난하는 데 있는 것도 아니며, 근본적인 것을 다루는 데 있는 것이다.

제도 개혁의 장애물

우리는 이에 대해 지나치게 낙관적인 것은 아니다. 헌법을 고치는 것이 얼마나 어려운지 우리는 잘 알고 있다. 혁신기와 뉴딜 시기가 잘 보여주고 있듯이 미래에 채택될 가능성이 높은 개혁들은 기존 헌법 체계 내에서 이루어질 것이다. (가장 가능성이 높은 것들에 대해 다음 장에서 논의한다) 그렇다 하더라도 여기서 우리의 가장 중요한 목적은 우리가 당면한 제도적 문제, 곧 헌법이 현대에는 적합하지 않은 정부 구조를 가져다주며 이에 대해 무언가 하지 않으면 효과적인 정부는 허황된 목표가 될 것이라는 점을 이해시키려는 것이다. 그렇기 때문에 우리는 이 상황을 받아들이고 신중하게 고민해야 한다.

헌법 수정에 대한 공식적 장애는 어마어마하다. 일반적인 경로는 수정안이 하원 3분의 2에 의해 채택되고 상원 3분의 2에 의해 채택되며 4분의 3의 주들이 승인하는 것이다. 한 번도 시도되지 않은 다른 경로는 4분의 3의 주들에서 비준회의를 통하는 것이다. 어떤 경우이든, 반대세력들이 활용할 수 있는 거부점들(veto points)이 너무 많아서 헌법 수정 시도는 거의 성공하지 못했다. 권리 장전을 제외하면 역사를 통틀어 단지 열입곱 개의 수정조항들만이 채택되었다. 이 수정 조항들 중 거의 모두가 대표에 관한 문제들을 다룬다. 즉, 선거에 누가 참여하는지, 선거들이 어떻게 이루어지는지, 누구의 이익이 미국 정치에 영향을 미치는지 등에 관한 것들이다. 소득세를 승인한 수정 16조 하나만이 정부 운영을 현대화하기 위해 고안되었다. 이 수정 조항들 중 어떤 것도 우리 정치 제도들에 대한 구상을 바꾸어 사회 문제들을 해결하기 위한 정부의 역량을 개선시키지 않았다. 단 하나도 없다. 21세기에 우리는 1787년에 헌법 제정가들이 만든 구조물과 더불어 살아가고 있는 것이다.[66]

미국은 이제 위기에 처해 있음을 알고 있다. 이 위기가 초래하는 모든 위험에도 불구하고, 또는 이 위험들 때문에, 제도적 개혁의 전망은 그 어느 때보다도 밝다. 이는 미국이든 어디든 일반적으로 위기가 지니는 속성이다. 개혁과 변화를 위한 비옥한 토양을 제공하는 것이다. 사뮤엘 존슨(Samuel Johnson)의 말을 빌리자면,* 정신을 집중하는 데는 교수형만한 것이 없다.

진정한 변화가 이루어지려면 구조 개혁에 대한 공식적 장애들을 극복하기 위해 정치적 역량들이 조직화되어야 한다. 위기시임에도 불구하고, 그리고 무능력한 정부의 문제가 잘 이해되었다고 하더라도, 이 역량들을 동원하는 것은 쉽지 않을 것이다. 극복되어야 할 다른 장애들, 미국 정치에 뿌리박혀 있고 정치 권력과 대중적 지지의 역동적 관계를 만들어 내는 다른 장애들이 있기 때문이다.

이런 장애들 중 특히 세 가지가 중요하다. 헌법 숭배와 양극화, 그리고 공화당이 그것들이다.

………

* 역주: 18세기 작가 존슨의 말. "교수형을 2주 앞둔 사람은 놀라울 정도로 정신을 집중한다."

헌법 숭배

미국인들은 헌법을 칭송하는 데 그치지 않고 숭배한다. 어떤 이들에게 이런 존경심은 깊이 있고 분별력 있는 판단에 근거하지만, 대부분의 사람들은 아무 생각도 없이 본능적으로 건국 시조들이 완벽했고 그들의 지적 작품이 결함이 있을 수 없으며 전 세계의 어느 헌법도 견줄 수 없다고 믿는다. 헌법이 만들어진 뒤 150여 년이 지난 1928년에 저명한 민권 변호사 마샬(Louis Marshall)은 헌법을 "우리의 성스런 것들 중의 성스런 것이자 신성한 중요성의 도구"라고 불렀는데,[67] 이는 전 국민들의 생각을 말한 것이었다. 거의 한 세기가 흐른 오늘날에도 이런 감정은 다르지 않다.

물론 일상적으로 정부가 작동하는 복잡한 현실은 이렇게 고고한 이상에 부합하지 않는다. 과반이 넘는 국민들이 연방 정부를 불신한다.[68] 많은 사람들이 대통령을 신랄하게 비판하고, 의회는 경멸의 대상이다. 그러나 국민들은 정부의 실패를 헌법과 연관시키지 않는다. 이들에게 헌법은 신성불가침한 것이며, 통상 성경 같은 것에나 해당되는 깊은 존경심과 강한 감정적 확신으로 받아들여진다. 정부는 잘못된 일을 하지만, 헌법은 좋은 것이다. (흔히 그래 왔듯이) 정부와 정치인들이 여러 가지로 이 나라를 잘못되게 만든다면, 그것은 그들의 잘못이지 헌법의 잘못이 아니다.

물론 여러 시기에 좌, 우를 막론하고 개혁가들이 헌법 수정을 시도했었다. 1970년대에 진보주의자들이 여성을 위한 양성 평등 수정안(Equal Rights Amendment)을 추진했으나 근소하게 실패했고, 이후

보수주의자들이 낙태 폐지를 위한 수정안, 균형 재정을 의무화하는 수정안, 동성 결혼을 금지하는 수정안들을 시도했다. 그렇지만 어느 쪽도 헌법 제정가들이 만든 권력 분립 체계의 기본 구조를 감히 변경하려 들지 않았다. 이들 모두에게 있어서 근본적인 것은 손댈 수 없는 것이었다.

사람들이 즉각적으로 비난하곤 하는 무능력한 정부에 대해 이 근본적인 것들이 책임이 있을 수 있다는 견해는 공적 논의에서 전혀 존재하지 않는다. 정반대로, 정치적 역기능과 정부 실패에 대한 전형적인 반응은 미국 민주주의에서 진실하고 선하며 신뢰할 수 있는 모든 것의 근본이 되는 헌법으로 돌아가야 한다는 것이다. 질문은, 현대성의 요구에 맞추기 위해 어떤 종류의 정부가 필요한지가 아니다. 대신에 질문은, 제임스 매디슨이라면 어떻게 했을까? 토머스 제퍼슨이라면? 알렉산더 해밀턴이라면? 헌법에 관한 한, 현대의 지도자들에게 개선하라고 기대하지 않는다. 건국 초기의 확신을 이어 받고 우리의 정치 제도들을 소중한 가보처럼 보존하기를 원하는 것이다.

헌법을 존중하는 것은 중요한다. 다양하게 구성되었던 신생국이 높은 수준의 제도적 안정성을 갖게 해 주었고 이후 두 세기 간 이 안정성을 유지할 수 있게 해 주었다. 하지만 숭배는 너무 지나쳐서, 명석한 사고와 분석을 사라지게 한다. 헌법은 특정한 정부 구조를 부여했는데, 정부가 얼마나 잘 기능하는가 하는 문제에 이 구조가 아무 상관이 없다고 주장한다면 너무나 이상할 것이다. 구조는 모든 조직들에 영향을 미치며 미국 정부도 마찬가지이다.[69] 이것이야말로 1787년에 헌법제정가들이 필라델피아에 모인 이유였다. 연합 규약

(Articles of Confederation)*하의 정부 구조가 처참한 실패로 판명되었던 것이다. 연합 규약하의 정부는 행정부가 없었고, 사법부도 없었다. 국내적 소요 사태를 진압할 능력이 없었고, 빚에 허덕였으며, 특히 세금을 거두는 기본적 권한이 없었다. 정부의 기능을 향상시키기 위해서는 보다 중앙집권적이고 권위적인 구조가 분명히 필요했다. 새로운 헌법은 이를 위해 고안되었으며, 그 시대에 기능할 수 있는 정부를 만드는 데 있어서 확실히 연합 규약보다 훨씬 개선된 것이었다.

그러나 이 헌법은 250년 가까이 오래된 것이다. 제임스 매디슨이나 다른 제정가들은 오늘날의 세상이 어떨지 아무런 생각이 없었다. 이들은 전기도 몰랐고, 자동차나 비행기나 세균이나 핵무기나 세계화나 컴퓨터나 기후 변화도 몰랐다. 현대에 미국 정부가 직면하게 된 심각한 문제들의 복잡한 상태를 전혀 이해할 수 없었다. 지속될 수 있는 통치 구조를 수립하기 위해 노력하면서 이들이 스스로의 사고의 한계를 인식하고 있었던 것은 분명하다. 그렇지만 궁극적으로 이들은 우리 시대가 아니라 그들의 시대에 가장 잘 맞는 정부를 고안해 내었다. 그리고 이제 이 구조는 현대의 요구에 들어맞지 않는 것이다.

오늘날의 도전 과제는 헌법과 제정가들에 대한 숭배를 그만두는 것이며, 현대의 거버넌스에 대한 헌법의 영향을 탐구하는데 있어서 손댈 수 없는 것은 없다는 것을 강조하기 시작해야 한다. 이 영향들은 개관적인 사실의 문제이며, 국민들이 왜 정부가 실망스러운지, 그

....

* 역주: 독립 혁명 중 이미 13개 주들이 모여 연합(Confederation) 정부를 수립하고 그 헌법으로 연합규약을 제정했음. 이를 수정하기 위해 모인 회의가 필라델피아의 헌법제정 회의임.

리고 어떤 개혁이 필요한지를 분명히 알게 되려면 이 영향들을 연구하고 평가하고 공개적으로 논의해야 한다.

이렇게 한다면, 예컨대 권리장전과 같은 대부분의 헌법 조항들은 별다른 손상 없이 확고히 지지될 것이다. 그렇다고 해서 권력 분립 체계의 다양한 구조적 측면들, 특히 의회에 대한 것들이 시험을 통과하리라는 것을 의미하지는 않는다. 사실, 통과하지 못할 것이다. 우리는 효과적인 정부를 가로막는, 시대에 뒤떨어진 정치적 구조물에 대해 현대의 안목을 통한 철저하고 객관적인 평가를 필요로 한다.

양극화

이차대전 직후의 시기에는 민주당과 공화당 모두가 내적으로 이질적이었고, 양당이 이념적으로 멀리 떨어져 있지 않았으며, 정책 결정이 일반적으로 초당적 연합에 의해 이루어졌다. 그래서 대통령은 반대당의 지지를 끌어들여서 정책들을 만들어낼 수 있었다. 이런 것들은 더 이상 사실이 아니다. 민주당은 모두가 동질적으로 진보적이고, 공화당 모두는 동질적으로 보수적이다. 양당은 이념적으로 멀리 떨어져 있다. 초당적 합의는 당파적 표결로 대체되었다. 대통령은 더 이상 반대당의 지지를 기대할 수 없다. 반대당은 대통령이 성공하지 못하고 대통령의 정당이 다음 선거에서 주저앉도록 하기 위해 무슨 일이든지 한다.

헌법은 양극화된 정치를 다루도록 고안되지 않았다. 제정가들의 낡은 체계는 어쨌든 잘 작동하지 않지만, 양극화 때문에 완전히 무너진다. 권력 분립 체계에서 입법은 상원과 하원, 그리고 대통령의 공식적 승인을 요하는데, 한 정당이 셋 모두를 장악하지 않는 한 (현대의 경쟁적 정당체계에서는 흔하지 않다) 양극화는 한 정당이 입법을 저지할 위치에 있게 만든다. 그 결과는 거의 모든 중요한 입법에 있어서 교착(gridlock)이다.

그렇다면, 긴급한 사회적 문제들에 대응할 수 있는 정부의 역량을 증대시키는 구조적 개혁은 어떻게 되는가? 양당은 분명히 자기 당을 위해서는 이런 정부를 원하며 이를 통해 자기 당의 어젠다를 실행하기를 바란다. 그러나 동시에 이런 정부를 상대 당이 장악해서 좋지 않다고 생각되는 정책을 실행하고 선거에서 이득을 취하게 되는 것을 우려한다. 따라서 양극화된 정치에서는 양당 모두가 행동할 역량이 있는 정부를 우려하며, 이런 정부를 가져 올 개혁을 하지 않으려 한다.

정부 권력에 대해 정당들이 자기 이익만을 우선하는 태도는 우리 정치에서 흔하게 나타난다. 조지 W. 부시가 대통령에 재임 시 공화당은 부시가 행동할 때마다 그의 리더십에 찬사를 보냈다. 공화당은 대통령의 권력을 찬양했고, 민주당은 대통령의 권력 남용과 과도한 개입에 분노했다. 버락 오바마가 취임하자 이 역할들은 곧바로 역전되었고, 아무도 주저함이 없이 양측은 상대방의 주장을 그대로 빌려왔다. 민주당은 강력한 대통령에 열광했고 공화당은 오바마가 과도한 개입을 저지르고 있고 역사상 가장 위험한 대통령이며 헌법 제정가들이 원했던 제한된 대통령제로 돌아가야 한다고 주장했다. 이제 트럼프가 백악관에 입성하자, 원래 출발했던 지점으로 다시 돌아

오게 되었다. 공화당은 대통령의 권력 행사에 박수갈채를 보내고 민주당은 비난하고 있는 것이다. 어느 쪽도 원칙 있는 주장을 하지 않는다. 이들의 주장은 편의적일 뿐이다.[70] 이들에게 중요한 것은 단기적으로 누가 권력을 장악하는지와 누구의 소가 뿔에 찔리는지일 뿐이다.[71]

민주주의와 효과적인 정부는 제도의 고안에 대해 대단히 다른 접근을 요구한다. 제도들은 장기적인 것이다. 장기적으로 볼 때 제대로 기능하는 민주주의에서는 자연스럽게 선거 결과에 따라 각기 다른 정당들이 정부를 장악하게 될 것이다. 선거가 민주주의적으로 의미가 있고 민주적인 결과를 가졌다면, 어느 정당이 권력을 장악했더라도 정당하게 선출된 리더들은 행동할 수 있는 제도적 역량을 지녀야만 한다. 양극화는 양당들로 하여금 민주주의 정치의 이런 자연스런 권력 교체를 두려워하게 만들고 정부의 역량을 두려워하게 만들며, 따라서 현대의 문제들을 처리하는 데 있어서 민주적으로 더 나은 역할을 하는 데 도움이 되는 제도들의 고안을 두려워하게 만든다.

개혁가들의 과제는 변화에 대한 이런 정치적 장애를 극복하는 것이다. 이는 일반적으로 불가능한 일이다. 그러나 여기서 다시 미국이 위기에 빠져 있음을 상기하자. 너무나 많은 것들이 걸려 있고 너무나 많은 위험이 도사리고 있는 위기 시에는 궁극적으로 핵심 행위자들의 동기를 변화시켜서 제도 개혁 운동을 추진하도록 해 주는 힘이 작동할 수 있다.

공화당

양극화는 양당 모두가 효과적인 정부를 두려워하고 이를 위한 개혁에 반대하게 만든다. 그렇지만 현대 미국 정치에 있어서 양당은 근본적인 측면들에 있어서 대단히 다르며, 이 차이들이 제도 개혁에 중대한 영향을 미치는 또 하나의 정치적 동학을 낳는다.

민주당은 미국의 현대 복지 국가의 건설자이며 오랜 동안 확장적인 정부 프로그램들을 통해 국민들의 필요를 충족시킨다는 목표를 추구해 왔다. 민주당은 거대 정부(큰 세금)에 연결되어 있으며, 좋은 정부의 필요성을 신봉한다. 그렇지만 바로 이 때문에 이 책의 논지, 곧 미국 정부가 심각하게 무능력하다는 논지는 최소한 지금은 민주당과 잘 어울리지 않는다.

민주당은 정부가 무능력하다는 말을 듣고 싶어 하지 않는다. 만약 사실이라면 이런 주장이 정부의 자원과 행동 범위를 축소시키려는 데 대한 (보수주의자들이 기꺼이 무기화하는) 논리적 근거를 제공해주기 때문이다. 민주당은 정부가 가능한 한 최대한 효과적이기를 바란다. 그러나 민주당은 정부가 무능력하다는 증거들에 대해 방어적인 자세를 취하면서 대응하는 것이 사실이다. 정부의 수많은 실패들을 부인하고 정부 행동의 긍정적인 면들에 대해서만 거론하는 것이다.

민주당이 계속해서 정부 실패를 무시하고 방임한다면 미국 민주주의는 무너질 것이다. 그렇지만 우리가 논의했듯이 현재의 위기가 민주당의 생각을 정리해 줄 수 있다. 정부의 한계점들을 직시하고 적극적으로 제도 개혁을 추구하는 것만이 현재의 위기에서 벗어나는 유일한 길이자, 우리 민주주의 체계를 구하는 유일한 길이다. 민주당은 무엇이 필요한지를 깨닫고 이를 깨달은 지지층과 이익집단들을 끌어들여 효과적인 정부 개혁의 동력이 될 수 있다.

공화당은 완전히 다른 이야기이다. 앞으로 몇 년간 공화당은 반대의 동력이 될 것이며 그 권력과 지위를 이용하여 보다 효과적인 정부를 위한 개혁 시도를 방해할 것이다. 모든 공화당원들이 동일한 생각으로 이렇게 움직일 것이라는 의미는 아니다. 분명히 현재의 공화당은 포퓰리스트들과 정통파(orthodox) 공화당원들의 연합이며, 이 둘은 동일한 목표나 생각을 가지고 있지 않다. 하지만 둘 다 효과적인 정부에 반대하며 이를 이루려는 장래의 노력에 저항할 것이다.

우리는 이미 포퓰리즘의 정치적 논리를 구체적으로 논의했었다. 도널드 트럼프와 같은 포퓰리스트 리더들은 포퓰리스트 지지기반의 분노와 불만 위에서 성공을 이루는데, 이 분노와 불만은 이들의 경제적, 문화적 요구를 충족시키지 못하는 정부의 무능력 때문에 더 커진다. 포퓰리스트 리더들은 정부가 더 잘 기능하도록 만들려 하지 않는다. 정부 실패를 지속시킨다. 이들은 민주주의 체계와 제도들을 공격함으로써, 국가적 문제들을 "딥 스테이트"의 탓으로 돌림으로써, 또 포퓰리스트 기반을 선동함으로써 성공을 거둔다. 적어도 이념적 우파들에 대한 이들의 주된 전략은 반이민 공포의 조장, 토착주의, 그리고 선동이며, 이런 정치 전술은 국민들의 필요를 충족시키는 것과는 별 상관이 없고 지지자들의 감정적 불길을 고조시켜 민주주의가 못하는 것을 제공하기 위해 스트롱맨이 필요하다는 확신을 심어주는 것이다.

포퓰리스트들의 연합 상대인 정통파 공화당원들은 사라져가는 종족일 가능성이 높다. 시간이 말해 줄 것이다. 그러나 지금으로서는 당이 정부 권력을 장악하고 행사하기 위한 시도에서 이들이 필수적이다. 소수인 포퓰리스트들로서는 이들이 없이 통치할 수 없다. 실제, 트럼프 임기 2년간은 당의 정통파 세력이 현재 얼마나 영향력이 있는지를 여실히 보여주었다. 오바마케어에 대한 공격이라든지 감세 입법, 탈규제를 위한 일방적 조치 등, 이 포퓰리스트 대통령의 주요 정책들은 정통파 공화당으로부터 통째 채택된 것이었고, 트럼프가 이 연합을 결속시키는 정치적 수단이었다. 공화당 정통파들은 자신들이 얻은 것을 좋아하며, 최소한 지금까지는 트럼프의 포퓰리즘이 지닌 위험과 부정적 측면을 외면하려 하고 있다.

결론적으로 이 포퓰리즘의 시대에도 공화당 정통파는 중요하다. 그렇다면 이들은 효과적인 정부의 필요성에 대해 어떻게 생각할까? 대답은, 트럼프와 포퓰리스트들과는 다른 이유 때문에 과거의 공화당보다 이념적으로 극단적인 오늘날의 공화당 정통파는[72] 정부 실패를 지속시키는 데 기득권을 지니고 있다는 것이다.

이들은 재산과 종교, 결사 및 계약에 대한 근본적 자유를 포함하는 개인적 자유의 최우선적 중요성을 강력히 주장한다. 그리고 자유를 보장하기 위한 수단은 작은 정부와 낮은 세금, 최소한의 규제, 시장, 유인, 그리고 관료와 위로부터의 권위보다는 민간 행위자들이라고 확신한다. 엄청나게 많은 복잡한 사회적 문제들에 실제로 어떻게 대응할 것인지 물으면, 이들은 곧바로 자신들처럼 작은 정부로 접근하는 방식이 경제 성장의 최고의 보장이라고 답한다. 가장 좋은 정부는 한 발 물러서서 민간 기업가들에게 경제적 확장을 추진하도록 맡겨두는 정부라는 것이다. 하지만 이런 확신이 이들이 제시할 수 있는 전부이다. 다루어지지 않은 많은 문제들과 규제되지 않은 시장이 야기하는 많은 문제들은 이들의 관심거리가 아니다. 오염 문제를 다루는데 작은 정부가 어쨌든 나은가? 빈곤에 대해서는? 오늘날의 공화당은 이런 의문들에 대해 거의 할 말이 없다. 정부가 이런 문제들에 대해 해결책을 찾으려 하면 안 된다고 생각하기 때문이다.

이는 국민들 대부분의 생각이 아니다. 대부분의 국민들은 정부가 사회 문제들을 해결하기를 원한다. 근대 이래 국민들은 선출된 공직자들의 행동을 요구해 왔고 최근까지 양당 모두 이에 응해 왔다. 이러는 가운데 연방, 주, 지방 정부 등 어떤 수준의 정부가 상이한 문제들에 대응하기에 가장 적합한가 하는 문제를 포함하여 정부 개입의 범위와 목적에 대해 양당 간에 정당한 논쟁이 벌어졌었다. 그렇지만 몇 십 년이 흐른 뒤 공화당은 중대한 국가 문제들을 연방정부가 처리하는 것을 받아들였다. 예컨대 닉슨 대통령은 오염 문제를 해결하기 위해 환경보호청(Environmental Protection Agency)을 신설했고 근로자의 안전과 건강에 대해 규제하기 위해 산업안전보건청(Occupational Safety and Health Administration)을 설립했으며 빈곤 문제 해결을 위해 역소득세 제도(negative income tax program)을 추진했다. 부시 대통령도 아동 낙오 방지법(No Child Left Behind Act)을 통해 공립학교의 질을 향상시키기 위한 역사적 시도를 했다. 부시는 또한 고령자들의 처방약을 지원하기 위해 상당한 자금을 들여 메디케어를 확대했다. 이런 예들은 대단히 많고 쉽게 발견할 수 있다.

현재의 공화당 정통파들은 다르다. 지난 십여 년간, 특히 2010년의 티파티(Tea Party) 운동 이후, 공화당은 감세와 탈규제로부터 혜택을 받는 기업들과 부자 후원자들의 지원하에 훨씬 보수적이고 이념적으로 경직되어 왔다. 긴급한 국가 문제들을 정부가 해결하는 것을 공화당은 더 이상 지지하지 않는다. 오늘날의 보수주의자들은 이런 문제들을 처리하지 않는 것이 본업이 되었으며, 정부의 규모와 범위와 문제 해결 역량을 줄이기 위해 할 수 있는 모든 일을 한다. 그들의 모든 관심은 줄이는 데에만 있는 것이다.

공화당은 효율성을 그토록 중시하기 때문에 작은 정부만이 아니라 무엇을 하든지 보다 효율적인 정부를 원할 것이라고 생각할 수도 있다. 하지만 요즘의 보수주의 정치는 이런 식으로 작동하지 않는다. 정부의 역기능은 정부가 나쁘고 나쁜 정부는 문제를 해결할 수 없다는 공화당의 주장을 정당화시켜준다. 만일 정부가 실제로 사회문제들을 해결한다면 국민들이 더 많은 정부 개입을 원하게 될 것을 보수주의자들은 경계한다. 따라서 오늘날의 공화당 정통파들은 정부 개선에 대해 관심이 없는 것이다.

환경청장 재임시 스콧 프루이트(Scott Pruitt)는 오염과 기후 변화 문제를 보다 효과적으로 다룰 수 있는 더 작고 효율적인 환경청을 만들려 들지 않았다. 오히려 수단 방법을 가리지 않고 규정들을 완화시키거나 폐지하여, 전기와 가스 공급업계, 발전소, 석탄 광산, 석유 기업들과 자동차 산업이 오염을 크게 악화시키고 환경을 파괴하고 기후 변화를 가속화시키게 만들었다. 이런 노력의 일환으로 그는 기후와 환경에 관한 과학을 적극적으로 부정했다. 환경청의 의사결정 과정에서 과학자들의 역할을 크게 위축시켰고, 과학적 데이터들을 폐기하거나 숨기거나 왜곡시켰으며, 환경청 업무의 과학적 근거를 훼손시켰다. 의도적이고 체계적으로 프루이트는 환경청의 임무를 방해하고 객관적 분석 역량을 훼손하려 들었던 것이다.[73] 프루이트만이 아니다. 의원이었을 때 소비자 금융보호청(Consumer Financial Protection Bureau)을 "비극적이고 불쾌한 농담"이라며 폐지하는 데 찬성했었던 멀베이니(Mick Mulvaney)는 이 기관의 청장이 되자 제대로 된 개혁을 시도하지 않았다.[74] 라이언 징키(Ryan Zinke)는 국토부(Department of Interior)의 규모를 줄여 보다 효율적으로 업무를 수행하도록 만들지 않았다.[75] 디보스(Betsy DeVos)는 교육부를 아동들의 교육 수요를 보다 능숙하게 다루는 기관으로 개선시키지 않았다.[76] 대신에 이 정치적 임명직들 모두가 과로까지 하면서 자신들이 맡은 기관들의 업무를 제한하고 방해하기 위해 애를 썼던 것이다.

　예측 가능한 장래까지 공화당 정통파들은 효과적인 정부를 만들기 위한 시도들과 이를 위해 필요한 개혁을 방해할 것이다. 다른 이유에서 이들의 포퓰리스트 동료들도 그럴 것이다. 둘은 관심과 호의를 지닌 것처럼 가장할 수 있으나 약속을 지키지는 않을 것이다. 정통파이든 포퓰리스트이든, 오늘날의 공화당은 반-정부적이다. 이들은 나쁜 정부 위에서 성공을 거둔다. 그리고 나쁜 정부가 계속되기를 바라는 기업들과 부자들에 의해 재정적으로 지원되며 이들에 순응한다.

　효과적인 정부를 위한 구조적 개혁이 이루어질 희망이 있다면, 그 정치적 리더십은 미국 정치의 보다 진보적 영역으로부터 나올 필요가 있다. 곧, 사회 문제들을 해결하기 위해 정부를 활용하는 오랜 전통이 있고 정부가 작동하도록 만드는 데 이해관계를 가지고 있는 민주당으로부터 정치적 리더십이 나와야 한다.

개혁의 방향

미국 민주주의의 위기에 있어서 개혁에 대한 장애는 분명히 존재한다. 하지만 이런 도전이 극복되고 정치 개혁 운동이 일어날 수 있는 적기는 바로 위기의 시기이다. 우리는 최소한 1900년대 초의 혁신주의 운동만큼이나 강력하고 "좋은 정부"를 위하는 개혁운동을 필요로 한다. 이런 운동이 성공하기 위해서 최우선적이고 근본적인 필수 요건은 운동의 지도자들과 조직가들과 구성원들이 보다 효과적인 정부를 만들기 위해 무엇을 할 수 있는지를 이해하는 것이다.

트럼프 집권의 모든 충격 속에서 어떤 정치 평론가들은 우리의 정치적 문제들은 저절로 해소된다는 생각으로 위안을 삼기도 한다. 선거를 통해 정부 체계 내에 스스로를 고치는 수단이 있다는 의미에서 이다. 이런 생각에도 일리는 있다. 우리의 민주주의가 지속되는 한, 한 개인이나 정당이 정부 권력을 영원히 장악할 수는 없다. 게다가 선거의 영향은 확실히 엄청나다. 트럼프가 패배하거나 해임되면, 민주당은 우리의 정부제도를 개선하고 민주주의를 복원시킬 수 있는 기회를 가지게 된다. (제4장에서 논의하는 이유 때문에 민주당이 그렇게 할 수 없거나 하려 들지 않을 수도 있다.) 그렇지만 트럼프를 대통령직에서 사라지게 하는 것은 단지 시작일 뿐이다. 세계화와 기술 변화와 이민같이 포퓰리즘을 추동하는 근본적인 사회경제적 힘들은 그대로 남아 있을 것이며, 취약한 사람들에게 계속해서 피해를 입혀서 선동적인 호소가 광범위하게 공감을 얻게 되는 전제 조건을 제공할 것이다. 새 선거들이 훨씬 효과적인 정부로 귀결되지 못한다면 새로운 포퓰리스트 리더들이 트럼프가 떠난 바로 그 자리를 차지하는 것을 막을 방도가 없다.

한편, 보다 기본적인 수준에서 볼 때 정치체계의 자기 수정을 강조하는 것은 정치적 변화가 실제로 어떻게 일어나는지를 잘못 이해한다. 미국 정치체는 감염원에 즉각적으로 대응하여 제거하는 자연적 항체를 지닌 살아있는 유기체와 유사하지 않다. 또한 한 정당에서 다른 정당으로 스스로의 운동 법칙에 따라 왕복하는 진자와 같지도 않다. 정치에 있어서 변화는 의식적인 이해, 전략, 그리고 신중한 행동을 요구한다. 유권자들이 동원되어야 하고 연합이 결성되어야 하며 아이디어들이 개진되고 옹호되어야 하며 전략이 개발되어야 하고 정치인들을 설득하거나 패배시켜야 한다. 이 모든 것들은 집중력과 재정적 자원, 그리고 인적 투자를 필요로 한다. 우리의 정치 제도들은 스스로를 고치지 못할 것이다. 우리가 고쳐야 한다. 그리고 이 과업을 이루기 위해서 우리는 먼저 필요한 일들을 하는 책임을 져야 한다.

적극적인 행동의 필요성을 인정하는 정치 평론가들 중에는 일종의 의회 리더십으로 돌아가야 한다는 향수에 빠져 있는 사람들도 있다. 미국 민주주의를 재생시키기 위해 의회에 의지해야 한다는 생각이다. 하지만 이런 생각은 꿈이며, 아무런 근거가 없다. 의회는 병적인 제도이며, 그 병폐는 헌법 구상의 기본적인 내용에 뿌리를 두고 있다. 헌법의 구상은 수백 명의 지역구 의원들이 특수 이익 정치에 휩싸이도록 보장하며 국가의 난제들에 대해 효과적인 해법을 제공하는 것이 집단적으로 불가능한 상태를 초래한다.

이런 결함들은 항상 있어 왔다. 이 결함들은 처음부터 내재되어 있었던 것이지, 많이 논의되는 것처럼 정치 자금의 문제나 양당의 양극화 또는 현대 미국 정치에서 예의가 상실되어 비롯된 것이 아니다. 이 장에서 우리가 살펴 본 의회의 역기능들은 의회 무능력의 길고 긴 역사에서 단지 최근의 사례일 뿐이다. 의회는 통치에 있어서 본질적으로 나쁜 것이고, 우리 민주주의를 구할 수 없다.

그렇다면, 의회로 눈을 돌리는 대신에 정부 체계 전체를 무언가 보다 나은 것으로 바꾸자고 할 수도 있다. 명백한 대안은 전 세계의 거의 모든 성공적인 민주주의들이 지난 한, 두 세기 동안 채택해 온 의회제 정부(parliamentary system)이다. 실제로 서유럽과 스칸디나비아의 의회제 정부들이 국민들의 요구를 충족시키는데 우리 정부 체계보다 더 효과적이었다고 할 수 있는 근거들이 있다. 더욱이 이민 문제가 미국 보다 훨씬 더 심각했고 선거 제도 때문에 포퓰리스트 소수 정당들이 과도한 영향력을 행사했던 이 나라들에서, 그럼에도 불구하고 포퓰리즘 운동이 우리나라보다 상당히 약했던 것이 우연은 아닐 수 있다. 미국과 비교할 때, 이들의 복지 국가와 보다 효과적인 정부가 포퓰리즘을 억제하는 데 도움이 되었다. 오스트리아와 이탈리아에서만 포퓰리스트들이 정부를 장악하는 데 성공했으며, 이탈리아의 포퓰리즘 연합은 곧바로 해체되어 보다 중도적인 연합으로 대체되었다.

그렇지만 그 장점들에도 불구하고 의회제 정부는 미국에서 전혀 가능성이 없다. 이루어질 가능성이 없는 개혁이며 고려할 가치가 없다. 보다 현실적으로 앞으로 나아갈 길은 헌법과 우리의 독특한 권력 분립 체계를 불변의 현실처럼 받아들이고 체계의 역량을 증진시켜 줄 수 있는 작지만 강력한 영향을 미치는 변화를 이루기 위해 선택적이고 집중적인 구조적 개선을 추구하는 개혁 전략에 있다.

우리 체계 내에서 가장 효과적인 지점은 대통령직에 있다. 장기적으로 적절한 개혁을 이룬다면 대통령들은 우리 민주주의를 구할 수 있다. 트럼프가 대통령인 상황에서 이런 주장을 하는 것은 믿기지 않을 수 있다. 포퓰리스트 대통령이 권위주의 위협의 근원이기 때문이다. 그러나 여기서 다시 트럼프 이후를 생각하고 더 넓은 시야에서 상황을 바라보는 것이 중요하다. 그렇게 하면, 대통령직은 완전히 다른 성격을 띠게 되며 위기로부터 국가를 이끌어 내는 개혁의 핵심 도구로 떠오르게 된다.

4

대통령직의 개혁과 개선

트럼프는 대통령에 재임하면서 행정부 기관들을 무력화시켰고 정치 제도들의 정통성을 훼손했으며 국민들의 불신을 조장하고 두려움을 퍼뜨렸다. 낡은 정부를 현대화하는 데 많을 일을 해 왔던 바로 그 정부 제도, 대통령직이 이제 엄청난 해를 끼치고 있는 것이다.

대통령직의 위험에 빠지지 않고 어떻게 대통령 리더십의 가능성을 최대한 살릴 수 있을까? 이 이중적 고려가 대통령직을 고안했을 때 헌법 제정가들이 고심했던 것이며, 똑같은 문제가 오늘날 중대한 문제로 대두되어 있다. 현대성의 도전이 거세지고 포퓰리즘이 뿌리를 내리고 있는 가운데, 대통령직의 희망과 우려 사이에서 균형을 잡을 수 있는 방법을 찾는 것이 이제 우리 시대의 최대의 딜레마가 된 것이다.

균형이 바로 핵심이다. 효과적인 정부를 위한 역량을 크게 개선하기 위해서는, 그에 따라 포퓰리즘의 정치적 힘을 약화시키기 위해서는, 대통령직을 보호망 안에 묶어 둘 수 없다. 그렇게 하면 대통령직에 대한 우려의 문제는 해결할지 모르나, 정부가 사회 문제들을 해결하고 포퓰리즘의 추동력에 맞서기 위해 일관되고 신속한 행동을 하지 못하게 만들 것이다. 반면에 대통령이 필요한 권력을 지니게 되면 좋은 일에만 사용할 것이라는 믿음은 그 자체가 재앙을 부르는 주문과도 같다. 불량 대통령들은 반드시 그렇게 하겠지만, 대통령들은 자유롭게 돌아다니면서 우리 민주주의를 짓밟도록 풀려나면 안 된다. 개혁가들의 과제는 헌법 제정가들이 제대로 기능하는 균형을 찾기 위해 했던 일을 하는 것이며, 다만 저들의 시대와는 전혀 다른 우리가 사는 이 시대에 적절한 균형을 만들어 내는 것이다.

그렇다면 효과적인 정부를 가장 잘 증진시키기 위해 대통령직이 어떻게 다시 고안되어야 할까? 기존 체계와 정치 속에 뿌리박힌 모든 장애들에도 불구하고 이런 방안들이 실제로 이루어지기 위해서는 어떻게 해야 할까? 미국 대통령직과 미국 민주주의의 앞에는 무엇이 놓여 있을까?

정상적 시기의 대통령직

잠시 트럼프는 제쳐두고 미국사에서 나타나 온 대통령직의 모습을 살펴보자. 효과적인 정부를 추구하는 데 있어서 왜 대통령직이 핵심일까?

가장 중요한 이유는 대통령들이 효과적인 정부를 원하고 추구한다는 데 있다. 의원들은 그렇지 않다. 제3장에서 보았듯이, 의원들은 일상적으로 효과적인 정부를 훼손한다. 이 차이는 대통령들이 훌륭한 사람들이고 의원들이 흉악한 사람들이라 생기는 것이 아니다. 이들이 인간으로서 어떤 사람들인 것과는 아무 상관이 없다. 이들의 동기가 구조화되는 방식 때문인 것이다. 대통령들과 의원들은 제도적 행위자들이며, 이들의 동기는 더 큰 제도 체계 내에서의 위치와 역할로부터 생긴다.

두 가지 점을 비교하는 것이 특히 강조되어야 한다. 첫째는 지지 기반과 연관된다. 의원들은 지역구와 주에서 선출되며, 국가 전체를 대표하거나 국가 이익을 위해 문제를 해결하는 데 관심이 없다. 정책의 초점이 기후 변화나 이민, 혹은 교육 개혁이 되게 되면 의원들은 각자 재선에 영향을 미칠 수 있는 특수 이익들, 정치자금 후원자들, 강한 행위자들 뿐 아니라 자기 지역구의 지지층과 기업들과 집단들에 영향을 미치거나 호응을 받을 수 있는 특정한 조항들에만 관심을 둔다. 집단적으로 이들은 국가 문제들을 효과적으로 해결하기 위한 것이 아니라 강력한 지지자들을 만족시키고 통과되기에 충분한 표를 모을 수 있는 법안 조항들의 조각들을 짜맞추는, 특수 이익정치의 탐욕스런 난장판을 벌이는 것이다.

대통령들은 전혀 다르다. 우리 정치에서 유일하게 대통령들은 전국적인 지지기반을 지닌다. 그리고 바로 이 지지기반에 의해 국가의 가치와 정체성을 구현하고 공익을 추구하며 국가 문제들을 다루는 책임을 지게 된다. 당연히 이들도 정치인이며 조직된 이익들과 후원자들에게 민감하기는 마찬가지이다. 그러나 대통령들은 의원들에 비해 이런 특수 이익들로부터 훨씬 자유로우며 특수 이익을 넘어 진정한 국가 지도자로 행동하려 한다. 지지층에게 선물을 가져다주는 일에 몰두하지 않는 것이다. 대통령들의 주된 관심은 국가의 복지와 안전에 영향을 미치는 주요 이슈들에 있다. 이런 책임을 감당하기 위해 대통령들은 그들이 보기에 국가에 가장 좋은 일을 하는 데 있어서 효과적인 행동을 하려 든다.[1]

두 번째 근본적인 차이는 포부와 연관되어 있다. 데이비드 메이휴(David Mayhew)가 상기시켜 주듯이, 의원들은 "재선에만 집중하는 존재," 곧 단기적인 것에 매달려 있으며, 지역구에 가져다 준 선물들과 지역 산업과 기업들에 가져다 준 보호, 자신의 충실한 노력의 결과로 만들어진 지역구 내 일자리들과 소득들, 지역민들과 이념적으로 유사함 등을 과시하는 존재로 상정될 수 있다. 의회 정치는 당신이 최근 내게 무엇을 해 주었는가?, 당신은 최근 무슨 생각을 하고 무슨 일을 했으며 무슨 말을 했는가?에 대한 것이다. 근시안적 정치인 것이다. 의원들은 국가 정책의 영역에 있어서 위대하고 오래 기억될 업적을 이루겠다고 원하지 않는다. 이런 것은 의원들에게 기대되지도 않으며 이들에게 책임 지어지지도 않는다. 어찌되었든, 양원과 535명의 개개 의원들로 구성된 제도 내에서 의원들은 개별적으로 이런 일을 이룰 수 있고 이에 대해 인정받을 수 있는 위치에 있지 않다.

이 점에 있어서도 대통령은 다르다. 어젠다를 설정하고 정책을 고안함에 있어서 대통령들은 두 달이나 심지어 2년 뒤만 생각하지 않는다. 대통령들은 앞으로 수십 년 뒤에 자신들이 어떻게 평가될지에 대해 생각한다. 핵심을 말하자면, 대통령들은 자신의 유산을 중시한다. 이들은 역사를 내다보며 행동하는 것이다. 이 때문에 대통령들은 국가의 핵심 문제들을 해결하고 사회 복지를 증진시킬 수 있는 일관되고 지속적인 정책 해결책을 찾는 성향이 있다. 다른 어떤 것들보다 대통령들이 궁극적으로 원하는 것은 위대한 리더로 인정받는 것이다. 이들은 미래 세대들이 자신을 칭송하기를 원한다. 이 거창한 목적을 달성하기에 대통령들의 시간은 짧다. 4년이거나 잘해야 8년인 것이다. 하지만 이 짧은 기간 동안 대통령들은 정부 역량을 동원하여 자신의 흔적을 남기고 성공적으로 지속될 정책 업적을 남기려 한다. 노예 해방령(Emancipation Proclamation)에 서명하면서 오랜 친구 조슈아 스피드(Joshua Speed)에게 이 위대한 일에 "내 이름을 연관 짓고 싶었던" 젊은 시절의 열망을 상기시켜 준 링컨(Abraham Lincoln)이 이 모든 것을 말해 준다.[2]

대통령과 의원 사이의 이러한 차이는 당연히 정도의 차이이지 본질적인 것은 아니다. 최근 의회 내에서도 이념과 양극화, 정당 지도부, 강력한 이익집단들의 전국적 영향권 등과 같이 의회 정치를 국가 전체적으로 만들어 온 몇 가지 요인들이 작동하고 있다. "모든 정치는 지역적인 것이다"(all politics is local)라는 오닐(Tip O'Neill)*의 경구는 오늘날 사실이 아니다.[3] 대통령들에 있어서도 예비선거 일정이나 선거인단 구도 같은 것이 때로 특정 주들에 관심을 기울이게 만들고 연방정부의 혜택을 분배할 때 나눠먹기 정치(pork barrel politics)를 벌이도록 만들 수 있다. 우리의 짧은 논의가 다룰 수 있는 것보다

....

* 역주: 1977년-1987년까지 하원 의장을 역임한 민주당 의원.

는 더 복잡 미묘한 것이다.[4]

그렇지만 제도의 고안이나 개혁에 대해 생각할 때는 동기에서 벗어난 예외적 행태들이나 단기적 추세의 중요성을 과대평가하지 않는 것이 중요하다. 중심적인 경향에는 항상 예외가 있다. 그럼에도 불구하고 중심적인 경향은 이 행위자들이 일반적으로 어떻게 행동하고 이들로부터 무엇을 예상할 수 있는지에 대한 강력한 지표이다. 일반적으로, 대통령들은 의원들보다 국가 전체에 대한 고려와 자신의 유산을 더 중시하며, 이 단순한 동기의 차이가 우리의 제도 정치를 설명하는 데 막중한 영향을 미친다.

의원들이 아니라 대통령들이 효과적인 정부를 위해 가장 믿을 만한 대변가라는 것은 우연이 아니다. 대통령들은 제도적인 속성 때문에 국가적 문제들에 대해 국가 전체의 수준에서 생각하고, 자신의 유산을 최우선적으로 고려하기 때문에 긴박한 국가적 문제들에 대해 지속적인 해법을 찾으려 하며, 그렇기 때문에 효과적인 정부를 추구한다. 국가적 문제들을 해결하는 것이 바로 대통령직의 본질에 부합하는 것이며, 역사적으로 칭송을 오래 받을 수 있는 자격이 된다. 말할 필요도 없지만, 대통령들이 항상 옳거나 성공적인 것은 아니다. 또한 선거에서 지는 쪽을 선택한 사람들은 당선된 대통령의 어젠다에 반대할 수도 있다. 하지만 서로 다른 접근에도 불구하고, 소속 정당이나 이념과도 무관하게, 일상적으로 대통령들은 국가의 최고의 문제해결사가 되기를 열망한다.

대통령과 의회의 이런 모습은 전혀 새로운 것이 아니다. 처음부터 그랬었고, 이후 오랫동안 정부의 역량을 증진시키기 위해 의회의 리더십이 아닌 대통령의 리더십을 강화하려는 개혁들이 시도되어 왔다. 혁신주의의 중심에는 합리적이고 효율적이며 생산적인 정책 개혁들을 이루는 데 있어서 대통령직의 가치에 대한 확신이 있었다. 19세기 말과 20세기 초의 대표적인 혁신주의자들은 우리 정치에서 발휘되는 대통령직의 특별한 역할을 인식했고, 산업혁명과 이민 증가, 도시화, 부의 집중, 국제 무대에서 세계적 강대국으로 부상한 것 등 새로운 현대성이 초래한 혼란스런 도전들에 대응하기 위해 대통령의 리더십이 절대적으로 필요하다는 점을 깨달았다.[5]

이렇게 긴박한 문제들을 위한 리더십을 찾던 저명한 혁시주의자 헨리 존스 포드(Henry Jones Ford)에게 의회에 대해서는 기대할 것이 별로 없었다. 그의 생각에 20세기 초의 의회는 "배드민턴 셔틀콕처럼 오락가락하는 정치"(shuttlecock of politics)이자[6] 정치 파벌들이 모여 있는 오물통으로, 겉치레가 숙의를 대신하고 부패가 만연하며 국가적 문제들에 대응하기 위한 노력들을 지역적, 개인적 이익이 대체해 버리고 있었다. 이렇게 의회가 의원들에게 "수치"만 가져다주고 있는 반면에,[7] 대통령은 일상적 정치의 혼돈을 돌파할 수 있었다. 포드가 주장했듯이, "우리 역사가 가져다주는 증거들이 결론짓는 바는, 정당들의 이중성을 끝내고 여론이 단호히 심판할 수 있는 방식으로 이슈들을 규정할 수 있는 유일한 권력은 대통령의 권위로부터 나오는 것이라는 사실이다."[8] 대통령이 없었다면, 우리 정치는 당파 싸움과 지역 갈등, 그리고 진정으로 국가적인 (그리고 국제적인) 범위의 문제들에 대한 완전한 무시로 얼룩졌을 것이다.

이후 수십 년간 정치인들은 존 디어본(John Dearborn)이 "대통령의 대표권"(presidential representation)이라고 부른 것의 장점을 제대로 존중했다.⁹ 1921년의 예산 및 회계법(Budget and Accounting Act), 1934년의 호혜 통상 협정법(Reciprocal Trade Agreements Act), 1939년의 행정부 재조직법(Reorganization Act)과 1946년의 고용법(Employment Act) 등에 대한 논의 과정에서는 대통령의 국가적 관점에 대한 존중이 지속되었고 장기적 해법을 찾으려 했으며 합리적 절차에 주의를 기울였다. 이 모든 것들은 의회가 제대로 갖추지 못한 것들이다. 이러한 중대한 구조 개혁 사례들에서 의회는 스스로의 취약점을 인식했고 보다 생산적인 진로를 모색하는 데 있어서 자신이 믿을 만하지 못하다는 것을 인정했다. 자신의 실패를 만회하기 위해 의회가 대통령의 리더십에 기대게 되었던 것이다.

이후 수십 년간 보다 대통령이 중심이 되는 체계로의 움직임이 지속되었다. 국가가 혼란스럽고 골치 아픈 사회경제적 이슈들에 시달리고 의회가 이를 다루지 못하는 상황에서 대통령들은 기꺼이 그 짐을 짊어졌으며, 입법이나 구조적 개혁으로 되지 않을 경우 독자적 행동(unilateral action)을 통해 난제들을 다루었다. 다른 곳에서 우리가 상세하게 논의했듯이, 현대 대통령들은 관료제를 합리화하고 사회보장제도의 장기적인 지속성을 확보하며 이민 문제와 의료 보장과 에너지 수급의 안정성 문제를 처리하고 이민과 기후 변화와 테러리즘의 국내적, 국제적 함의에 고심하는 등, 이 모든 노력들의 최전선에 서 왔다.¹⁰ 민주당 대통령들과 공화당 대통령들은 이 문제들을 어떻게 해결하는 것이 최선일지에 대해 의견이 일치하지는 않았다. 그렇지만 이들 모두가 정책 변화의 국가적, 장기적 영향에 진지하고 지속적으로 주의를 기울이면서 이 문제들을 다루었으며, 효과적인 정부를 만들기 위해 노력해 왔다.

대통령들 모두가 그래 왔다. 트럼프 이전까지는.

포퓰리스트의 손에 들어간 대통령직

트럼프하에서 대통령직은 효과적 정부의 대변자가 아니다. 그보다는 하나의 철퇴와 같다. 우리 정부 제도들을 훼손하고 진실에 대한 가장 기본적인 이해를 공격하며 우리의 민주적 삶의 방식을 위협한다.

왜 이 대통령은 다른 대통령들과 그토록 다른가? 해답은 근본적인 것들의 지각 변동에 있는 것이 아니다. 근본적인 것들은 여전히 진실이며 심지어 트럼프에게도 마찬가지이다. 이전의 모든 대통령들과 마찬가지로 트럼프도 자신의 유산에 대해 대단히 신경을 쓴다. 그도 영원히 기억되기를 원하며, 자신의 얼굴이 러시모어산(Mount Rushmore), 또는 아마도 자기 소유의 산에 조각되기를 원한다. 더욱이 국가적인 문제에 대해서만 집중하는 것이 그의 대통령직 수행의 모든 측면에 스며들어 있다. 이는 그의 "미국을 다시 위대하게" 모자에 새겨져 있고 선거 운동 당시의 기본 주제였다. 트럼프의 대통령직 수행에 있어서 모든 전제는 이전의 정치 지도자들이 미국을 팔아 넘겼고 그 자신만이 미국을 위해 일어섰다고 우기는 데 있다.

이렇게 국가적 문제에 집중한다는 것이 트럼프의 대통령직 수행의 모든 측면에 영행을 미쳤다. 하루도 빠짐없이 트럼프는 국가를 위해 승리했다고 주장했다. 그가 보기에 더 유리한 무역 협상, 경제 성장, 일자리 증대, 미국이 번영하게 해 줄 제약 없는 시장 등이 그것이다. 아무리 전문가들 모두가 반대하더라도 남쪽 국경에 장벽을 쌓고 관세를 높이는 것이 이민과 무역 불균형이 초래하는 위협에 대한 트럼프의 해법이다. 그가 믿기에, 이것이 바로 자신의 위대함을 영원히 증명해 줄 것이다.

전임자들과 마찬가지로 트럼프도 국가 전체에 미치는 영향과 자신의 유산에 완전히 몰두하고 있다. 하지만 전임자들과 달리 이 근본적인 것들은 정부의 효과성을 증진시키는 믿을 만한 노력으로 전환되지 않는다. 그는 현대성의 도전에 맞설 정부 능력을 개선하기 위해 신중하게 고려된 장기적인 계획에 근거하고 있지 않다. 또한 재임 3년이 지난 지금까지도 트럼프는 종합적인 이민 체계 개선안을 내놓지 못하고 있다. 이유는 바로, 일반적으로 대통령들에게 동기를 부여하는 근본적인 것들 보다 더 큰 영향을 지닌 무언가가 작동하고 있다는 데 있다. 바로 포퓰리즘의 논리이다.

트럼프 선거 유세의 대전제, 포퓰리즘의 교본에서 바로 끌어낸 근거를 상기해 보라, 우리 정치 체계는 망가졌다고 그는 우리에게 말한다. 부패했다. 세상물정을 모르는 전문가들과 소위 평가자들이 국가의 전진을 가로막고 있다. 언론은 인민의 적이고 관료들은 물을 빼야 할 썩은 늪의 해충들에 불과하다. 양당들의 핵심 이념은? 희망도 없고 아무 상관도 없다.

그렇다면 해법은 어디 있는가? 당연히 트럼프 자신에 있다. 그 자신만이 국가를 위해 일어설 것이다. 우리의 국경을 두들겨대는 테러리스트들과 공업 지역들을 파괴하는 초세계화, 법을 지키는 시민들을 희생시키는 불법 이민들과 같은 외부의 위협으로부터 미국을 지키기 위해 필요한 행동을 자신만이 할 것이다. "미국의 처참한 피해는 바로 지금, 바로 여기서 끝날 것입니다"고 트럼프는 취임사에서 말했다. 마침내 정치인들과 워싱턴, 그리고 기득권들은 상대를 만났다. 트럼프가 대통령직에 오르면서 드디어 모든 일은 변하게 될 것이었다.

규제를 철폐하고 관세를 부과하고 법무부를 위협하고 FBI 국장을 해임하고 이란 핵 협정과 환태평양 동반자 협정 및 파리 기후 협정을 파기하고 나토 동맹을 불안정하게 만들고 우리 동맹국들을 적대시하고 시리아에서 철군하고 남쪽 국경에 국가 비상사태를 선포하고 의회가 승인한 대외 원조를 보류하는 등 트럼프의 극단적인 일방적 행동으로 인해, 진짜 많은 것들이 변했다. 트럼프는 알다시피 모든 것을 뒤흔들었다. 그는 거의 항상 정책 전문가들과 과학자들의 전문적 판단을 무시하면서 혼란을 일으켰다.

하지만 중요한 것들은 변하지 않았다. 시작부터, 그리고 그의 재임기간이 진행되면서 트럼프의 시도들은 자주 견제와 균형 체계에 의해 가로막혔다. 이 체계는 트럼프의 이민 금지 계획을 반대했고 "크고 아름다운 장벽"에 대한 자금지원을 거부했고 북미자유무역협정의 기본 골격을 보존했고 그의 예산안을 무시했고 그의 제안을 거의 무시한 채 세법을 입법했고 탈규제 시도들을 법원에서 막았고 의회의 공격으로부터 오바마케어를 지켰고 2016년 부정 선거에 대한 노골적으로 반민주적인 조사위원회 구상에 협조를 거부했다.

우리의 권력 분립 체계는 트럼프를 이전 대통령들과 똑같이 다루었다. 변화의 속도를 늦추었고 기존 질서를 위해 방어 태세를 갖추었으며 행정부의 뜻을 좌절시켰다. 지연시키고 방향을 바꾸고 완화시키고, 마지막에는 탄핵했다. 또한 언론은 트럼프를 전례가 없는 정도로 조사하고 비판하면서 언론이 할 수 있는 역할을 톡톡히 했다. 하루도 빼지 않고 주요 언론들은 백악관 내부와 내각으로부터 터진 온갖 스캔들을 폭로했고 트럼프 행정부의 혼란과 무능력, 규범 파괴를 비판했다.

그렇지만 트럼프와 그의 지지자들에게 이러한 저항은 오히려 부패한 기성 정치권과 구제 불능의 민주당, 그리고 악의에 찬 주류 언론에 대한 분노를 확인시켜 줄 뿐이었다. 매번의 패배와 비판은 행정부 전문성에 대한 지속적 공격과 법치에 대한 경멸, 입법 과정의 초과다수결(supermajoritarian)* 제도에 대한 조급함, 정중한 논의의 무시, 모든 정적들을 대중의 조롱거리로 만드는 태도 등을 정당화시켜줄 뿐이었다. 지지자들의 눈에 트럼프는 잘 싸우고 있었다. 너무나 오랫동안 국민들을 무시해온 정치 질서에 싸움을 걸고 있다고 보았던 것이다.

트럼프는 효과적인 정부를 위해 제도들을 복구시키거나 개혁하는 데 관심이 없었다. 이는 포퓰리스트들이 하는 일이 아니다. 포퓰리스트들은 영원한 반대자이다. 이들의 자세는 반항의 자세이다. 이들

....

*   역주: 상원에는 필리버스터 제도가 있어서, 법안이 통과되기 위해서는 필리버스터를 막을 수 있는 토의종결(cloture)을 의결하는 데 필요한 60석이 요구됨. 따라서 상원느이 의사결정 방식은 하원과 같은 과반의 단순 다수가 아니라 60%의 초과다수임.

은 기존 규범과 제도들을 경멸한다. 이들은 혼란 속에서 번성한다. 이들은 한 정치 질서를 다른 것으로 대체하는 긍정적 계획을 제시하지 않는다. 이들이 하는 일은 부수는 것이고 불신을 확산시키는 것이며 행정 기관들이나 전문가 관료들이 업무를 수행하는 것을 불가능하게 만드는 것이다. 국민들의 요구에 더 주의를 기울이고 국민들의 복지 문제에 더 잘 대응하며 사회 문제들의 해결 역량을 더 잘 갖추고 있는 새로운 효과적 정부는 포퓰리즘이 지나간 자리에 들어서지 않는다. 이 운동이 더 힘을 얻고 미국 정치와 정부에 대한 장악력을 키워 나간다면, 포퓰리즘이 하는 일은 바로 민주주의 자체의 파괴이다.

정상적인 대통령직은 사라졌는가?

도널드 트럼프를 경험하게 되면서 많은 비평가들이 트럼프의 부적절하고 위험스런 행태가 오랫동안 대통령직을 이끌고 제약해 왔던 규범들을 변화시켰고 정상적인 행태로 돌아 가는 것이 불가능해졌다고 생각하게 되었다. 민주적 규범들은 오랜 시간에 걸쳐 진화하고 뿌리내리는 것인데, 일단 깨지게 되면 쉽게 복원되지 않으며 한때 정상적이었던 것이 이제 이루어질 수 없으리라는 것이다. 그렇게 되면 민주주의는 위험에 처한다.[11]

그렇다면, 중대한 개혁이 없을 경우 앞으로 어떤 일을 예상할 수 있을까? 우선, 포퓰리스트 공화당 대통령의 경우 대통령직 수행에 대한 전통적인 규범을 받아들이고 존중하지 않을 것임은 명백하다.

포퓰리스트 대통령이 권력을 행사하고 시스템을 상대하는 방식을 트럼프가 보여주었고 정당화시켰기 때문에, 이들은 포퓰리스트들이 댈 수 있는 온갖 이유를 내세우면서 전통적인 규범을 위반하려 들 것이다.

공화당 정통파가 대통령에 당선된다면 정상상태가 오리라는 생각이 위안이 될 수도 있다. 하지만 이는 가능성이 낮거나 좀 과장된 것이다. 이런 대통령직은 좀 더 정상적일 뿐, 진정으로 정상적인 것은 아니라고 말하는 것이 낫다. 공화당 정통파는 포퓰리스트가 아닐 것이지만, 공화당 지지기반은 여전히 대단히 반시스템적이어서 권위주의적 가치에 물들어 있고 민주주의에 별로 얽매이지 않으며 파괴적인 스트롱맨 행태를 요구하고 존중할 것이다.

또한 오늘날의 공화당 정통파는 이전에 비해 이념적으로 더 극단적이다. 최근의 연구에 따르면 공화당은 서유럽 민주주의들의 우파 정당들보다 더 보수적이어서, 심지어 영국의 영국 독립당(United Kingdom Independence Party; UKIP)이나 프랑스의 국민연합당(National Rally party; 이전의 국민전선(National Front))보다 극단적이다.[12] 극단주의자들은 원하는 것을 얻기 위해 전통적 규범을 쉽게 깬다. 트럼프 시대의 보수주의 정치에 대해 데이비드 프럼(David Frum)이 묘사한 바와 같이, "보수주의자들이 민주적으로 승리할 수 없다고 판단하게 될 경우, 그들은 보수주의를 버리지 않을 것이다. 민주주의를 거부할 것이다."[13] 미치 맥코넬과 폴 라이언이 도널드 트럼프의 노골적인 반민주적 행태를 용인했던 것은 우연이 아니다. 트럼프는 이들이 원했던 극단적인 보수주의 정치와 대법관 임명을 가져다 주었고, 이들은 트럼프에게 보호와 지원을 해주었다. 의회의 공화당 지도부로서 이들은 기본적인 민주적 규범에 대한 트럼프의 위반을 그대로 따라 갔다. 그만한 가치가 있었던 것이다.

민주당 대통령들은 훨씬 더 "대통령답게" 행동하려 들 것이며 따라서 오랫동안 대통령직을 규정하고 제한했던 규범들을 따르려 할 것이다. 이들이 추구하는 정책 유산들, 즉 사회주의적이라고 공화당이 오도하는 비난에도 불구하고 미국 복지국가의 기존 틀 안에 완전히 부합하며 파괴적이지 않고 건설적인 정책 유산을 달성하기 위해 그렇게 할 것이다. 이것이 바로 민주당 지지층이 원하는 것이고 기대하는 것이기 때문에 그렇게 할 것이다. 민주당 지지층은 반시스템적이지 않고, 스트롱맨을 열망하지 않으며 대통령이 이끄는 행정 국가가 국민들의 요구를 충족시켜 주는 프로그램들과 서비스의 중요한 원천이라고 생각한다.

그렇다고 하더라도, 민주당이 양극화된 정치의 독성에 면역이 있는 것은 아니다. 예컨대 2019년 초에 벌어진 일을 고려해 보자. 의회가 국경 장벽을 위해 트럼프가 요청한 자금 지원을 거부했는데, 장벽을 세우겠다는 선거 공약 이행에 필사적이었던 트럼프는 국가 비상사태를 선포하여 다른 용도의 자금을 사용할 권한을 스스로 부여받았다. 객관적으로 볼 때, 정부의 감시를 피해 미국에 들어오려는 이민자들로 국경이 감당하기 어려운 상태가 되었다는 (그래서 이들을 못 들어오게 하기 위한 장벽이 필요하다는) 트럼프의 주장을 근거로 하는 국가 비상사태는 없었다. 중앙 아메리카로부터 엄청난 수의 이민자들이 합법적 망명을 위해 국경에 몰려들었던 것은 사실이다. 그러나 많은 사람들은 미국 정부 당국에 자진 출두하여 입국 허가를 신청하려고 했다. 정부의 감시를 피해서 불법적으로 월경하려는 이민자의 수는 1,20년 전에 비해 크게 줄어들었다는 것이 사실이다. 실제, 미국 내의 미등록 이민자들 대다수는 합법적으로 입국했으나 비자 기간을 초과하여 머물고 있는 사람들이다.

증거는 명확했다. 국가 비상사태에 대한 트럼프의 근거는 속임수였다. 이를 이용해 헌법이 부여한 의회의 지출 권한을 우회하여 자신의 최우선 선거 공약을 이행하려 했던 것이다. 이것이 바로 전형적인 트럼프이다. 민주적 규칙과 절차를 무시하고 자신의 행동이 합법적인지에 상관하지 않는 것이다.

거의 모든 공화당 의원들은 트럼프를 지지하거나 침묵했다. 놀랄 일이 아니다. 민주당 의원들은 분노했다. 이것도 놀랄 일이 아니다. 하지만 민주주의 규범과 헌법을 위반한 트럼프를 비난했던 민주당의 반응에는 당파적 계산이 담겨 있었다. 트럼프가 이렇게 했다면, 장래의 민주당 대통령도 총기 사고나 기후 변화 등 민주당의 정책 어젠다에 중요한 사회문제들과 관련하여 국가 비상사태를 선포할 수 있다는 계산이다. 어떤 선례를 만드는지 조심하라. 너희 공화당도 조만간 이와 똑같은 나쁜 행태의 희생이 될 수 있으리라.

그렇다면 민주당을 헌법과 민주적 규범의 흠잡을 데 없는 수호자로 묘사하는 것은 잘못이다. 양극화된 정치 환경 속에서, 더욱이 포퓰리즘에 의해 더 악화된 상황에서, 이런 계산은 거부하기 힘든 유혹이다. 이로 인해 규범을 부수는 경쟁의 악순환이 일어날 수 있다.

그렇다 하더라도 대통령직의 성격을 바꾸어 놓는 데 있어서 양당이 똑같지는 않다. 포퓰리즘과 권위주의적 가치를 조직화하면서 국가를 민주주의의 위기로 빠뜨린 것은 공화당이다. 더욱이 미국 대통령직을 규정했던 규범과 공통의 행동 방식을 훼손시키면서 공화당이 계속 그렇게 할 것이라고 믿을 만한 충분한 이유가 있다. 정상적인 대통령직은 지금으로서는 양당 간 차이와 새로운 위험에 시달리면서 연명 장치에 의존하고 있는 셈이다.

그렇다면 정상적인 대통령직의 성격을 이루는 동기, 즉 대통령이 효과적인 정부의 대변가가 되게 만드는 동기는 어떻게 되는가? 지금까지는 양당 모두의 대통령들은 국가적 문제를 다루고 지속적이고 효과적인 해결책을 추구할 것으로 믿어졌었다. 하지만 공화당의 변신이 이루어진 가운데 장래의 대통령들도 그렇게 할 것인가?

우리의 추정에 의하면, 민주당 대통령들은 계속해서 효과적인 정부를 추구할 것이지만 공화당 대통령들은 그렇지 않을 것이다. 바로 생각할 수 있는 것은, 이런 차이가 단지 공화당의 보수주의가 작은 정부와 탈규제를 선호하기 때문이라는 것이다. 하지만 이런 식으로 거대정부를 반대하는 이념이 과거에도 있었음에도 불구하고, 건설적인 유산을 남기고 위대한 리더가 되려는 공화당 대통령들이 국가적 문제를 처리하고 지속적인 해법을 찾으며 중요하다고 여겨지는 영역에서 효과적인 정부를 만들려고 했던 것을 막지는 못했다.

로널드 레이건은 세법 전체를 개편하는 초당적 작업을 지휘해서 허점 투성이였던 것을 대체하여 훨씬 합리적이고 생산적인 재정 정책의 기틀을 마련했다. 이는 좋은 정부를 위한 승리였다. 레이건의 또 다른 대표적 업적은 탈규제에서 찾아질 수 있다. 규제 기구들을 해체하는 대신에 레이건은 정보 및 규제 업무국(Office of Information and Regulation)을 설립하고 그 안에 공식적인 규제 평가 과정을 마련했는데, 이 정보 및 규제 업무국은 이후 양당 대통령들 모두에게 정책 결정 과정의 한 부분으로서 지속적으로 활용되어 왔다.

조지 W. 부시의 사례도 고려해 보자. 부시는 기념비적인 아동 낙오 방지법(No Child left Behind Act)을 만들었는데, 이는 공립학교들의 교육 개선을 위한 틀을 마련한 최초의 종합적인 시도였다. 이 법은 당시 제대로 인식되지 못한 몇 가지 문제들이 있었으나, 부시의 목적은 지지부진한 공립학교 교육 체계를 개선하기 위해 정부가 적극적인 행동을 하는 것이었고, 종합적이고 잘 만들어진 해법을 찾으려는 것이었다. 이와 유사한 것으로, 처방 약에 대한 지원까지 포함하도록 메디케어를 확대한 입법도 들 수 있다. 부시는 심각한 국가적 문제를 인지했고 그 해결을 위해 적극적인 행동을 취했던 것이다.

트럼프는 레이건이나 부시가 아니다. 그는 포퓰리스트이고, 포퓰리스트는 효과적인 정부를 추구하지 않는다. 포퓰리스트들은 정부를 해체하는 반-시스템의 일에 종사한다. 그렇다면, 포퓰리스트가 아니고 정통파인 장래의 공화당 대통령들은 어떨까? 대통령직의 규범에 대한 논의에서 보았듯이, 우리가 생각하는 답의 첫 부분은 정통파 공화당 대통령들이 포퓰리스트들보다는 더 정상적으로 행동하려 들 것이라는 것이다. 하지만 이들이 이 방향으로 더 나아가지 못하게 만드는, 과거와 다른 두 가지 핵심적인 차이가 있다. 하나는 이들을 떠받치는 공화당이 정부의 파괴를 신봉하는 포퓰리스트들에 의해 변형되었다는 점이다. 둘째는 오늘날의 공화당 정통파는 과거에 비해 극단주의자들이며 현대의 극단주의자들은 작은 정부를 만들고 자유를 극대화하기 위해 정부 기능을 축소하고 해체하며 민영화하려고 든다. 이 모든 것들을 고려할 때, 장래의 공화당 정통파 대통령들이 과거의 전임자들처럼 효과적인 정부의 대변가가 될 것을 기대할 수 없다. 이제 상황이 다른 것이다.

그렇다면 해임되든 사망하든 선거에서 패배하든지 간에 트럼프가 떠난 후 바로 대통령직이 정상적으로 복구되지는 않을 것이다. 우리는 대통령 역사에 있어서 승부처를 목도하고 있다. 단순히 트럼프 자신이 행하고 말한 것들 때문이 아니라 우리 시대를 압도하고 있는 파괴적인 사회경제적 힘들과 그 정치적 영향들과 이념적 극단화 때문이다. 오랫동안 양당의 대통령들을 민주적으로 제약했던 동질적인 규범은 (이제) 정당에 의해 양분된 새로운 규범으로 대체되고 있다. 대통령들이 공통적으로 효과적인 정부를 추구했던 것에 대해서도 마찬가지이다. 이 역시 정당에 따라 양분될 것이다. 가까운 장래까지 정상적인 대통령직은 민주당이 차지할 경우 계속될 것이나 공화당이 대통령직을 차지할 경우는 그렇지 않을 것이다.

딜레마

그렇다면 어떻게 우리의 민주주의를 구할 수 있는가? 그리고 그 과정에서 어떻게 정상적인 대통령직이 복구될 수 있는가? 지금까지 우리가 논의했듯이, 현대의 문제들을 처리하고 우리의 민주주의에서 소외되었던 국민들의 필요를 충족시킬 수 있는 보다 효과적인 정부를 만드는 개혁을 통해 포퓰리즘의 위협을 해소하는 데 답이 있다.

정상적 대통령직에 가해진 손상들에도 불구하고 이를 위해서는 대통령의 리더십이 핵심적 수단이다. 하지만 딜레마가 존재한다. 오늘날의 정치에서 지니는 포퓰리즘의 막강한 힘을 고려할 때 대통령직은 이 질병에 대한 해독제이기만 한 것이 아니다. 어느 당이 차지하느냐에 따라 대통령직의 권력은 완전히 반민주주의적인 목적을 위해 사용될 수 있어서 대통령직은 이 질병을 악화시키는 위협이 된다. 그렇다면 대통령직을 강화하고 그 이점을 활용함으로써 개혁가들은 포퓰리즘을 가열시키고 민주주의의 후퇴를 가속화시킬 수도 있다. 어떻게 하면 대통령직의 기약을 활용하면서 최악의 우려가 현실이 되는 것을 피할 수 있을까?

트럼프에 대한 경험은 자연스레 이 딜레마의 한 측면만을 부각시킨다. 독재의 위험에 충격받은 비판가들은 트럼프를 막아서는 제도적 장애들 모두를 반가워하며, 워터게이트 이후 아더 슐레진저(Arthur Schlesinger)의 『제왕적 대통령』(*Imperial Presidency*)의 경고를 들으며 선대들이 했듯이 더 많은 제도적 장애들을 요구한다. 대통령직이 포퓰리스트의 수중에서 그러하듯이 민주주의에 대한 최악의 위협이 될 것을 두려워하면서 이들은 제도로서 대통령직을 약화시키고 의회와 사법부를 강화시키며 견제와 균형을 확대하고 대통령들이 도모할 수 있는 어떤 나쁜 것들도 막을 수 있는 다양한 해결책들을 제시한다.

이런 반응은 이해할 만하지만, 우리를 오도할 수 있다. 여기에서 민주주의는 적이 아니다. 민주주의는 약화되거나 좌절되지 말고 보존되고 강화될 필요가 있다. 진정한 민주주의에서는 우리들 대부분은 언젠가 대통령 선거에서 지는 쪽에 서게 되고 우리 생각에 나쁜 대통령의 정책들에 희생될 것이다. 이는 즐거운 일은 아니지만, 정상적인 것이고 모든 선거들은 당연히 그런 결과를 가져올 수 있다. 만연한 공포심에 대응하여 고안될 경우 정치 제도들은 제약과 장애들로 뒤덮히게 되어 어떤 식의 행동도 거의 불가능해진다. 물론 나쁜 정책들을 피할 수 있을테지만, 사회문제들을 다루고 포퓰리즘의 위협을 해소하는 데 필요한 좋은 정책들도 불가능해지는 것이다.

제도들은 장기적인 것이다. 먼 장래까지 모든 대통령들과 의회들에 적용된다. 대통령직을 제약들 속에 묻어버리고 트럼프와 장래의 포퓰리스트 독재자들로부터 온전히 우리를 지키려는 대응은 단지 많은 국가적 문제들을 다루고 포퓰리즘의 위협을 해소할 능력이 없는 무기력한 정부를 가져다준다. 더 많은 분노와 더 많은 좌절과 더 많은 트럼프들을 위한 길을 터줄 것이다. 포퓰리즘으로부터 우리를 지키는 길은 정부를 무력화시키는 것이 아니다. 포퓰리즘의 정치를 추동하고 있는 사회경제적 문제들을 처리할 수 있는 효과적인 정부를 만드는 것이다.

이를 이루는 열쇠는 대통령직을 개혁하는 것이다. 그리고 이를 제대로 하기 위해서는 기약과 두려움 사이의 중간지점을 찾을 필요가 있다. 그러나 이 중간지점의 본질적 성격은 일종의 편리한 절충이 아니다. 힘의 균형과 같은 모호한 개념은 여기서 특별히 도움이 되지 않는다. 강한 대통령직과 약한 대통령직의 중간선을 긋는 것은 문제

해결이 될 수 없다. 이 과제는 기존의, 또는 잠재적인 대통령 권력이 그 기약과 두려움 모두와 어떻게 조화되는지에 대해 신중하게 고려할 것을 요한다. 효과적인 정부를 만들어내는 대통령 권력을 증진시키면서 그렇지 못한 권력, 특히 잘못된 수중에서 민주주의를 위협할 수 있는 권력을 약화시키고 제거할 것을 요한다. 이는 일반적 의미에서 대통령을 강하게 혹은 약하게 만드는 일이 아니다. 이는 국민들의 필요를 충족시킬 수 있는 제대로 기능하는 민주주의를 최대한 증진시킬 수 있는 권력들의 조합을 찾는 일에 관한 것이다.

대통령직의 재구성: 세 가지 대개혁안

정상적인 시기에 대통령이 제공하는 리더십을 활용하기 위해 어떤 개혁을 해야 할까? 그리고 어떻게 해야 예외적인 시기에 대통령이 반민주주의적 목적에 권력을 사용하지 않게 만들 수 있을까? 일반적인 수준에서 미국 대통령직에 대한 우려와 기약을 논의하는 데서 벗어나 우리는 정부 전체가 지금보다 잘 기능하고 문제들이 해결되기 위해 대통령직이 정확히 어떻게 재구성되어야 하는지 구체적으로 논의할 필요가 있다.

개혁 1: 대통령의 의제 설정 권한 확대

정부가 우리 시대의 사회적 문제들에 성공적으로 대응하기 위해서는 잘 고안되고 잘 정당화될 수 있는 입법이 필요하다. 미국은 그렇게 할 수 없는 정부라는 짐을 떠안고 있다. 의회 구성원들이 긴급한 사회 문제들에 대응하기 위해 손을 잡는다 하더라도 이들의 노력의 결과는 체계적이거나 종합적이지 않다. 이들의 입법 성과는 기본적으로 법안의 통과를 확보하는 데 충분한 의원들의 입맛을 맞추기 위해 고안된 뒤죽박죽의 혼합물인 경우가 너무 많다.[14] 의원들이 지지층과 기업들, 산업들, 강한 이익 집단들과 후원자들의 즉각적인 필요와 요구를 대신해 싸우면서 법은 온갖 특혜와 예외조항들과 특권들로 가득 찬다. 법 자체의 효과성, 곧 법의 내적 논리, 합리성, 근거가 되는 증거들, 진정으로 중요한 사회적 문제들을 해결할 수 있는 역량에 대해서는 아무런 주의도 기울여지지 않는다.

　이것이 바로 대통령의 권력을 신중하게 증대시킬 경우 크게 도움을 얻을 수 있는 지점이다. 지금까지 논의했듯이, 대통령의 자리는 재임자로 하여금 국가 전체적이고 장기적인 안목을 갖도록 만든다. 제도적 이유 때문에 대통령들은 법안 전체에 대해, 즉 법안의 부분들이 어떻게 연결되는지, 전체 법안이 해결하려는 문제와 어떻게 연관되는지를 생각하려 든다. 최소한 이 점이 대통령 리더십의 가능성인 것이다. 정상적인 시기에는.

　지금의 제도적 구조는 이 가능성을 충분히 살리지 않는다. 오히려 헌법상 대통령들은 입법 과정에서 뒷자리에 밀려나 있다. 형식상 대통령이 할 수 있는 일은 책상에 올라오는 법안에 서명하든지 거부하는 것이다. 물론 이 역할에도 영향력이 있다. 거부권을 통해서 대통령들은 의원들로부터 중요한 양보를 받아낼 수 있고 입법의 협상

과정에 참여할 수 있다.[15] 대통령이 할 수 없는 일은 입법 과정의 구조 자체를 변화시키거나 의원들에게 국가적 문제에 대해 국가적 수준에서 다루라고 공식적으로 요구하는 것이다. 의원들이 정책 선택의 장기적 함의를 따지도록 만들 수도 없다. 가장 중요한 점은 대통령들이 의원들로 하여금 다루어져야 할 어려운 문제들, 특히 해법이 양당 간에 다르고 그 비용이 지역구들에 부과되는 문제들을 마주하도록 강제할 수 없는 것이다.

이는 변화될 필요가 있다. 입법 과정은 건강한 정부가 기능하는 데 너무나 중요하기 때문에 의원들에게만 맡겨둘 수 없다. 원내 정당 지도부들이 어젠다 설정을 독점하고 의원들이 법안의 내용과 논의의 조건을 설정하는 한 입법 과정은 특수이익들의 여물통으로 남을 것이다. 바로 여기에 대통령의 리더십이 발휘되어야 한다. 대통령들은 입법 과정의 뒷자리에서 앞좌석으로 옮겨야 하는 것이다.

이를 달성할 수 있는 방법은 전반적인 신속처리권(fast-track authority)의 도입이다.[16] 40여 년간 우리는 신속처리권 모델을 활용하여 국제 무역 협정들에서 큰 성공을 거두어 왔다.[17] 이와 똑같은 모델이 모든 입법에 적용되어야 한다. 이렇게 되면 대통령들은 의회가 고안하는 것보다 훨씬 일관적이고 통합되고 효과적인 정책 제안들을 만들 것이다. 의회는 이에 대해 정해진 기간 (예컨대 90일) 내에 다수결로 (필리버스터 없이) 수정 없이 가부만 표결하도록 요구될 것이다.[18] 다른 한편 의회는 스스로 법안을 통과시킬 권한을 유지할 것이며, 대통령은 이에 대한 거부권을 보유할 것이다. 우리가 구상하는 변화는 기존의 입법 과정을 차단하는 것이 아니라, 그 반대이다. 이 개혁은 대통령의 어젠다 설정권을 향상시켜 줄 것이고, 정책이 논의되고 실행되는 데 있어서 일방적 교서(unilateral directives)보다는 입법을 주된 수단으로 만들 것이며, 국가적 문제들이 효과적으로 다루어질 가능성을 높여 줄 것이다.

헌법상의 변화는 국내 정책과 외교정책의 모든 면에 적용될 것이다. 선거 유세에서 의료 정책이나 이민 정책, 규제 개혁 등에 대해 전면적인 변화를 공약한 뒤 취임하고 나면 대통령은 자신의 계획을 의회에 제출하고 표결을 요청할 수 있다. 해외에서 군사 행동을 고려하고 있는 대통령이라면 의회의 공식적 승인을 제안할 수 있고, 이에 따라 전쟁으로 치닫는 상황에서 의회에서 일어나곤 했던 책임 전가나 모호한 입장 등을 떠나 의회가 책임을 떠맡게 만들 수 있다. 관료체계를 재조직하고 합리화하려는 대통령의 계획은 만천하에 공개되고 의회 회기 내에 표결이 보장될 것이다.

상원의 인준을 받아야 하는 행정부와 사법부의 임명에도 신속처리권이 적용될 것이다. 임명에 반대하는 상원의원들이 후보자에 대해 반대 표결을 하는 것이 아니라 아무런 행동도 취하지 않음으로써 대통령에 대한 불쾌감을 드러내는 일이 너무 잦다. 2016년에 대법관 안토닌 스칼리아(Antonin Scalia)가 갑자기 사망하여 대법원에 공석이 발생했을 때 상원 다수당 원내대표 미치 맥코넬은 오바마 대통령이 지명한 항고법원 판사 갈랜드(Merrick Garland)를 저지하는 데 성공했다. 맥코넬은 공개적 논의에서 논리적인 주장과 증거들을 활용하여 상원의원들 다수가 이 널리 존경받고 뛰어난 자격을 갖춘 법률가를 반대하도록 만든 것이 아니었다. 맥코넬은 그저 아무것도 하지 않은 채 2016년 선거 이후까지 논의하는 것 자체를 거부했으며, 트럼프가 이기고 나자 맥코넬이 선호하는 후보를 지명하게 되었다.[19] 전반적 신속처리권은 이런 말도 안 되는 일을 없앨 것이다. 대법관 지명자 뿐 아니라 상원이 의도적으로 인준 표결을 지연시키거나 대통령의 지명자에 대해 고려하는 것을 거부해서 생기는 하급 법원과 행정부의 수백 개의 공석들을 막아줄 것이다.[20] 의회가 대통령이 지명한 후보들을 거부하려 들 수 있고 이는 의회의 당연한 권한이지만, 그렇게 하려면 공개적이고 신속하게 해야 할 것이다.

헌법에 대한 이 단순한 수정은 정부의 정책 산출에 중대한 영향을 미칠 것이며, 바로 입법 과정을 활기차면서도 관리되는 것으로 만들 것이다. 전반적 신속처리권은 현재 위원장들과 정당 지도부의 손아귀에 묶여 있는 법안들을 풀려나게 할 것이다. 의회의 논의 과정을 변화시켜서, 의원들이 대통령이 설정한 조건에 따라 정책 제안들을 평가하게 만들 것이다. 의원들이 일관되고 잘 고안된 법안을 받아서 수없이 많은 특수 이익 조항들로 잡종 법안을 만드는 것을 막을 것이다. 2013년에 하원의장 보너(John Boehner)가 법안을 본회의에 상정하여 표결하는 것을 거부했기 때문에 포괄적인 이민 개혁법이 무산되었던 것과 같은 경우들에는 이 전반적 신속처리권이 중대한 정책적 혁신을 가져올 수 있을 것이다. 의료 개혁이나 세제와 같은 경우에는 법안 통과를 위해 필요한 특수 혜택조항이나 예외조항들의 수를 감소시켜 법안의 구성 내용을 바꿀 것이다. 그리고 적극적인 기후변화 대응안과 같이 당장 중대한 정책 변화를 기대할 수 없는 경우에도, 신속처리권은 의원들로 하여금 문제들 자체의 국가적, 장기적 함의에 대해 고심하게 만듦으로써 보다 책임 있는 자세에서 문제들에 대한 논의가 진행되게 할 수 있다.

신속처리권이 정책의 구성 내용이나 이를 둘러싼 논의들을 변화시키지 못한다 하더라도, 최소한 간접적으로나마 우리 정치를 생산적으로 흔들어 놓을 것이다. 일단, 의회의 일반 의원들이 당 지도부에 의해 힘든 표결을 하지 않아도 되게 보호되는 일이 없어질 것이다. 대통령의 어젠다에 공개된 입장 표명을 할 수밖에 없기 때문에 어떤 의원들은 의석을 잃을 수 있고, 어떤 의원들의 경력은 영원히 바뀔 수 있다. 정당의 이미지도 변할 수 있다. 예컨대 "해스터트 규칙"(Hastert Rule)하에서 공화당은 소속 의원들 사이에 찬반이 나뉠 수 있는 법안의 상정을 수시로 거부해 왔다. 신속처리권하에서는 이런 일이 바로 중단될 것이고, 정당들은 소속 의원들의 이념적 다양성을 공개적으로 드러내고 받아들여야 할 것이다.

한편, 신속처리권을 지닌 대통령이 독재자가 될 가능성은 거의 없다. 대통령의 제안이 법이 되기 전에 의회가 여전히 승인해야 할 것이고, 사법 체계와 권력분립은 권리장전과 함께 그대로 남아 있을 것이다. 신속처리권은 또한 많은 국민들이 대통령의 일방적 권력(unilateral power)에 대해 지니고 있는 걱정도 줄여 줄 수 있다. 이제 의회가 무시하거나 심지어 변경할 수 없는 법안을 제안할 수 있기 때문에 대통령은 행정 명령(executive order) 같은 것을 남발할 이유가 적어질 것이다. 일방적 권력에 대한 많은 연구들이 보여주고 있듯이,[21] 의회가 들어주지 않거나 교착상태에 빠져 있을 때 대통령들은 정책 변화를 위해 행정부 경로를 추진하기 쉽다. 신속처리권이 입법 과정을 통해 효과적인 정책 산출을 쉽게 하고 국가 이익이 특수 이익보다 우선시될 가능성을 높여주기 때문에 대통령들은 자신의 어젠다를 추구하기 위해 일방적 행동에 의존할 유인이 적어질 것이다.

신속처리권이 채택된다면, 일방적 행동에 대한 법적 기준도 높아질 것이다. 지금 현재 법원은 의회의 침묵을 대통령의 행정 명령에 대한 암묵적 동의로 해석하는 경향이 있다. 의회가 대통령의 명령을 명시적으로 거부하지 않는 한 의원들이 이를 좋아하는 것이라고 법원이 (잘못) 전제하는 것이다.[22] 이런 관행은, 그리고 이로 인해 대통령에게 생기는 재량권은, 만일 대통령이 자신의 정책 목표에 대한 의회의 반응을 요구할 수 있으면 변할 수 있다. 의회에서 반드시 표결되어야 하는 법안을 대통령이 제안할 수 있다는 것을 알게 되면 사법부는 지난 수십 년간 우리 정치에서 원성의 대상이 되어 왔던 일방적 행동에 대해 더 의심스럽게 볼 수 있다. 그렇게 된다면, 오랫동안 보류되어 왔던 대통령의 일방적 권력에 대한 사법부의 견제가 다시 시작될 수 있다.

물론 신속처리권이 항상 공공 이익을 증대시키리라는 보장은 없다. 의원들은 대통령의 제안을 부결하고 자신들의 지역적 방식으로 돌아갈 자유를 계속 누릴 것이다. 대통령들이 자신의 직을 배신하고 편협한 정치적 이익을 위해 신속처리권을 행사하는 경우도 있을 수 있다. 하지만 어떤 것도 완벽한 것은 없다. 정치는 아무것도 보장하진 않는다. 그렇지만 정부의 효과성을 개선하는 것에 관한 한 대통령직이 대단히 특별한 역할을 한다. 미국 정치에 충분하지 않은, 특정한 종류의 리더십을 제공하는 것이다. 국가 전체에 초점을 맞추고 가장 긴박한 사회 문제들을 다루면서 장기적으로 지속되고 작동할 수 있는 해법을 찾는 리더십을 이끌어낸다. 신속처리권은 이런 성격이 가장 필요한 곳에서 이를 활용하게 해 준다. 바로 가장 중요한 법들이 만들어지는 곳, 너무나 오랫동안 편협한 특수 이익들이 효과적 행동에 필요한 정부 역량을 철저히 훼손시켜 왔던 곳, 입법 과정이다.

그러나 전반적 신속처리권이 현대 대통령직에 필요한 유일한 개혁은 아니다. 대통령들에게 어젠다 설정권이 증대되어 효과적인 정부의 대변가로 행동할 수 있게 되면, 우리는 다른 핵심적인 측면에서 이들이 견제될 수 있다는 확신이 있어야 한다. 우리의 목적은 보다 강력한 대통령직을 만드는 것이 아니다. 대통령직을 활용하여 현대 사회의 도전들에 대응할 수 있는 정부를 만드는 것이 목적이다. 그렇다면 대통령직을 개혁하는 일은 대통령 리더십의 기약에 대해 환호하는 것만이 아니다. 대통령직에 대한 두려움, 특히 이 포퓰리즘의 시대에 대통령의 권력이 반민주주의적 목적에 악용될 가능성에 대해서도 신중하게 주의를 기울여야 한다.

따라서 이어지는 두 가지 대개혁은 대통령 권력에 대해 새로운 제약을 부과한다. 이 개혁들은, 트럼프에 대한 경험에 비추어 합당한 것이지만, 대통령이 특정 정책 영역에서 너무 많은 권력을 지니게 되면 대단히 나쁜 짓을 할 수 있다는 두려움에 대한 전략적 대응이다. 이 개혁들은 또한 국가를 이끌면서 대통령이 민주주의의 경계 내에 안전하게 있을 수 있도록 제도를 재구성하려고 의도되었다. 결과적으로 대통령들은 대단히 강력한 존재로 남아 있을 것이다. 다만 그다지 위험스럽지는 않을 것이다.

개혁 2: 정보기관과 법무부의 독립

대통령들은 국가를 이끌어야 한다. 이를 위해서는 행정부 대부분에 대해 통제력을 행사할 필요가 있다. 하지만 트럼프의 경험이 보여 주듯이 특정한 정부 영역, 특히 정보 기관들과 법무부에 대해 대통령이 제약받지 않고 개입하는 것에 대해서는 의심해 보아야 한다. 이 기관들이 행사하는 막대한 권한과 이들이 수집하는 정보의 민감성 때문에, 권위주의적 충동으로부터 민주주의를 보호하고 국가를 위해 효과적으로 기능하려면 이 기관들은 전문화되어야 하고 대통령의 철저한 통제로부터 독립되어야 한다.

CIA, 국가 안보국(National Security Agency), 국방 정보국(Defense Intelligence Agency)을 포함하는 거대한 정보 기구들은 국내와 해외에서 테러리스트 등 안보 위협을 감시한다.[23] 법무부는 연방법을 집행하는 책임을 지며, 핵심 기구인 FBI는 광범위하게 범죄 행위를 수사하고 기소한다. 이런 수사 대상에는 정치적으로 민감한 이슈와 행위자들이 개입될 수 있는데, 대통령과 참모진, 대통령이 임명한 인사들과 정치적 측근들이 포함될 수 있다. 이 기관들은 막대한 권한을 지니고 있으며, 이들이 하는 일은 국가의 안녕을 위해 필수적이다. 하지만 특히 선동가와 같은 잘못된 수중에 장악되면 이 기관들은 극히 위험하다. 대통령들이 국가의 경찰력과 감시 권한을 자신의 정치적 목적을 위해 이용하는 일은 결코 있어서는 안 된다.

대통령들이 이 기관들을 장악했던 역사는 아름답지 않다. 어떤 경우에 대통령들은 법무부를 이용해 정적을 벌하고 정치적 우군을 보호하며 법이 위반되었음에도 불구하고 정치적으로 부담스러운 경우 법집행을 하지 않기도 했다. 또한 과거 대통령들은 정치적 적대자들, 예컨대 공산주의자로 의심되는 사람들로부터 반전 시위자들이나 블랙팬더(Black Panther)*와 마틴 루터 킹(Martin Luther King)에 이르는 사람들에 대한 불리한 정보를 얻기 위해 영장 없는 감청, 불법 침입, 잠입 등의 은밀한 수단을 통해 국민들의 기본권을 침해하기도 했다.[24] 워터게이트(Watergate) 사건은 이런 권력 남용을 만천하에 드러내는데 도움이 되었다. FBI와 CIA의 전직 요원들을 이용하여 악명 높은 "플러머"(plumber) 조직을 운용하고, 민주당 전국 위원회에 플러머가 침입한 것에 대한 FBI의 수사를 CIA가 막도록 한 닉슨 때문에 FBI와 정보 기관들에 대한 대통령의 정치적 통제가 면밀하게 조사되었으며, 궁극적으로 이 기관들의 엄격한 독립성을 보장하는 규범이 양당 간에 합의되었다. 수십 년간 이 규범은 잘 지켜져 왔다.[25]

그러다가 이제 민주적 규범을 노골적으로 무시하는 행태를 숨김없이 드러내는 이단아 트럼프가 등장했다. 그는 법무부에 대해 자신이 원하는 대로 할 수 있는 "절대적 권한"이 있으며 따라서 FBI를 통제하고 특별 검사 뮬러를 해임할 수 있다고 공개적으로 주장했다. 트럼프는 정적 힐러리 클린턴의 범죄 행위를 수사해서 기소하라고 계속 법무부에 요구했다.[26] CNN을 증오했던 그는 백악관 보좌관 게리 콘(Gary Cohn)에게 명령하여 AT&T와 타임 워너사의 합병을 법무부가 반대하게 만들었다.[27] 트럼프 행정부를 비판하는 글을 뉴욕 타임

....

* 역주: 1960년대에 적극적으로 흑인 인권운동을 한 단체.

즈에 게재한 익명의 기고자를 조사하라고 법무부에 명령했다.[28] 전문가들이 부정선거가 있었다는 믿을 만한 증거가 없다고 하는데도 연방 검사들에게 부정선거 근절을 위한 캠페인을(실제로는 소수 집단들의 투표를 억압하려는 캠페인을) 벌이도록 요구했다.[29] 트럼프는 또한 법무장관의 취임 선서가 헌법을 수호한다는 것임에도 불구하고 법무장관의 임무가 자신을 개인적으로 보호하는 것이라고 주장하기도 했다.[30]

트럼프와 그 측근들 자체가 법죄 수사의 대상이기 때문에 트럼프의 독재적인 정치적 통제는 특히 위험하다. 트럼프는 러시아의 선거 개입에 대해 진실을 밝히려는 법무부의 노력을 방해하고 저지하기 위해 주저 없이 공격적으로 대응했다. 취임 후 수개월이 지났을 때 FBI가 러시아 수사를 계속하자 트럼프는 FBI 국장 제임스 코미에게 자신에게 충성을 서약하고 안보 보좌관 마이클 플린의 러시아 연관성에 대한 수사를 "중단"하라고 요구했다. 코미의 반응이 만족스럽지 않자 트럼프는 코미를 해임했다.[31] 이후 트럼프의 개인 변호사는 국가의 최고 법집행관으로서 대통령은 코미를 해임할 권한이 있으며 어떤 이유로든 수사를 중단시킬 수 있는 권한이 있다고 주장했다. 법무부가 하는 모든 일을 통제하는 트럼프의 "절대적 권리"를 노골적으로 행사했던 것이다.

이후 수개월간 트럼프는 절대적인 충성을 보이지 않는다고 법무장관 제프 세션즈를 비난했고[32] FBI 관계자들과 뮬러 특검 팀, 그리고 FBI 전체를 부패하고 부당하다고 공격했다.[33] 그는 또 자신의 판단에 충분히 충성스럽지 않은 전 정보 기관 관계자들의 보안 접근 권한을 말소시켰다.34 FBI 수사에 협조하기를 거부한 전 내각 구성원들을 칭찬하기도 했다.35 마침내 트럼프는 제프 세션즈를 해임했고, 자격이 없으나 공개적으로 뮬러 조사를 반대한 법무장관 대행을 세션즈 자리에 앉혔다가, 친트럼프 성향을 백악관에 재대로 알렸던 윌리엄 바를 법무장관으로 지명했다.

취임 이후 바는 법무장관이라기보다 트럼프의 개인 변호사처럼 행동했다. 뮬러 보고서를 왜곡하고 다르게 해석했고, 트럼프와 우크라이나에 대한 내부고발자의 보고를 의회에 보내지 않았으며, 트럼프가 오랫동안 주장했듯이 러시아 수사가 불법적이고 처음부터 정치적 동기에서 시작되었는지 여부를 수사했고, 행정부 관리들이 의회에서 증언을 하고 문서를 제출하는 것을 전면 금지한 트럼프를 옹호했으며, 의회의 소환장을 집행하기를 거부했고, 우크라이나와 바이든의 관계에 대한 루디 줄리아니의 음모론 관련 증거를 법무부가 받아들이게 했다. 이제 트럼프의 정치적 임명직인 법무장관이 그의 요구를 적극적으로 수행하는 가운데, 법무부의 막강한 권력이 포퓰리스트 선동가와 그의 반민주적 목적을 위해 사용되고 있는 것이다.36

마침내 법무부를 길들이고 난 후, 트럼프는 정보 기관들, 특히 국가 정보국장 댄 코우츠(Dan Coats)에 분노를 집중했다. 코우츠의 임무는 국가 안보에 영향을 미치는 중대한 상황들에 대한 사실과 분석적 평가들을 제공해서 대통령을 비롯한 정책 결정자들이 국가를 보호할 수 있게 하는 것이었다. 대부분의 경우 이것이 바로 코우츠가 매일 트럼프에게 브리핑하는 것이었고 의회에 보고하는 것이었다.

하지만 트럼프는 코우츠가 말하는 내용을 좋아하지 않았다. 그 중에는 러시아가 2016년 선거에 개입했고 앞으로도 그럴 것이라는 점, 북한이 핵무기를 포기할 가능성은 거의 없다는 점, 이란이 기존 핵 조약의 약속을 지키고 있다는 점, IS가 중동에서 여전히 위협으로 남아 있다는 점 등이 포함되었다. 이런 분석과 평가들은 전 세계의 상황에 대한 트럼프의 허황된 주장과 스트롱맨 리더십의 위대한 성공에 대한 거짓말에 모순되는 것이었다.[37]

트럼프는 진실을 원하지 않았다. 그가 원했던 것은 "날뛰고 있는" 정보기관들을 "억제할" 인물이었다.[38] 그래서 2019년 여름에 트럼프는 코우츠를 해임하고, 그가 듣고 싶은 것만 말해 줄 (이것이야말로 국가를 보호하는 데 있어서 정보 관계자들이 하면 안 되는 일이다) 충성파로 대체하려고 했다. 트럼프가 가장 먼저 선택한 후보는 다름 아닌 데빈 누네스였다. 이 자리에 대단히 부적합했으나 하원의 러시아 조사 당시 광적인 트럼프 충성파임을 입증했었기 때문이다. 누네스는 주저했는데, 보도에 따르면 트럼프가 2020년 선거에서 승리하게 되면 CIA 국장에 임명되기를 원했다고 한다. 그러자 트럼프는 텍사스 출신 공화당 하원의원 랫클리프(John Ratcliff)를 지명했다. 랫클리프는 TV로 중계된 뮬러의 의회 증언에서 (트럼프가 보고 있었다) 러시아 조사와 뮬러 보고서, 그리고 뮬러 자체를 비난하고 나섬으로써 트럼프에게 낙점받게 되었다. 랫클리프는 누네스와 똑같은 부류였다. 트럼프 충성파이고 트럼프의 음모론을 열심히 실어 날랐으나, 정보 업무 경험이나 전문성은 전혀 없었던 것이다.[39]

랫클리프 지명은 곧 철회되었다. 공화당 상원의원들조차 그가 저지를 피해를 두려워했기 때문이다. 그러나 탄핵 무죄 판결 이후 기세가 오른 트럼프는 랫클리프를 재지명했으며, 이 글을 쓰고 있는 현재 상원에서 다루어지고 있다.[40] 어떤 일이 벌어지든지 간에 문제는 트럼프의 성향이다. 외교 문제들을 헤쳐 가고 국가를 보호하는 데 요구되는 객관적이고 독립적인 분석을 자신에게 제공하지 않는 정보 수장을 앉히는 한이 있어도, 그는 충성만을 원하는 것이다. 미국은 철저하고 편향되지 않는 방식으로 사실들을 수집하고 전달하는 정보기관들을 필요로 한다. 하지만 트럼프 같은 대통령은 이 기관들에 대한 통제력을 이용하여 이런 일이 벌어지지 않게 만들어서 국가를 위험에 빠뜨릴 것이다.

이 책이 출판되기 전에, 의심의 여지 없이 더 많은 위험스런 일들이 전개될 것이다. 하지만 도널드 트럼프를 경험하면서 한 가지 교훈은 명확하다. 대통령들에게 수사와 기소, 정보, 그리고 이에 대해 책임지는 기관들에 대한 제약되지 않은 통제력이 주어져서는 안 된다는 점이다. 법적으로 규정된 기준과 적절한 행동 규범을 지닌 전문가가 이 기관들의 책임을 맡아야 하며, 대통령의 직접 통제로부터 벗어나야 한다.

현행법상 의회가 보기에 독립적이어야 하는 중요 기구들, 대표적으로 증권거래 위원회(Securities and Exchange Commission), 연방통신위원회(Federal Communications Commission), 노동관계위원회(National Labor Relations Board) 같은 규제 위원회들은 물론 연방준비제도(Federal Reserve)와 같은 기구들은 대통령의 통제가 이미 제한되어 있다. 하지만 정보기관들과 법 집행 기구들에 대해서는 아직 대통령의 통제가 제한되어 있지 않은데, 그렇게 해야 할 필요가 있다.

　이를 위한 한 가지, 최선의 방법은 없고, 다양한 접근들이 시도될 수 있다. 그렇지만 합당한 제안 중 하나는, 법무부와 정보기관들에 대한 최종적인 (집단적이거나 개별적인) 관할권을 다수로 구성된 초당적 위원회에 주고, 그 구성원들의 임기를 고정하되 일정 주기로 교차되도록 하며, 임명에 대해 엄격한 전문성과 경험을 기준으로 하고, 적절한 행동 규칙을 법제화하며(예컨대 백악관이 수사와 기소에 개입할 수 없도록), 특별검사가 법무부와 대통령으로부터 독립적이도록 특별검사법을 개정하는 것이다.

　해답이 명백한 것은 아니지만, 개혁가들은 법무부나 정보기관들에 대한 대통령의 개입을 제한하는 데 대해 진지해야 하며 창의적으로 생각해야 한다.[41] 예컨대 법무부가 대통령이 임명한 법무장관에 의해 관장되어야만 할 이유는 없다. 다수의 위원회가 법무부를 책임질 수도 있고, 효율적인 운영을 위해 1인의 수장이 필요하다면 이 위원회가 한 명을 임명하고 법무장관이라고 부르면 된다. 대통령은 이 모든 과정에서 아무런 역할이 없다. 유사한 제도가 FBI와 CIA, 그리고 다른 정보기관들에도 적용될 수 있다.

　우리는 대통령의 권한을 제한하려는 어떤 단일한 개혁에 집착하는 것이 아니다. 다른 개혁들도 제안되어야 하고 평가되어야 하며 좋은 개혁일 수 있다. 그러나 핵심은 무언가가 필요하고 될 수 있다는 점이다. 법치를 수호하고 국가 안보를 보호하는 이 기관들에 대한 대통령의 영향력은 제한되어야 한다.

참고: 단일 행정부론

여기서 헌법상 대통령이 법무부만이 아니라 행정부 전체에 대해 어떤 제약도 없이 완전히 통제해야 한다는 주장이 엉터리이며 법원과 학자들이 이 점을 확실히 해야 한다는 점을 덧붙여야겠다. 이런 권한에 대한 트럼프의 주장은 단지 자신의 이익을 위한 것일 뿐이다. 이 주장이 어떤 법적 근거가 있다면, 학자들이 "단일 행정부론"(theory of unitary executive)이라고 불러 온 것에서 찾아질 수 있는데, 이 이론은 연방주의자 협회(Federalist Society)와 연관된 보수적인 학자들과 판사들이 받아들이고 있는 극단적인 헌법 해석이다.[42]

우리가 여기서 이 이론에 대해 자세히 논의할 수는 없다. 다만 이 이론이 원래 레이건 시기 에드 미즈(Ed Meese) 휘하의 법무부내 보수주의자들이 행정부에 대한 통제를 강화하려던 레이건의 시도를 정당화하기 위해 만들어졌다는 점을 지적한다. 그 이후 이 이론은 상당히 구체화되고 강력히 옹호되었으며 보수주의자들이 추종하게 되었다.[43] 이 주장은 헌법 제정가들이 3부 사이의 권력 분립 체계를 만들면서 대통령에게 행정부에 대한 전적인 통제권을 부여하려 했다고 주장하는 헌법 해석의 "원문주의"(originalist) 접근에 근거를 두고 있다. 이 이론에 따르면 대통령은 행정부 관료들의 임명과 해임에 대해 완전한 통제권을 지니고 있으며 행정부 내의 모든 인사들은 대통령의 지시에 따라 법적 재량권을 행사해야 하고 독립적 기구들이란 있을 수 없으며 모든 기구들은 대통령의 뜻을 따라야 한다. 대통령의 통제에 대해 의회가 부과한 제약들, 예컨대 독립적인 연준을 만든 것이라든가, 규제기구 위원들에 대한 대통령의 해임권을 제약한 것, 대통령이 기소와 수사에 개입하지 못하게 막은 것, 심지어 능력과 근속연한에 따른 공직 시스템을 수립한 것들은 모두 대통령의 행정부 통제에 대한 위헌적 제약이라는 것이다.

수많은 법학 논문들이 이 이론을 강력히 논박해 왔다. 레시그(Lawrence Lessig)와 선스타인(Cass Sunstein)의 표현에 따르면, 헌법 제정가들이 이런 관점을 받아들였다는 것은 "명백한 허구"이다.[44] 이 이론이 중대한 영향을 미치게 된 이유는 헌법 학자들 사이에서 주류 이론으로 받아들여지고 있기 때문이 아니라, 연방주의자 협회가 공급하는 보수적 판사들로 트럼프가 사법체계를 채워 넣고 있어서 이 이론의 주장이 사법부에서 받아들여질 가능성이 점점 커질 수 있기 때문이다.[45] 심지어 이 이론에 찬성하는 사람들은 트럼프의 요구를 들어주지 않은 코미를 해임할 권한이 (사법 방해를 하려는 의도가 있었다 할 지라도) 트럼프에게 당연히 있으며, 대통령과 그 측근들에 대해 범죄 수사를 한 뮬러를 해임할 권한 역시 마찬가지라고까지 주장한다. 이런 행위에 반대한다면, 헌법적 구제 수단은 의회가 트럼프를 탄핵하는 것이라고 이들은 주장한다. 의회가 제도적으로 이런 일을 할 능력이 없고 자승자박하게 된다는 것을 이들은 상관하지 않는다. 무엇보다도 중요한 것은 어쨌든 권력 분립의 순수성이 지켜진다는 것이고 헌법 제정가들의 원래 의도가 보존된다는 것이라고 한다.[46]

단일 행정부론에 대한 법학 문헌들의 비판은 다양하다. 이 비판들은 매우 타당하며, 여기서 우리가 이 비판들 모두를 반복할 필요는 없다. 다만 결론적으로 할 수 있는 몇 가지 생각들만을 보탠다.

첫째, 원문주의적 사고는 헌법을 현대에 맞추어 해석하는 기괴한, 그리고 1980년대 이래 최신의 방식이다. 보수주의자들에게 원문주의는 작은 정부를 정당화하는 손쉬운 분석 전략이다. 하지만 이는 원문주의 자체를 정당화시켜주지는 못하며, 단지 근본적인 질문을 무시할 뿐이다. 230년 전에 살았던 사람들, 400만 명의 농민들로 이루어진 작고 단순한 국가의 정부를 고안했던 사람들, 현대 사회의 복잡성과 문제들에 대해 전혀 몰랐던 사람들의 해석을 왜 21세기의 우리들이 받아들여야 하는가? 헌법이 우리에게 무엇을 의미해야 하는지 이들에게 묻는 것은 도무지 아무 의미가 없다.

둘째, 설사 (잘못해서) 원문주의를 받아들인다고 해도, 헌법제정가들이 단일 행정부론을 수용했다고 주장하는 것은 잘못이다. 실제로 헌법 제정가들은 정부를 독재적으로 통제하는 포퓰리스트 선동가의 힘이 커지는 것을 대단히 두려워했다. 제정가들은 대통령의 권력에 대한 제약을 원했으며, 이후 의회와 법원이 부과해 온 그런 종류의 제약을 받아들였다. 단일 행정부론은 위험스런 것이다.

셋째, 헌법이 만들어질 당시 미국 정부는 관료제라고 말할 만한 것이 존재하지 않았으며 헌법 제정가들은 현대 행정국가가 출현할 것을 전혀 예상하지 못했다. 이들이 이렇게 방대하고 복잡한 관료 체제가 국가 이익을 위해 어떻게 적절하게 작동하고 통제되어야 하는지에 대해 제대로 된 원래 의도가 있었다는 관념은 순전히 환상에 불과하다.

마지막으로, 리차드 노이스타트(Richard Neustadt)가 대통령에 관한 가장 유명한 책 『대통령의 권력』에서 주장했듯이, 우리 정부는 실제로는 권력 분립 체계가 아니라 권력 공유 체계(system of separated institutions sharing powers)이다. 실제 우리 정부가 작동하는 방식이 이것이며, 제정가들이 고안했던 방식이자, 지금 작동해야 할 방식이다.

개혁 3: 대통령의 임명권 제한

헌법은 대통령에게 상원의 조언과 승인을 받으며 행정부 내의 고위직들을 임명할 권한을 준다. 이는 헌법 제정 당시에는 합당한 것이었고 지금도 그렇다. 행정 수반으로서 대통령은 행정부 고위직들을 자기 사람으로 채울 필요가 있는 것이다.

하지만 임명권이 관료체계 내의 어디까지 적용되어야 할지, 그리고 법을 만들고 정부 기구들을 설립하고 조직하며 인사에 대해 영향을 미칠 수 있는 기회와 권위가 대단히 많은 의회가 어떤 영향을 미쳐야 하는지에 대해 헌법은 모호하다. 헌법 제정 당시에는 관료가 존재하지 않았다. 단지 재무부, 국무부, 전쟁부 셋만이 있었고 각각의 직원들은 극소수였다. 해밀턴은 재무부 업무 대부분을 혼자서 했었다. 그 이후, 특히 혁신기와 뉴딜 이후 관료체계의 규모는 크게 증대했고 관리들의 수 역시 엄청나게 증가했다. 그러는 동안 어떤 직위가 대통령 임명권의 대상인지, 그리고 이들에 대한 기준과 제약이 무엇이 되어야 하는지는 정책적, 정치적 고려에 근거해서 대통령과 의회가 결정해 왔다. 대통령 임명직의 수는 크게 증가해 왔지만, 행정부 직원들의 압도적 다수는 임명직이 아니다. 이들은 경력직 정부 직원이며 여러 행정부들에 걸쳐 일하는 공무원 체계의 (또는 FBI나 국무부와 같이 독자적인 능력 기반 체계의) 일원들이다.

현재 대통령은 연방 관료제 전체에 대해 자신의 정치적 동지들을 요직에 임명할 수 있는 폭넓은 권한을 지니고 있다. 이는 어느 정도 효과적인 정부를 위해 필요하다. 대통령이 자신의 선거 공약을 이행하고 대통령직의 헌법상 임무를 완수하며 역사적으로 기억될 만한 업적을 유산으로 남기려면 대통령 리더십에 자동적으로 순응하지 않을 수 있는 방대한 행정 국가에 대해 어떻게든 영향력을 행사해야 하는 것이다. 자신과 세계관이 같은 인사들을 고위직에 앉힘으로써 대통령은 정책을 만들고 평가하고 이행하는 연방 정부 기관들에 대해 일말의 통제력을 얻을 수 있다. 정치적 임명직들은 경력직 관료들이 대통령의 의도를 반영하도록 만드는 데 도움을 준다. 대통령의 리더십을 실현하고 행정국가의 업무를 국민의 의지 표명에 부합시키는데 핵심적 수단인 것이다.

그렇지만 관료 인사의 정치화는 대가를 수반한다. 행정 기구 내에 정치적 임명직들이 깊이 침투하면 할수록 그 역량은 감소한다. 정치적 임명직들은 대개 공무원들보다 정책 전문성이 떨어진다. 따라서 행정 기구들에 정치적 인사들을 임명함으로써 대통령은 그 안의 전문성을 희석시키게 된다. 또한 이로 인해 공무원들이 전문성에 투자할 동기 구조가 바뀐다.[47] 위계 조직 내에서의 승진이 전문적 지식이 아니라 충성심을 전제로 하게 되면 전문성에 대한 투자는 위축될 것이고 조직의 작동은 어려움에 처할 것이다.[48] 마찬가지로, 공무원들이 해당 기구의 정책 임무를 열심히 수행하는 것을 정치적 임명직들이 제약하게 되면 이들은 열심히 일하지 않을 것이고 민간 영역의 다른 경력을 고려하게 될 것이다. 충성심은 훌륭한 것이지만 공짜는 아닌 것이다.

상당수 연구들이 과도한 정치화가 관료들의 역량에 미치는 악영향을 보여주고 있다. 많은 학자들이 경력직 공무원들로 주로 구성되어 있는 기구들보다 정치적 임명직의 수가 많은 기구들이 여러 가지 평가 기준으로 볼 때 능력이 떨어진다는 것을 발견했다.[49] 또한 이 연구들은 기술관료적 전문성의 이점을 드러내는 많은 연구들 중 최근의 연구일 뿐이다.[50] 경력직 공무원들에게 특별한 전문성과 제도적 지식에 근거하여 임무를 수행하도록 필요한 재량권을 허용하는 것이 더 나은 정부를 만든다.

정치화는 또한 사기를 저하시키고 투자를 약화시키고 이직을 증가시키는데, 루이스(David Lewis)의 말에 따르면, 이 모든 것들은 "리더십 공백을 만들어내고 기구의 목표에 대해 혼란스런 신호를 보내며 개혁에 헌신하지 못하게 만들고 전반적으로 더 낮은 성과로 이어진다."[51] 이런 결과는 점진적으로 해로운 영향을 미친다. 법무부에서 일하는 법률가들이나 기후 변화를 연구하는 과학자들, 테러 위협을 추적하는 정보기관 요원들, 미국의 국익을 위해 평생을 바쳐 온 외교관들, 이 모든 이들이 자신의 일에 덜 헌신하게 되고 자신의 업무에 덜 효과적이 되며 자신의 정부직을 포기하려 들게 되고 다른 직장을 구하게 될 가능성이 높다. 이로 인해 국가가 피해를 입는다.

오랫동안 사회과학자들은 충성심과 전문성 사이의 이러한 맞바꿈을 인식해 왔다.[52] 하나를 더 얻으면 다른 하나를 상실하게 되는 것이다. 그렇다면 유의미한 질문은 대통령이 정치적 임명을 할 수 있어야 하는가가 아니다. 얼마나 많은 정치적 임명을 해야 하는지, 어떤 직위에 대해 해야 하는지, 어떤 제약하에서 해야 하는지가 필요한 질문들이다.

오늘날 미국 정부에는 약 3,500개의 정치적 임명직이 있다. 이 중 1,200개 임명직은 상원의 승인을 요하며 나머지는 대통령이 혼자 결정한다.53 말할 필요 없이 이 수치는 먼 과거에는 훨씬 작았으며, 지난 세기 동안 연방 정부가 커지면서 상당히 증가했다. 하지만 연방 정부 인력 중 정치적 임명직의 비율은 1980년에 12퍼센트로 정점을 찍었고, 그 이후 2퍼센트 내에서 증감해 왔다.54

모든 관료기구들이 균등하게 정치화된 것이 아님은 분명하다. 예컨대 재무부와 국방부는 비교적 정치적 임명직이 적다. 다른 기구들은 거의 포화상태에 이르러 있다. 교육부, 노동부, 주택 및 도시 개발부(Department of Housing and Urban Development)는 물론, 중소기업청(Small Business Administration) 같은 기관들에는 많은 수의 정치적 임명직이 있다.55 실제로 어떤 기구들은 정치적 임명직이 너무 많아서 "칠면조 농장"(turkey farm)이라고 불리기도 한다. 능력은 별로 없으면서 선거 유세에서 큰 기여를 한 데 대한 보상을 받고 있는 낙하산들을 위한 임시 우리라는 말이다.56

정치화에 대한 다양한 지표들에 따르면 미국은 선진국들 중 뚜렷하게 예외적인 경우이다. 루이스가 지적하듯이, 미국은 "다른 어떤 선진국들보다 행정국가에 대한 임명직의 침투가 훨씬 심하다."57 독일이나 스웨덴, 영국 같은 선진 민주주의 국가들의 행정부 임명직은 고작 수백 명에 지나지 않으며, 그것도 능력주의적 선정 과정을 거쳐

승진한 경력직 종사자들 중에서 선택된다.[58] 영국에서는 "각 부처에 장관 이외에는 몇 명의 정치적 임명직만이 있다."[59] 이 나라들에서 미국보다 관료 전문성이 훨씬 높은 것은 놀랄 일이 아니다.[60] 대통령이 통제하려 들고 대중들이 민주화시키려 들면 관료제는 위축된다. 유럽에 비해 미국의 관료들은 생산적인 용도로 전문성을 활용하는 능력이 크게 떨어지는 것이다.

트럼프는 이 문제를 더욱 악화시켰으며, 정치화가 효과적인 정부를 만드는 데 얼마나 심각한 장애인지를 여실히 보여주었다. 각 부처의 장관, 차관, 차관보로부터 낮은 직급의 정책 전문가들에 이르기까지 트럼프는 관료체계를 해당 기관과 법률에 대해 무지하고 전문성 자체를 무시하는 충성파들로 채워 넣었다. 이들은 트럼프의 지시를 기꺼이 따르려 하지만 잘 할 수 있는 능력이 없다. 이런 정부는 최악의 정부이며, 인사의 심각한 정치화가 이런 재앙을 몰고 온다.[61]

효과적인 정부는 능력 있는 관료체계를 필요로 한다. 물론 효과적인 정부를 만들려면 대통령의 리더십이 필요하고, 대통령이 제공하는 리더십을 활용해야 한다. 그러나 제대로 작동하는 행정 국가는 최고의 역량을 가지고 충분한 자원을 지닌 독립된 관료들로 구성되어야 한다. 이 진정한 전문가들의 전문성이 높이 평가되고 존중되며 행정부 정책 결정의 핵심이 되어야 한다. 정부의 권력과 막중한 책임이 정치적 하수인들에게 장악되도록 내버려 두면 안 된다. 이는 무능력한 정부를 낳는 길일 뿐 아니라, 독재적 대통령이 행정부의 정상에 앉아 있을 경우 민주주의에 대한 위험이 된다.

보다 효과적이고 덜 위험스런 정부를 만드는 길은 대통령의 임명직 수를 크게 줄이고 이에 상응하여 공무원과 기타 경력직 체계를 확대하는 데 있다.[62] 이런 개혁은 단순한 입법을 통해 이루어질 수 있으며, 행정부 전체에 대한 일관되고 원칙 있는 접근을 필요로 한다. 예컨대 각 부처와 기관들에 한두 명의 대통령 임명직만을 배분하는 식이다. 이들의 일은 대통령의 리더십과 방향성을 제공하는 것이 될 것이다. 그리고 연방 관료체계에서 나머지 직위들은 경력직 공무원들로 채워지게 될 것이다.

지금까지 보아 왔듯이, 이는 전혀 급진적인 생각이 아니다. 서구 전체에 잘 작동하는 모델들이 많으며, 전문성과 전문가주의가 행정국가의 근간이 되고 정치적 임명직은 최상층부에만 존재하는 이 나라들로부터 배워야 한다. 이런 나라들에서는 자신들이 무슨 일을 하고 있는지를 알고 제도적 지식과 경험을 지니고 있으며 공공 정책의 세부 사항들에 능숙하고 국가 이익을 위해 일하려는 경력직들에 의해 정부의 업무가 수행된다.

전문화된 행정 체계에서 포퓰리스트 대통령은 훨씬 작은 피해만을 끼칠 것이다. 반면에 정상적인 대통령들은 자신의 어젠다를 효과적인 정책들로 전환시킬 수 있는 훨씬 역량 있는 정부를 맡게 될 것이다.

대통령의 일방적 권한

대통령의 권력과 연관하여 일방적 권한(unilateral powers)만큼이나 논란이 되는 것은 없다. 그럴 만하다. 이 권한을 통해 대통령들은 행정 명령(executive order), 선언(proclamation), 각서(memoranda) 등을 활용하여 입법 과정을 우회하여 공공정책을 독단적으로 만든다. 그렇게 함으로써 대통령들은 의회 혼자서는 결코 하지 못했을 정책들을 수립해 왔다. 워싱턴의 중립선언(Neutrality Proclamation)부터 제퍼슨의 루이지애나 매입(Louisiana Purchase), 트루먼의 군대 인종차별 철폐와 오바마의 추방 유예 이민 프로그램(Deferred Action for Childhood Arrivals; DACA)에 이르기까지 대통령의 명령들은 행정부의 하찮은 일이 아니라 국가 정책의 지평을 중대하게 변경시켜 왔다.

대단히 많은 사례들이 존재한다. 국내 정책에 있어서 대통령들은 온갖 방식으로 일방적으로 행동해 왔다. 주기적으로 기업에 대한 규제를 부과하거나 철회하고, 환경 기준을 강화하거나 약화시키고, 국유지에 대한 보호 조치를 확대하거나 철회하고, 민권법을 개편하고, 새로운 기구들을 수립하고, 낙태 제한을 변경하는 것 등 수도 없이 많다. 외교정책에 있어서는 이런 권한이 더욱 강화되어 나타난다. 대통령들은 일방적으로 국제 협정을 체결하거나 탈퇴하고, 적국들에게 위협을 가하고, 동맹국들에게 보장을 제공한다. 더 중대한 것은 대통령들이 전 세계에 걸쳐 의회의 승인 없이 전쟁 지역으로 군사 행동을 전개해 왔다는 점이다. 일단 병력이 투입되면 대통령들은 군사력 배치의 규모와 지속 기간, 그리고 궁극적으로 체결될 평화 협정의 조건에 대해 일방적으로 결정해 왔다. 예컨대 10년 이상 지속된 테러와의 전쟁은 대통령에 의해 일방적으로 수행되어 왔다. 이라크와 아프가니스탄에서 긴장을 고조시키거나 완화시키는 것은 의회의 개입이 전혀 없이 진행되었으며, 리비아와 시리아에 대한 군사적 공격도 대통령의 명령 하나로 이루어졌다.

트럼프는 이 일방적 권한을 거리낌 없이 행사해 왔다. 입법 어젠다들이 좌초되는 동안, 또는 입법 어젠다들이 좌초되었기 때문에, 트럼프는 정책적 승리를 거두기 위해 행정 명령이나 여러 가지 지침들을 활용해 왔다. 이미 논의했듯이, 트럼프는 파리 기후 협약과 환태평양 경제동반자 협정, 그리고 이란 핵 협상에서 탈퇴했다. 철강과 알루미늄 등 수백 가지 물품에 대해 관세를 부과했고 중국과의 무역전쟁을 벌였다. 오바마 행정부가 공표했던 환경, 기업, 이민, 민권, 기후 규제들을 무효화시켰다. 여러 나라들로부터 오는 이민들에 대한 금지령을 반복해서 공표했다. 의회가 승인하지 않은 자금을 사용하기 위해 남부 국경에 국가 비상사태를 선포했다. 연방 공무원에 대한 고용 동결을 발표했다. 모든 기관들에 대해 제안하는 규제 하나에 대해 두 개의 규제를 폐기할 것을 의무화시켰다. 키스톤(Keystine)과 다코타(Dakota) 송유관을 승인했고 해양 석유 시추를 대폭 확장시켰다. 사례들은 끝이 없다.[63]

트럼프가 끝까지 일방적 행동을 밀어붙이는 것은 정책상 승리를 거두기 위해서만이 아니라 자신을 스트롱맨으로 포장하려 들기 때문이다. 많은 국민들이 트럼프에 경악했고 그의 일방적 행동에도 경악했다. 하지만 그의 일방적 정책의 내용과 일방적 행동 자체의 법적 근거는 구분하는 것이 중요하다. 일방적 지침들은 법적 근거가 있으며 무법자 대통령의 음험한 책동으로 항상 비난될 수는 없다는 것이 사실이다. 75년 이전에 대법원은 행정 명령과 다양한 지침들에 대해 법적 지위를 인정했다. 그렇게 한 것은 전혀 놀랄 일이 아니다. 의회가 만든 법률에는 재량권이 포함되어 있으며, 이것이 바로 대통령에게 "행정권"과 군 최고 통수권자의 역할을 부여한 헌법에 일치한다. 일방적 행동은 본질적으로 법률에 부합하는 재량권의 행사인 것이다. 어떤 민주주의 체계에서나 상당한 행정부 재량권은 불가피하고 필요하다.

하지만 일방적 권한은 돌에 새겨져 있듯 고정 불변한 것이 아니다. 독자적인 권한을 가지고 있는 다른 정치 행위자들이 대통령의 행동에 어떻게 대응하느냐에 달려 있다. 어떤 행정 명령들은 대통령의 정당한 권한을 넘어서는 것으로 법원에 의해 뒤집히기도 한다.[64] 정상적인 시기에 대부분의 대통령들은 사법부가 번복시킬 것을 알면 충돌을 피하기 위해 자신의 행동을 조정한다. 연방 관료체계도 일방적 지침의 작성과 실행에 대해 재량권이 있으며,[65] 대통령이 특히 잘못된 명령에 서명하려들 때 관료들이 개입하여 시정안을 제안할 수 있다.[66] 가장 중요한 것은, 특정한 정책이나 프로그램에 대한 행정부의 재량권을 제한하기 위해 의회가 구체적인 법률을 만들 권한이 있다는 점이다.[67] 그래도 대통령이 밀어붙일 경우 의회는 대통령이 일방적으로 만든 것을 입법을 통해 수정하거나 폐기할 수 있다. 이것조차 통하지 않을 경우 의회는 트럼프의 남부 국경 장벽 제안에 대해 여러 차례 했던 것처럼 신중하지 못한 계획들에 대해 자금지원을 거부할 수 있다.

그렇지만 일방적 행동에 대한 지금까지의 "논의"는 거의 쓸모가 없는 수준이다. 미국 정치의 현실에서 너무 강력한 대통령에 대한 소

4 대통령직의 개혁과 개선

위 원칙 있는 비판들은 항상 그 시점에 누가 권력을 장악했는지를 반영하는 단기적 계산에 달려 있었다. 공화당은 자기들 중 하나가 대통령직을 장악했을 때는 대통령의 권력과 일방적 행동에 찬성하며 단일 행정부론을 기꺼이 정당한 것으로 수용한다. 하지만 상대당이 대통령직을 장악하면 일방적 행동을 증오하는데, 오바마를 대통령 권력의 "과도한 확장"(presidential overreach)이라고 비난하면서 단일 행정부론이 존재하지 않는 것처럼 굴었다. 민주당도 이와 유사한 입장 번복을 저지른다. 오바마가 반드시 필요한 정책 목표를 위해 행정 명령을 사용하면 잘했다고 했는데, 이제 트럼프가 대통령이 되어 민주당이 싫어하는 정책들을 추진하기 위해 똑같은 권한을 사용하자 트럼프의 "과도한 확장"과 대통령 권력의 위험에 대해 강력히 반발하고 있다.

이런 정치적 공방에는 아무런 지적인 내용이 없으며, 제대로 작동하는 시스템의 요건에 대해 아무것도 알려주는 것이 없다. 대통령의 일방적 행동은 존재할 수밖에 없으며 미국 민주주의의 제도적 구조에서 자연스럽고 정상적인 일부분이다. 트럼프의 경험이 특히 잘 보여주듯이, 만일 일방적 행동이 과도하고 부적절하게 행사될 경우 대통령들은 이 권한을 사용하여 스트롱맨 역할을 취하면서 민주적 규범과 정상적인 절차나 개인적 권리를 무시하는 정책을 추진할 수 있다. 개혁에 대해 고려할 때, 반드시 막아야 할 독재의 가능성이 여기 있는 것이다. 그러나 일방적 행동을 균형 있게 이해하고 평가하려면, 이것이 우리 통치 체계의 본질적인 일부분이며 정상적인 통치 방식으로서 장점과 단점을 모두 가지고 있다는 점을 인식할 필요가 있다.

    중대한 측면에 있어서 일방적 행동은 정부의 작동을 개선시킨다. 제대로 된 입법과 개혁을 거의 불가능하게 만드는 분절적 헌정체계에서 일방적 권한은 대통령들로 하여금 모호한 법률을 명확히 하고 내용을 부여하며 프로그램들과 법률들에 내재된 명백한 결함들과 비효율성을 시정하게 해 준다. 또한 예기치 못한 상황들에 대해 정책들과 행정부가 신속히 대응할 수 있게 해 준다. 보다 중요한 것은, 공공이익상 행동이 필요하지만 의원들이 주저하는 정책 영역들에 대통령이 개입할 수 있게 해 준다는 점이다. 예컨대 트루만, 아이젠하워, 케네디는 의회가 민권법과 투표권법을 통과시키기 전에 흑인들의 권리와 인종 분리 철폐를 위해 개입했었다. 따라서 일방적 행동은 입법 과정을 교란시키고 정부를 마비시키고 효과적인 정부가 되지 못하게 막는 교착상태에 대한 일종의 교정 장치 역할을 한다. 대통령의 리더십이 절실히 필요한 시스템에서 대통령이 리더십을 발휘할 수 있게 해 주는 것이다.

    그렇지만 대통령이 민주주의의 경계 내에서 행동하는 경우라도 일방적 행동에는 부정적 측면이 있다. 예컨대 행정 명령은 단편적인 성격을 지니고 있어서 효과적인 정부에 필요한 신중하고 일관된 정책 변화를 실질적으로 제공하지 못한다. 항상 그런 것은 아니지만 일방적 지침들은 국가의 중대한 문제들을 해결하기 위해 체계적이고 총체적인 정책의 청사진을 제공하기보다는 해결하려는 문제의 일부분이나 주변만 건드리는 경우가 흔하다. 더욱이 일방적 명령들은 번복되기가 비교적 쉽기 때문에 대통령의 소속 정당이 바뀜에 따라 공표되었다가 철회되었다가 다시 또 공표되곤 한다. 그 결과는 장기적 문제 해결에 도움이 되지 않는 불확실하고 혼란스러운 정책 환경이다. 나아가 이 권한은 철저히 검토되지 않거나 의미 있고 지속적인 민주적 논의 과정을 거치지 않은 정책을 낳을 수 있다. 그 결과는 성급하게 구상되고 체계적으로 구성되지 않아 혼란스런 정책이 될 수 있다.

전체적으로 볼 때, 일방적 행동은 개혁이 필요하다. 그러나 개혁에 대한 접근은 일방적 행동이 미국 체계의 본질적인 부분이며 효과적 정부를 만드는 데 기여할 바가 크다는 점을 인식하는 것이 필요하다. 개혁의 과제는 이를 없애는 것이 아니고 당연히 악마화시키는 것도 아니며, 국익에 맞는 방식으로 제약하고 규제하는 것이다.

특히 두 가지 영역에 개혁가들은 주목해야 한다. 첫째는 국가 비상사태의 선포인데, 이 선포를 통해 대통령은 서명 하나로 엄청난 권한을 휘두를 수 있다. 지난 세기 동안 의회는 국가 비상 사태 기간 동안 대통령에게 새로운 권한을 주는 조항들을 수백 가지나 만들었다.[68] 단지 어떤 비상사태가 존재한다고 선포함으로써 대통령들은 이 법률들 중 하나를 선택하여 일방적으로 국내 통신망을 차단하고 은행 계좌들을 동결하며 대기청정법(Clean Air Act) 집행을 중단하고 파업을 강제로 종식시키며 국내에 군사력을 배치하고 계엄을 선포하고 개인 재산을 압류하며 해외 여행을 금지하는 등 온갖 종류의 특별한 조치들을 할 수 있는 권한을 확보한다.[69]

이 비상사태 권한의 범위와 조건, 그리고 비상사태가 선포되는 결정 과정에 대해 명확하게 규정하는 다른 헌법체계와 달리 우리의 비상사태 권한은 어떤 헌법적 구조 또는 보호 장치가 없이 작동한다. 대신에 법률에 의해 만들어졌으며, 단편적이고 불충분하며 전체적인 원리나 규칙이 없이 만들어졌다. 결과적으로 비상사태 권한은 비상사태 자체가 종식된 이후에도 오랫동안 지속되곤 한다. 그러는 동안 대통령이 누리는 많은 권한들은 실제 비상사태와는 거의 무관하게 지속된다.[70]

이런 상황에 경각심을 느낀 의회는 1976년에 국가 비상사태법(National Emergency Act)을 제정하여 비상사태 권한에 대해 체계를 세우고 감독권을 부여하려 했다. 이 법은 수십 년간 지속되어 왔던 많은 비상사태들을 바로 종식시켰다. 이 법은 또한 비상사태에서 대통령이 사용하려는 특정한 권한을 공개적으로 명시하도록 했고, 몇 가지 보고 의무를 규정했다. 무법의 서부(Wild West)를 닮은 영역에서 이 법은 상당한 성과를 거두었다. 그러나 법 제정 이후 의회는 보고 의무를 집행하는 데 소홀했으며, 당연히 대통령들은 보고 의무를 달가워하지 않았다. 그러는 동안 대통령들은 새로운 비상사태 선포를 통해 방대한 비상사태 권한들을 복구시켰다. 실제로 한 연구에 따르면, 오늘날의 대통령들은 이 법이 제정되기 이전보다 더 많은 비상사태 권한을 활용할 수 있다.[71]

가장 중대한 문제는 국가 비상사태법이 비상사태가 존재하는지 여부를 결정하는 것을 대통령에게 맡겨두었다는 점이다. 의회와 법원이 사후적으로 대통령의 결정을 검토할 수는 있으나, 둘 다 원래의 결정에 대해 어떤 명시적인 역할도 하지 않는다. 사전적인 승인이 필요하지도 않으며, 비상사태의 선포가 일정 기간 이후 새로 갱신되어야 할 필요도 없다. 비상사태는 대통령이 결정할 때마다 시작되며 대통령이 끝났다고 말할 때 끝나는 것이다. 의회는 공동결의안으로 비상사태를 종식시킬 권한을 지니지만, 실제로 거의 시도한 적이 없으며, 이에 대해 대통령은 거부권을 행사할 수 있다.

비상사태 권한의 목적은 긴급한 행동을 요하는 안보적, 경제적 위협에 대해 대통령이 신속하고 효과적으로 대응하도록 하는 데 있다. 그렇지만 어떤 경우 대통령들은 달성하기가 어렵거나 불가능한 정책 어젠다를 밀어붙이기 위해 사용하기도 했다. 특히 트럼프의 경우가 이에 해당되는데, 그에게 국가 비상사태 선포는 스트롱맨 통치를 위한 거부할 수 없는 유혹이다. 예컨대 트럼프는 1976년 법을 이용하여 국가 비상사태를 선포하고 중국에 대해 1조 달러 규모의 관세를 부과할 권한이 있다고 주장했다. 자신이 원할 때마다, 자신이 원하는 만큼 부과하여 미국을 값비싼 무역 전쟁으로 몰고 갔던 것이다. 실제로는 국가 비상사태가 없었다. 단지 자신의 포퓰리스트 어젠다를 실행했던 것이며, 의회가 자신의 관세 정책을 결코 따라 주지 않을 것이었기 때문에, 국가 비상사태를 선포하는 것이 정상적인 민주적 과정을 회피하여 권한을 장악하는 그 자신의 방식이 되었던 것이다.

남쪽 국경에 장벽을 세우겠다는 선거 공약을 위한 자금을 마련하는 데 있어서도 트럼프는 똑같은 일을 했다. (최소한 그가 묘사한 것과 같은) 국가 비상사태가 없는 데도 트럼프는 비상사태가 존재한다고 우겼으며 의회가 장벽에 대한 예산 지원을 계속해서 거부했음에도 불구하고 다른 목적에 책정한 수십억 달러의 공적 자금을 전용했다.

헌법은 의회에게 재정적 권한을 준다. 그러나 국가 비상사태를 선포하여 트럼프는 이 권한을 스스로가 장악했던 것이다.

비상사태 권한이 발동되는 무분별하고 체계적이지 않은 방식은 계속되어서는 안 된다. 국가 비상사태법은 충분하지 않았으며 개혁될 필요가 있다. 가장 중요한 것은 정책 결정자들이 비상사태가 어떻게 시작되고 종식되는지를 다시 고려해야 한다는 점이다. 이를 위해 전쟁권한법(War Powers Act)을 참고할 필요가 있는데, 널리 알려진 결함들에도 불구하고[72] 전쟁권한법은 정당화해야 하는 책임을 대통령에게 지우고 있다. 전쟁권한법상 대통령은 짧은 기간 동안 군사작전을 일방적으로 개시할 수 있으나 이후 의회에 의해 승인되지 않으면 자동적으로 종결된다. 이와 유사한 규칙이 비상사태 선포에도 적용되어야 한다. 대통령은 비상사태를 선포할 수 있어야 하지만, 그리고 나서 이 결정에 대해 의회에서 다수의 지지를 받아야 한다. 만일 특정한 기한 이후 그렇지 못하면 선포된 비상사태는 자동적으로 종식되고 비상사태 권한도 곧바로 사라진다. 또한 비상사태 선포를 한번 승인했더라도 이후 의회는 주기적인 간격으로 재승인해야 한다. 언제든 의회가 재승인하지 않을 경우 비상사태는 종식되고 권한도 사라진다.[73]

엄격한 검토와 이에 따른 제한을 필요로 하는 일방적 행동의 두 번째 측면은 국가 안보와 군사적 갈등에 관한 것이다. 너무 오랫동안 대통령들은 일방적 권한을 통해 대중적 지지를 받지 못하는 잘못된 전쟁을 벌여 왔다. 전쟁에 관한 결정은 한 사람이 내리기에는 너무 중요하다. 불행스럽게도 의회는 전쟁과 연관된 결정에 대해 행정부에 너무 많은 재량권을 부여해 왔고, 사법부는 나름대로의 제도적 이유 때문에 개입해서 시정조치를 내리는 데 실패해 왔다. 대통령들은 전쟁의 계획 단계에서 의원들을 참여시키는 경우가 거의 없으며, 그렇게 하더라도 단지 자신이 확보할 수 있는 지지 수준을 평가하는 방식으로 한다.[74] 최근의 경험이 조금이라도 교훈을 준다면, 전쟁에 대한 광범위한 일방적 권한은 효과적 정부와는 거리가 멀다는 것이다. 이 권한은 제한되지 않을 경우 효과적 정부를 더 훼손시키게 된다.

무엇을 해야 할까? 비상사태 권한과는 달리 이 경우에는 구조적 개혁은 적절하지 않다. 이미 의회는 대통령의 일방적 권한을 제한할 수 있는 수단을 지니고 있다. 통과시키는 법률과 승인하는 지출과 발동하는 조사권과 위임하는 권한을 통해 의회는 대통령의 전쟁 권한을 제약하고 수정할 수 있는 많은 기회를 지니고 있다. 대통령의 전쟁 권한이 과도한 주요 이유는 의회가 개입할 기회가 없기 때문이 아니다. 의회가 이미 지니고 있는 많은 자원을 활용하여 자기 일을 하지 않았기 때문이다.

예를 들어 의회가 군사력의 사용을 승인할 때 쓰는 문구들의 구체성을 따져 보자. 별로 하는 경우도 없지만 의회가 이런 승인을 할 때 쓰는 문구들은 상상할 수 없을 만큼 포괄적이고 무제한적이다.[75] 9/11 이후 미국은 테러리즘에 대한 최선의 대응책이 무엇인지에 대한 긴박하고 중대한 문제에 직면했었다. 그렇지만 중대한 해답과 행동지침을 마련하는 대신 의회는 제 역할을 포기하는 선택을 했다. "2001년 9월 11일에 벌어진 테러 공격을 계획하고 승인하고 자행하고 협조했다고 대통령이 확인한 국가들과 단체들과 개인들에 대해 필요하고 적절한 모든 무력을 사용할" 권한을 대통령에게 부여했던 것이다. 이 문구들은 더 이상 포괄적일 수 없었고, 위임한 권한은 더 이상 광범위할 수 없었다. 테러 공격에 어떤 식으로든 연관된 누구라도 대통령이 합당하다고 생각한다면 어떤 식의 군사적 공격이라도 그 대상이 될 수 있다고 의회가 공언한 것이다.

무슨 일이 초래되었는가? 오랜 기간 막대한 비용이 들어 간 아프가니스탄과 이라크에서의 전쟁, 전 세계에 걸친 모호한 테러 대응 작전들, CIA 운용의 전면적 변화, 미군의 대대적 개편, 미국 시민들의 감청을 포함한 국내의 감시 체계 등이다. 부시와 오바마는 거의 대부분 원하는 대로 할 수 있었으며, 그 법적 근거를 들어야 했을 때는 단지 2001년의 군사력 사용 승인(Authorization for Use of Military Force; AUMF)만 필요했다.[76]

이럴 필요는 없다. 한층 더 적극적으로 나섬으로써 의회는 보다 균형 있고 효과적인 외교정책을 복원시킬 수 있다. 이 정책 결정 영역은 국내 정책 이슈들에 있어서 의회의 효과적인 행동을 가로막는 특수 이익들의 힘에 취약하지 않은 영역이라는 점을 상기해야 한다.[77]

종종 의회는 개입을 시도해 왔다. 1980년대 레바논과 1990년대 아이티에서의 군사력 사용을 승인하면서 의회는 2001년보다 훨씬 정확한 문구를 사용했는데, 대통령의 전쟁 수행 권한에 실질적인 영향을 미쳤다고 학자들이 평가한다.[78] 1976년에 포드(Gerald Ford)가 앙골라 내전에 군사적 개입을 확대하려고 했을 때처럼 의회는 예산 지출 승인 권한을 통해 군사 작전들을 막아 오기도 했다. 또한 베트

남 전쟁과 이라크전의 마지막 단계에서 그랬던 것처럼 의회는 조사와 감독을 통해 전쟁에 대한 대중들의 우려와 반대를 불러일으킬 수 있다.

물론, 이런 행동들 중 어느 것도 의회를 대통령과 동등한 위치에 올려놓지는 않는다. 대부분의 경우에 의원들은 미국 외교정책을 확실하게 장악하고 있는 대통령을 따라가기 바쁘다. 하지만 이런 행동들은 최소한 대통령의 일방적 권한에 대해 의회가 보다 견고한 견제를 할 수 있는 가능성을 말해 준다. 말할 필요 없이 헌법상의 전쟁 선포권을 포함하여 현재 지니고 있는 권위를 가지고 의회는 대통령이 일방적으로 전쟁을 벌일 수 있는 재량권을 재구성하고 재설정할 수 있다. 의원들이 정확하고 제한적으로 법안을 만들면 대통령들은 자신의 뜻대로 법안을 적용하기가 더 어려워진다. 또 의회가 예고되거나 진행 중인 전쟁에 대해 자금 지출을 삭감하게 되면 대통령의 명령은 집행될 수 없다. 그리고 의회 위원회들이 전쟁 비용에 대해 국민들의 관심을 유도하면 대통령들은 훨씬 부담스러운 국내 정치 환경에 직면하게 되고 군사 행동을 벌일 가능성은 줄어든다.

지금 현재 대통령들은 전쟁 수행에 있어서 너무 많은 영향력을 행사한다. 너무나 중요한 이 영역에서 대통령의 일방적 권한이 너무 과도한 것이다. 이를 바로잡을 책임은 의회에 있다. 의회는 권한을 가지고 있으며, 이를 사용할 필요가 있는 것이다.

마지막 두 가지 개선

지금까지 논의한 개혁들이 이루어지면 정부의 역량은 크게 개선될 것이고 미래의 포퓰리스트들이 권력을 장악할 가능성을 줄여줄 것이다. 조금 다른 이유 때문에 현대 대통령직에 대한 마지막 두 가지 변화를 고려할 가치가 있다. 정부 정책이 만들어지고 집행되는 방식을 근본적으로 변경하는 대신에 이 변화들은 이 포퓰리즘의 시대에 선동가들의 권력을 강화해 주는 대통령직의 과도한 권력을 축소시킬 것이다. 대통령들은 이런 권력을 지니거나 이런 재량권을 행사할 이유가 없다. 우리 앞에 있는 포퓰리즘의 위협 속에서 우리는 이런 권한을 영원히 없앨 필요가 있다.

개선 1: 대통령 사면권의 폐지

과거에는 헌법에 명시적으로 부여되어 있는 대통령의 사면 권한이 특별한 경우 이외에는 논란의 대상이 된 적이 없다. 그러나 지금은 다르다. 대통령이 이 권한을 행사할 아무런 이유가 없으며, 이 권한은 국가에 막대한 피해를 초래할 가능성이 있다.

다행스럽게도 과거에 대부분의 경우 대통령들은 크게 잘못 하지 않은 사람들이나 수형 기간을 모범수로 보낸 사람들 소수들만을 사면했었다. 하지만 충격적인 예외적 경우들도 있었다. 예컨대 조지 H. W. 부시는 이란-콘트라게이트에서 법을 심각하게 위반한 전 국방장관 캐스퍼 와인버거(Casper Weinberger)를 사면했다. 더욱이 이란-콘

트라게이트에는 레이건의 부통령이었던 부시 자신이 연루되어 있었다. 빌 클린턴은 엄청난 부를 가졌지만 별 자격이 없었던 마크 리치(Marc Rich)를 그의 전처가 클린턴 부부와 민주당에 손 큰 후원자였기 때문에 사면했다.

훨씬 걱정스러운 것은, 포퓰리스트의 수중에서 사면권이 반민주적 어젠다를 추진하고 법치를 훼손하며 스트롱맨의 이미지를 굳히는 데 전략적으로 사용될 수 있다는 점이다. 트럼프를 보라. 2017년 가을에 트럼프는 미등록 이민자들을 색출하기 위해 애리조나 주민들의 기본권을 짓밟고 법원의 중지 명령을 노골적으로 무시한 아라파이오(Joe Arapaio)를 사면했다. 연방 정부와 무장 대치를 벌여 극우 세력의 영웅이 된 오레곤 목장주 드와이트 해몬드(Dwight Hammond)와 스티븐 해몬드(Steven Hammond)도 사면했다. 또 선거자금법을 위반한 도발적인 정치 평론가 드수자(Dinesh D'Souza)를 사면하기도 했다. 이런 행동들 어느 것도 회복적 정의(restorative justice)나[79] 잘못된 사법 판결에 필요한 견제를[80] 근거로 정당화될 수 없다. 이 모두가 보수주의자들과 포퓰리스트들의 인기를 끌기 위한 정치적 책략이었다.[81]

러시아 수사를 둘러싼 여러 가지 일들 중 가장 명백하고 곤혹스러운 것은, 수사 과정 내내 트럼프가 전 변호사 마이클 코헨과 전 선거운동 책임자 폴 매너포트 등 핵심적인 행위자들의 거짓 증언을 유도하기 위해 사면을 암시했던 일이다. 그는 그 자신과 가족을 포함하여 검찰이 범죄 행위로 기소하는 어떤 사람이라도 자신이 사면할 권한을 가졌다고 선언했다. 사면권을 법 위에 서고 정의를 방해할 수 있는 수단이자 자신의 "절대적 권한"으로 과시했던 것이다.

이것이 바로 민주적 규범을 무시하는 사람이 행사했을 때 사면권이 할 수 있는 것이고 몰고 올 수 있는 위협이다. 사면권은 법치를 부식시킨다. 효과적 정부에 기여하는 바도 없다. 헌법의 일부가 될 이유가 없는 것이다.

개선 2: 이해 충돌의 제거

현재 상황으로는, 대통령들은 원하면 대통령직을 재산상 이득을 얻기 위해 이용할 수 있다. 이는 비윤리적이고 도덕적으로 의심스러울 뿐 아니라 이들이 누구에게 종속되어 있는지, 어떤 혜택을 나눠 주고 있는지, 국내정책이나 외교정책 결정이 어떤 동기에서 이루어졌는지에 대해 의혹을 불러온다. 이는 극히 잘못된 것이며, 사라져야 한다.

현행법상 대통령 후보들이나 현직 대통령들은 자신들의 경제적 거래들에 대해 가장 기본적인 사실들, 예컨대 어떻게 돈을 버는지, 누구에게 빚지고 있는지, 누구와 거래를 하는지, 투자와 금융거래의 이익이 무엇인지 등에 대해 보고할 의무가 없다.[82] 취임 전에 이런 금융적 이해관계들을 처분해야 하는 법적 의무도 없다. 결과적으로 대통령들은 원한다면 대통령직을 이용해 사적 이익을 취할 수 있으며, 이는 공공 이익과 민주주의적 책임성 및 정부에 대한 신뢰에 엄청난 피해를 가져다준다.

과거의 대통령들은 이런 이해충돌에 말려드는 데 조심스러웠다.

하지만 트럼프는 얼마나 잘못 될 수 있는지를 보여주는 광고 모델과 같다. 세금 보고 공개를 거부하고, 투자 자산 처분을 거부하고, 트럼프사 보유 자산으로부터 막대한 수익을 거두며, 사업 확장을 위해 외국 정부의 협조를 구하고, 경쟁이 두려워 자신의 워싱턴 호텔 맞은편의 FBI 건물 매각을 반대하고. 정보공개와 투명성을 요구하는 국민들의 목소리에 경멸을 표하고 있는 것이다.[83]

재임한 지 3년이 넘었지만 우리는 아직도 트럼프가 대통령이 되기 전에, 혹은 된 후에 그의 아들들이 사업을 대신하고 있다고 하는 상황에서도, 트럼프와 사업 관계를 맺고 있는 개인들이나 기업들이나 외국 정부들의 정체를 모르고 있다. 국내외에 있는 그의 미상환 채무나 사업상 책무에 대해 거의 모른다. 하지만 알려진 것만도 대단히 곤혹스럽다.

이미 지적했듯이, 여러 가지 정황으로 보아 트럼프는 지난 십여 년간 자신의 사업이 파산상태에 이르고 은행들이 대출을 해 주지 않았을 때 러시아로부터 막대한 자금 지원을 받았다. 이에 대해 별로 신경 쓸 필요가 없던 2008년에 트럼프의 아들은 "러시아인들이 우리 자산 중 상당 부분을 가지고 있다. 엄청난 돈이 러시아로부터 쏟아져 들어온다"고 말한 바 있다.[84] 실제로 2016년 대선 기간 내내 트럼프는 (수하들을 통해) 로열티로 수억 달러를 가져다 줄 모스크바의 트럼프 타워 건립을 위한 협상을 진행하고 있었다.[85] 트럼프가 자신의 재정 상태를 비밀로 하는 것이 놀랄 일이 아니다. 이 미국 "리더"는 기묘할 정도로 친러시아적이고 블라디미르 푸틴에게 굽신거리는데, 돈이 큰 상관이 있다고 의심할 충분한 이유가 있는 것이다. 하지만 우리는 확신할 수 없다. 트럼프가 자신의 재정 상태에 대해 투명하고 이해 충돌을 제거하도록 만드는 법이 없기 때문이다.

취임한 이래 트럼프의 호텔들, 특히 워싱턴 D.C.의 호텔에 쏟아져 들어오는 돈에 대해서도 마찬가지로 말할 수 있다. 외국 정부들은 이 호텔을 단골로 삼아 호화로운 방을 사용하고 행사를 개최할 동기가 확실히 있다. 트럼프에게 돈을 몰아주고 그 대가로 무언가 기대하는 것이다. 사우디 아라비아는 트럼프 호텔의 사업을 빛내준 리스트 중 꼭대기에 있다. 그리고 트럼프는 예멘 개입을 지원하고 미국인 언론인 자말 카쇼기(Jamal Khashoggi)의 암살을 묵인함으로써 독재자 모함마드 빈 살만(Mohammad bin Salman)을 돕는 데 최선을 다했다. 왜 트럼프는 이런 일들을 할까? 돈과 연관된다고 추측만 해서는 안 된다. 우리는 그의 재정상황과 이해 충돌에 대해 알아야만 한다. 행정 수반이 비밀스런 개인 사업을 할 수 있게 할 어떤 이유도 없는 것이다.

증거가 어떻든 공화당 의원들이 전혀 할 것 같지 않은 헌법의 보수조항(Emolument Clause)에 따른 탄핵과 파면 가능성이 없기 때문에, 우리는 현행법상 트럼프가 대통령직을 이용해 재산상 이득을 얻는 것을 막을 방도가 없다.[86] 지금까지 트럼프에 대한 소송은 패소해 왔다. 사법부가 명확한 법적 지침이 없이는 그의 개인적 사업에 대해 확실한 경계를 설정하기를 거부했기 때문이다.[87] 그리고 의회는 이에 대한 행동을 거부해 왔다.

요점은 이렇다. 불량 대통령들, 특히 자신의 스트롱맨 권력에 빠져들고 민주적, 윤리적 규범에 무신경한 대통령들은 효과적 정부의 대변가가 될 리 없으며 국가 이익에 완전히 반대되는 행동들을 할 수 있다는 것이다. 이는 위험스럽고 용납할 수 없으나, 고쳐질 수 있다. 근본적인 변화가 요구된다. 모든 대통령들에게 적용되는 엄격한 이해 충돌법이 필요한 것이다.

두려움, 약속, 그리고 효과적인 정부

좋은 정부를 위한 개혁가들은 지금까지 우리가 논의한 개혁들에만 주목할 필요는 없다. 미국 정치체계는 엉망이고, 다른 많은 개혁들이 추구될 필요가 있다. 선거인단 제도는 과거의 반민주적 유물이고 폐지되어야 한다. 연방 판사들의 종신직도 변화하는 사회를 판결이 반영할 수 있도록 단축되어야 한다. 선거 운동에서 정치 자금의 역할은 새로운 입법을 통해 더 잘 규제되어야 하고, 대법원은 시작부터 심각한 피해를 유발한 시민 연합(Citizens United) 판례*를 재검토할 필요가 있다.[88] 선거구 재획정(redistricting)은 당파적이지 않고 독립적이어야 한다. 로비도 훨씬 강력하게 규제될 필요가 있으며 "이해관계가 있는" 민간 부문과 정부 사이의 회전문도 규제되어야 한다. 유권자 등록제도 정비되어서 모든 시민들이 쉽게 참여해서 목소

....

* 역주: 시민 연합 대 선거관리 위원회(*Citizens United v. Federal Election Commission*). 2010년 연방 대법원은 기업도 개인과 마찬가지로 표현의 자유를 가지기 때문에, 기업 및 노동조합이 선거에 무제한 돈을 쓸 수 있도록 허용하는 판결을 했다. 결과적으로 선거 자금의 규제가 크게 약화되었고 엄청난 돈이 정치자금으로 유입되었다.

리를 낼 수 있게 해야 하며, 소수 집단들과 소외계층들의 투표를 방해하려는 공화당의 책동들, 예컨대 유권자 신분증 제도 같은 것들은 폐기되어야 한다.[89] 이런 개혁들은 셀 수 없이 많다.

많은 사람들이 이런 종류의 개혁을 주장해 왔으며, 우리도 이를 지지한다. 그렇지만 앞에서 말했듯이 이런 개혁들은 미국 정치 체계가 일반 시민들에 보다 반응하도록 만듦으로써 더 민주적으로 만들려는 데 목적을 두고 있다. 이는 훌륭한 목적이지만, 정부가 현대 사회의 문제들을 해결하기 위한 제도적 역량을 갖추지 못했다는, 우리 헌정 체계의 근본적인 결함을 직접적으로 다루지 못하고 있다. 지금까지 효과적 정부는 개혁가들의 생각에서 중심이 되지 못했다. 그래야 할 필요가 있다. 효과적 정부의 열쇠인 대통령직도 중심이 되어야 한다.

트럼프의 대통령 재직은 많은 사람들을 두렵게 만들어서 대통령직이 제약될 필요가 있다고 생각하게 되었다. 전략적으로 고려할 때 대통령 권력의 어떤 측면들은 미래의 대통령들이 민주주의와 자유를 위협하지 못하도록 제약될 필요가 있다. 하지만 트럼프와 두려움과 제약에만 몰두하게 되면, 정부가 취약해지고 효과적인 정부의 대변가로서 대통령이 해 줄 수 있는 역할이 사라지며 포퓰리즘의 정치가 번성할 수 있는 비옥한 토양을 제공하게 될 것이다. 우리의 민주주의가 구원되기 위해서는 현대성의 도전에 맞서는 우리 정부를 이끌 수 있게 몇 가지 측면, 특히 입법 과정에 있어서 대통령의 힘을 강화시켜 줌으로써 국익과 자신의 유산에 대한 대통령의 관심을 활용해야 한다.

한 세기 전에 급속한 산업화와 이민 증대, 사회적 혼란 등 민주주의의 쇠퇴로 이어질 정치적 사건들을 촉발할 수 있는 문제들을 해결하기 위해 혁신주의 개혁가들은 적극적인 현대 대통령직을 만들었다. 마찬가지로 1930년대에 민주주의의 해체로 이어질 수 있는 경제적 재앙에 대한 루스벨트의 전례 없이 광범위한 프로그램들과 구조적 대응의 한복판에는 대통령직이 있었다.[90]

우리가 이전의 도전들을 딛고 일어섰다고 해서 이번에도 그러리라는 보장은 없다. 오늘날의 정치 상황은 훨씬 복잡하다. 제도적 개혁들과 적극적인 정책 대응들을 통해 혁신주의자들과 뉴딜주의자들은 포퓰리즘의 물결이 연방정부의 문턱을 넘기 전에 물리쳤었다. 지금은 이 중대한 방어선이 무너졌다. 2016년 선거를 통해 포퓰리즘이 대통령직을 장악하게 된 것이다. 역사상 효과적인 정부의 가장 믿을 만한 대변가였고 포퓰리즘에 대한 방책이었던 기관 자체가 이제 포퓰리즘의 거점이 되었고, 공화당을 장악하여 권력을 획득하고 행사하는 추진체로 만든 것이다.

미국 민주주의가 포퓰리즘의 위협을 격퇴하려면 민주당이 해야 한다. 이는 당파적 주장이 아니다. 냉혹한 현실이다. 문제는, 필요한 것을 민주당이 할 수 있는지 여부이다.

선거 정치에 있어서 민주당은 앞으로 중요한 이점을 갖고 있다. 우선, 트럼프의 비호감도와 대통령직 수행의 혼란, 그가 촉발한 강한 반대로 인해 민주당은 이득을 본다. 재임 내내 여론조사들은 대부분의 국민들이 그의 대통령직 수행 방식이 잘못되었다고 생각한다고 보고했다. 현대 대통령들 중 누구도 이처럼 지속적으로 비호감이었던 경우는 없었다. 이런 부정적인 여론은, 모두가 공유하는 것은 아니지만 우리의 민주주의적 정치 문화가 궁극적으로 포퓰리즘의 위협으로부터 우리를 지켜줄 것이라는, 존 미첨(Jon Meacham)이나 윌리엄 갤스톤(William Galston), 마이클 싱어(Michael Singer)와 같은 저명한 학자들의 주장에 일치한다.[91]

앞서 논의했던 대로 우리는 이런 주장을 크게 신뢰하지는 않는다. 미국민들은 가장 추상적인 수준을 제외하고는 민주주의적 가치에 완전히 동화된 적이 없으며, 민주주의가 요구하는 바와 통치 제도들에 대해 절반도 모른다. 수천만이 트럼프를 찍었고, 다시 찍을 것이며, 민주주의에 똑같이 위험한 다른 인물을 지지할 것이다. 그럼에도 불구하고 대통령이 된 트럼프가 국민들로부터 그토록 폭넓은 비판을 촉발했다는 것은 고무적이다. 포퓰리스트 리더십에 대한 국민들의 반응을 보여주는 것이며, 이는 선거에서 민주당에 유리한 점이다.

보다 구체적으로 민주당은 인구구성상 유리하다. 이미 흑인과 히스패닉과 기타 유색인종들은 18세 이하 아동들 중 다수를 차지하고 있으며, 밀레니얼 세대(1981-96년 출생) 중 44퍼센트이고 2045년경에는 미국 인구 중 다수를 구성할 것이다. 압도적으로 민주당에 기울어 있는 이 지지층을 고려할 때 무언가 변하지 않는다면 공화당의 전망은 대단히 어둡다. 한편, 해가 갈수록 유권자들 중 백인 노동 계층의 비율은 작아지고 있다. 더욱이 총기와 낙태 규제와 이민자에 대한 적대감 등과 같은 공화당의 이념적 성향은 남성보다 더 투표율이 높은 여성들에게 점점 더 실망의 대상이 되고 있다. 1992년에 여성들 중 48퍼센트가 민주당을 지지한다고 했고 42퍼센트가 공화당을 지지한다고 했으나, 2017년에는 56 대 37로 압도적으로 민주당을 지지하게 되었다.[92] 공화당이 이념이나 포장이나 정책 성향을 바꾸지 않는 한 다시는 회복할 수 없는 엄청난 표밭인 것이다. 유색인종에 대해서도 마찬가지이다.

이에 더해 연령 집단의 요인이 있다. 공화당은 젊은 유권자들이 나이가 듦에 따라 더 보수화되기를 분명 바라겠지만 연구들에 따르면 이런 생애 주기 효과는 잘 일어나지 않는다. 대신에, 연속되는 연령 집단들, 즉 세대들은 가치를 형성하는 시기의 경험에 따라 독특한 가치를 지니고 있으며 이런 가치들은 평생 지속되는 경향이 있다. 따라서 젊을 때 대단히 진보적이고 민주당 지지 성향의 세대는 나이가 들어도 그렇게 남아 있을 가능성이 크다.[93]

이런 세대 효과는 공화당의 문제를 더 심각하게 만든다. 가장 보수적이고 가장 열렬한 공화당지지 세대는 가장 나이가 많은 연령 집단, 곧 침묵의 세대(1928-45년 출생)와 베이비 붐 세대(1945-64년 출생)인데, 이들은 점점 사망하고 있으며, 잉글하트가 말하는 탈근대 가치들을 옹호하고 더 다양한 젊은 세대들로 대체되고 있다. 이 탈근대 가치들은 환경에서부터 인종적, 성적 평등, 정부 역할, 이민, 세계화, 범세계주의, 낙태, 마리화나에 이르는 이슈들에 대해 사회적으로 진보적인 가치들이다. 그렇다면 필연적으로 시간이 지나면서 유권자 구성도 바뀔 것이고 탈근대 가치들의 중요성도 커지면서 공화당에 불리하게 될 것이다.

밀레니얼 세대 중에서 57퍼센트가 자신이 진보적이라고 생각하며, 보수적이라고 생각하는 경우는 12퍼센트였다. 79퍼센트가 이민이 미국에 좋은 것이라고 믿으며 61퍼센트가 인종적 다양성이 좋다고 믿는다.[94] 이들 다음 세대인 Z세대도 똑같이 진보적이다.[95] 이런 통계들은 우리가 아는 공화당에 대해 조종을 울리는 것처럼 들릴 수 있다.[96] 하지만 최소한 아직 아니다. 잉글하트가 보여주었듯이, 불황이나 테러, 팬데믹, 경제적 불안과 불평등 등 중대한 정치, 경제, 사회적 사태들이 세대별 특성을 억누르거나 키울 수 있다.[97] 그렇다면 공화당이 해볼 만한 것이 있을 수 있다. 정부의 실패를 악화시키고 국민들의 불만을 키워서 이 세대들 중에서 충분한 지지를 끌어들이는 것이다. 하지만 시간에 따른 부침에도 불구하고 세대 간 차이가 보존된다는 것을 잉글하트가 보여주었다.[98] 공화당에게는 나쁜 소식이다.

따라서 민주당은 선거에서 커다란 이점이 있다. 그리고 권력을 장악한 후에 다양한 프로그램들과 정책들을 추진해서 농촌지역 거주자들과 같이 불만이 큰 유권자들과 노동 계층으로부터 더 큰 지지를 끌어들일 수도 있다. 직업 훈련이나 교육, 의료 보장, 소득 불평등, 영양실조, 아동 보육 등 이들의 경제적 이슈들에 큰 혜택을 주는 프로그램들을 제공할 수 있다. 이민 문제에 대해서도 국경 보안을 진지하게 다루면서도 이민자들에게 인도주의적이고 이민자들의 기여를 인정하는 방식의 행동을 취할 수 있다. 또한 백인들의 분노와 두려움의 원인이 되는 오피오이드 사태나 농촌 공동체의 쇠락과 같은 다른 문화적 이슈들도 해결할 수 있다. 이런 조치들은 뉴딜 이후의 민주당의 성격, 주변화되고 잊혀진 사람들을 위해 싸우는 민주당의 성격에 부합한다. 이런 길을 따라가는 것은 지극히 자연스러운 일이며 대다수 유권자들의 호응을 받을 것이다.

공화당이 이런 프로그램들을 추진하지 않을 것이기 때문에 민주당의 유리함은 더 커진다. 인구 구성이 점점 불리해지면서 선거에서 더 경쟁적이 되기 위해 공화당이 좀 더 온건화하고 친-정부적이 될 가능성도 있다. 하지만 현재 급진적 보수주의자들과 포퓰리스트들에 의해 당이 완전히 장악되어 있기 때문에 적어도 1,20년 내에는 그럴 것 같지 않다. 공화당은 공화당이다. 사람들의 삶에서 정부를 제외시키는 일과 긴축에 몰두하고 있는 것이다. 유색인종이나 가난한 사람들처럼 여기에 동조하지 않는 사람들에 대한 공화당의 성향은 중도로 다가가서 이들의 호응을 얻으려는 것이 아니라 이들의 투표를 막으려고 반민주적 수단을 마련하려는 것이다. 그리고 환경에서 의료 서비스에 이르는 수많은 국가적 과제를 처리하는 데 관한 한, 공화당은 정부가 해결책을 찾는 일을 해야 한다고 생각하지 않는다.

이민에 강력히 대처하는 프로그램을 제외하면 백인 노동 계층에 공화당이 제공하는 것은 자극적인 말들뿐이다. 악마화하기, 공포 확산시키기, 인종주의, 위협적 태도를 통해 감정을 자극하지만 문제를 해결하지는 않는 것이다. 그렇기 때문에 민주당은 커다란 기회를 얻을 수 있으며, 새로운 프로그램들을 통해 이 유권자들의 진정한 필요와 우려를 다룰 수 있다. 이 유권자 집단 전체의 지지를 얻을 수는 없다. 인종주의자들과 권위주의자들, 기타 충성파들은 공화당 지지자로 남을 것이다. 정체성과 이념, 그리고 문화가 공화당 지지층 중 다수를 확고하게 공화당 내에 묶어둘 것이다. 하지만 민주당이 할 일은 백인 노동 계층과 불만에 찬 유권자들 중 필요한 만큼만 끌어들여서 선거를 이기는 것이다. 이는 달성 가능한 목표이다.[99]

위험스런 일은 민주당이 정권을 장악하는 데 성공한 후에 모든 일이 잘되고 있고 포퓰리즘이 패퇴했으며 정치가 다시 정상으로 돌아갔고 이전처럼 통치할 수 있다고 믿게 되는 것이다. 노동 계층의 필요와 우려에 대처하려는 동기가 있을지라도 민주당의 대응이 과거처럼 미약하고 단편적이며 안일할 수 있다. 이는 국가에 끔찍한 결과를 가져올 수 있는 중대한 실수이다. 지금은 정상적인 시기가 아니며, 민주당이 선거에서 승리한다고 해서 이런 상황이 바뀌지는 않는다. 민주당의 과제는 미국이 역사적인 위기의 한복판에 있다는 점을 인식하는 것이다. 혁신주의자들과 프랭클린 루스벨트가 그랬던 것처럼 민주당은 시스템을 파괴로부터 구할 수 있는 참신하고 적극적인 방식으로 통치할 필요가 있다. 그저 자동적으로 진보적인 방향에만 머물 수는 없다. 포퓰리즘의 위협을 제대로 인식하고 민주당이 이에 맞서 직접적이고 강력하게 대응하게 만들 수 있는 비전 있는 리더십이 필요하다.

대통령이 열쇠이다. 민주당 의원들은 입법적 지원을 위한 표를 제공할 수는 있다. 하지만 결국 이들은 의원들이며, 성공적인 리더십을 제시하기에는 이 역기능적인 기구 내의 근시안적이고 국지적이고 제대로 일할 수 없는 의원들인 것이다. 대통령은 이런 일들에 다르게 접근하게 되어 있다. 민주당 대통령에게 국가의 이 역사적인 위기는 일생일대의 기회이다. 자신을 위대한 대통령들의 성전에 올려놓을 수 있는, 민주주의를 구원한 유산을 만들 기회인 것이다. 이것이야말로 모든 대통령들이 전통적으로 추구해 온 것이다. 그리고 미래의 민주당 대통령들에게 가능해진 일이다.

최선의 시나리오는 의회를 장악한 당의 지원하에 민주당 대통령이 연단에 서서 좋은 정부를 위한 강력하고 폭넓은 기반을 지닌 운동을, 현대판 혁신주의 운동을 불러내는 것이다. 이를 위해서는 별들이 제대로 정렬될 필요가 있다. 보통 이런 일은 잘 일어나지 않는다. 하지만 역사적인 위기의 시기는 별들을 줄 세울 수 있으며, 그렇지 않은 경우 불가능해 보이는 일이 일어나게 할 수 있다. 다가오는 위험을 인식하면 민주당 대통령과 지지세력들이 당면한 과제에 집중할 수 있다.

성공을 위해 민주당 대통령들은 수많은 국민들의 우려와 불안감과 경제적 고통을 덜어주는 새로운 프로그램들에만 의존할 수는 없다. 분명히 이것만으로도 대단히 도움이 될 것이다. 지금 포퓰리즘의 분위기에 휩쓸려 있는 유권자들을 도울 수 있을 것이며, 민주당이 선거에서 승리하고 권력을 유지하는 데 도움이 될 것이다. 하지만 이는 근본적으로는 부분적인 해법이다. 현대 사회의 혼란스런 문제들에 진정으로 대처할 수 있는 잘 작동하는 프로그램들을 만들 수 없는, 입법의 중심에 의회가 있는 정부를 그대로 남겨두기 때문이다. 또한 효과적인 정부를 만들기에는 권력이 부족하고, 공화당 대통령들이 그렇기 되기 쉽겠지만, 반민주주의적 성향을 지닌 대통령들의 수중에서는 위험해질 수 있을 정도로 권력이 과도한 대통령직을 그대로 남겨두기 때문이다.

따라서 민주당 대통령들은 새로운 프로그램들에만 머물러서는 안 된다. 시스템이 보다 반응적이 될 뿐 아니라 보다 근본적으로는 장기적으로 더 효과적인 정부를 만드는 데 목표를 둔 제도 개혁에 적극적 지원을 할 필요가 있다. 이것이야말로 포퓰리즘 운동에 기름을 끼얹고 있는 불만과 분노와 소외를 종식시킬 수 있는 유일한 방법이다. 이것이야말로 또한 세계화와 기술 변화와 이민의 사회경제적 혼란, 앞으로도 지속될 것이고 장래 더 악화될 수도 있으며 포퓰리즘의 근본적 원인인 이 사회경제적 혼란에 대처할 수 있는 유일한 방법이다. 국민들이 정부를 지지하려면, 정부는 이런 현대성의 도전에 잘 대응해야 하며, 근본적으로 개혁되지 않으면 그렇게 할 수 없다.

당연히 불만은 백인 노동 계층에만 있는 것이 아니다. 대부분의 국민들은 정부의 성과에 대단히 불만족스러워 하며, 이 불만족은 불신과 반감만이 아니라 체계 변화에 대한 지지를 이끌어낸다. 미국인들 중 확실한 다수가 정부가 무언가 해야 한다고 확신하고 있음에도 불구하고, 10명 중 1명 미만이 소득 격차를 줄이고 기후 변화에 대처하고 범죄율을 줄이고 모든 국민들이 의료 서비스를 받을 수 있게 하는 데 정부가 "극히 잘하고 있다," 또는 "잘하고 있다"고 생각한다.[100] 압도적인 다수가 너무도 분명하게 정부가 공을 떨어뜨리고 있는 것을 알 수 있다. 현 상황에 신물이 난 이 국민들은 근본적인 변화를 갈망한다. 전국적으로 국민들 55퍼센트가 우리 정부에 "중대한 변화"가 필요하다고 보고 있으며, 12퍼센트는 전 체계가 대체될 필요가 있다고 생각한다.[101]

이런 사실들은 민주당에게 기회를 제공한다. 사회의 가장 지속적인 도전들에 대한 문제 해결자로 나설 기회가 있는 것이다. 포퓰리즘이 대두되고 있는 가운데 민주당은 미국인들 대다수가 느끼고 있는 불안과 좌절에 대해 직접적으로 대응함으로써 스스로를 구별 지을 수 있다. 정부 실패에 대해 깨끗이 자인하고 시정을 위한 정책적, 제도적 개혁에 헌신함으로써 민주당은 변화에 유권자들의 열망을 활용할 수 있다.

민주당 대통령이 주도하는 민주당이 이런 기회를 잡을 수 있다고 생각하는 것은 몽상이 아니다. 민주당은 앞으로 나서서 선거에서 승리하고 노동 계층을 위한 일련의 프로그램들을 실행하고 효과적인 정부를 만들고 민주주의를 지킬 수 있는 제도 개혁을 추진할 수 있다. 민주당은 선거에서 이점이 있다. 그리고 이런 위기 시에는, 만일 민주당이 그 중대성을 인식하고 해법을 이해한다면, 필요한 일을 하려고 들 것이다.

그렇지만 민주당이 성공할 확률은 얼마나 될까? 객관적인 답은 패가 이들에게 불리하게 돌려졌다는 것이다. 민주당은 헌법 제정가들 때문에 변화를 대단히 어렵게 만들고 막기는 쉽게 고안된 정부 체계에서 움직이고 있다. 이 체계에는 의도적으로 많은 거부점(veto points)들이 존재하고 있어서, 민주당의 프로그램들과 구조적 개혁이 무산되고 정부가 취약하고 무능력한 상태로 남아 있으며 민주당 대통령이 실패하도록 만들기 위해 공화당이 어떤 방식으로든 이 거부점들을 활용할 것이다.

혁신주의자들은 초당적으로 좋은 정부 운동을 벌였다는 점을 상기할 필요가 있다. 테디 루스벨트는 공화당이었고 우드로 윌슨은 민주당이었던 것이다. 이것이 바로 성공의 열쇠여서, 초당적 협력이 대담한 입법을 가능하게 했었다. 1930년대에 프랭클린 루스벨트는 양원 모두에서 압도적 다수였던 민주당의 지지에 의지할 수 있었으며,

이것이 대담한 입법을 가능하게 했다. 오늘날 이처럼 개혁에 우호적인 조건은 존재하지 않는다. 양당은 양극화되었다. 민주당이 효과적인 정부 개혁의 유일한 희망이며, 만일 공화당이 양원 중 어느 하나라도 장악하게 될 경우 민주당이 하려는 어떤 것도 막을 수 있고 반드시 막을 것이다. 사실, 민주당이 백악관과 양원 모두를 장악한다 하더라도 공화당이 변화를 막을 수도 있다. 2017년 오바마케어 참사 때 민주당이 어떻게 공화당을 가로막았는지 상기해 보라. 공화당의 최우선 어젠다를 실행하려는 공화당 "단점 정부"(unified government)를 좌절시키는 데 당론을 거슬린 몇 명의 공화당 상원의원들이면 충분했던 것이다.

그렇다면, 블루 컬러 노동 계층을 돕는 프로그램들을 실행하려는 민주당의 시도, 분명히 선거에서 상당한 이득을 가져다 줄 이 시도에만 초점을 두더라도 전망은 흐릿하다. 제도 개혁들에 관한 한 전망은 더 암울하다. 헌법 개정이 필요한 것들에 대해서는 말할 필요도 없다. 헌법 개정이 필요하지 않은 것들 역시 마찬가지인데, 정치인들이란 보통 이런 개혁을 추진할 동기를 지니고 있지 않기 때문이다. 의원들에게 구조적 개혁은 매력적인 것이 아니다. 유권자들에게 직접적인 혜택이나 서비스를 가져다주지도 않으며 시스템 전체를 개선했다고 의원들의 공을 인정해주는 사람도 없기 때문이다. 결과적으로 체계 전체에 걸친 개혁에 의회가 개입하면 개혁 프로젝트는 산발적이고 무질서하며 취약하게 될 수 있다.[102]

그렇다고 해서 의회가 아무것도 하지 않았다는 것은 아니다. 예컨대 베트남 전쟁과 워터게이트 직후에 의회는 제왕적 대통령으로 간주한 것들과 대적하기 위해 전쟁권한법(War Powers Act), 예산 및 유보 통제법(Budget and Impoundment Control Act), 정부 윤리법(Ethics in Government Act) 등의 개혁을 시행했다. 그렇지만 이 법들은 대통령에 대항해 자신들의 정부 제도를 보호하고 양부 간의 힘의 불균형을 재조정하려는 시도였다. 의회에 내장된 병폐들을 처리해서 보다 효과적인 정부를 만들지는 않았던 것이다. 더욱이 이런 개혁 법안들을 통과시키고 나서 의원들은 이를 제대로 실행하지도 못했다. 예컨대 1974년에 의회가 전쟁권한법을 제정한 이후 대통령들은 일상적으로 보고 의무를 무시했으며 이 법의 합헌성을 인정하기를 거부했다. 의회 역시 대통령이 법의 문구대로 따를 것을 강력히 요구하지 않았다. 몇몇 학자들이 보여주었듯이 이 법이 대통령의 몇 가지 의사 결정 측면을 바꾸었을 수는 있다.[103] 그러나 이 자체만 놓고 볼 때, 이 법은 대통령들이 민주주의적으로 받아들일 수 있는 경계 내에 머물도록 강력한 제약을 구축하는 데는 실패했다.[104]

의회의 헌법적 구조와 의원들의 정치적 유인들을 고려할 때 우리는 어디서 리더십을 찾을 수 있을까? 효과적인 정부를 위한 구조적 역량이 갖추어지려면 이는 민주당 대통령으로부터 나와야 한다. 이들은 정부 전체가 어떻게 기능하는지에 대해 책임을 지고 있고 제도적 개선을 추진함으로써 위대한 대통령이 되기를 열망하는 유인들이 있다. 그렇지만 이들도 온전히 신뢰할 수는 없다. 대통령직을 보호해야 하는 존재로서 이들은 대통령 권력을 제약하는 개혁들을 반대하려 들 수 있다. 심지어 장래의 공화당 대통령이 악용할까 두려워서 신속처리권과 같이 대통령 권력을 증대시키는 개혁들도 반대할 수 있다. 또한 불평등의 심화, 기후 온난화, 역기능적인 이민 체계 등 트럼프 행정부 시기에 악화되기만 했던 문제들을 고려할 때, 민주당 대통령들이 제도 개혁의 난제들은 제쳐 두고 정책적 해결만을 추진할 수도 있다.

그러나 우리 정부에 대한 중대한 구조적 변화가 없이는 민주당은 이룰 수 있는 것이 많지 않다. 이런 변화가 없다면, 민주당의 법안은 의회의 전형적인 입법 과정 내에서 급조될 것이며 그토록 필사적으로 해결하려던 사회 문제들을 다루는 데 있어서 제대로 고안되지 못하고 효과도 없는 정책이 될 것이다. "무언가"를 하는 것만으로는 충분하지 않다. 무언가 제대로 작동하는 것을 해야 한다. 그리고 제대로 작동하는 프로그램들을 만드는 데 실패하는 것은 항상 우리 시스템의 고질적인 병폐였다.

무슨 일이 벌어지던 간에 포퓰리즘의 사회경제적 원인들은 전 세계적으로 퍼져나갈 것이며, 미국의 경제와 문화에 큰 영향을 미칠 것이다. 만일 민주당이 효과적인 대응을 할 수 있는 프로그램들과 구조적 개혁에 착수하지 못한다면, 정부에 대한 좌절감과 반시스템적 분노는 커가기만 할 것이고, 공화당이 이득을 보게 될 것이다. 포퓰리스트 기반이 확장될 뿐 아니라 일반 유권자들도 무능력하고 친시스템적인 민주당에 대한 유일한 대안으로 공화당을 바라보게 될 것이기 때문이다. 초기에 민주당이 지녔던 이점들도 사라지게 될 수 있다. 결국 가장 강력한 이점은 공화당에게 있을 수 있다. 시스템이 실패하기를 바라기 때문이다. 시스템이 실패하면 공화당의 지지층은 확대되고 활기를 띠게 되는데, 공화당은 본질적으로 무능력하고 실패하도록 만들기가 쉬운 시스템 안에서 움직이고 있는 것이다.

　여기에 기가 막힌 비대칭성이 있다. 민주당이 포퓰리즘과의 싸움에서 이기려면, 프로그램들과 제도 개혁의 건설적 어젠다들을 실행해야 하는데, 이 어젠다들이야말로 우리의 낡은 정부 체계가 공화당이 쉽게 막을 수 있게 해서 무산되게 만드는 어젠다들인 것이다. 반면에 공화당은 건설적인 어젠다를 가지고 있지 않다. 공화당이 감세와 같은 정책상의 소망사항들이 입법화되기를 원할지는 모르나, 공화당의 선거 승리와 정권 획득의 열쇠는 현대 사회의 난감한 도전에 대응하는 데 우리 정부체계가 계속 실패하는 데 있다. 이렇게 만드는 데 공화당은 중대한 입법을 필요로 하지 않는다. 이미 일어나고 있는 것이다. 앞으로도 사회경제적 혼란이 피해를 끼치게 될 것이므로, 이런 일은 계속 일어날 것이다. 그럼에 따라 공화당은 소외와 불만의 보상을 거두어들이고, 시스템에 맹공을 퍼부으며, 미국을 더욱 반민주주의적인 길로 끌고 갈 트럼프의 후예와 같은 스트롱맨 리더들로 맞설 것이다.

　위기가 미국을 일깨울 수도 있으나, 장담할 수는 없다. 너무나 많은 대중들이 민주주의에 무관심하고 민주주의의 필요조건에 대해 모른다. 너무나 많은 엘리트들은 너무 당파적이고 너무 극단적인 관점을 지니고 있고 상대방을 너무나 증오해서, 자기들에게 유리하다고 생각되면 민주주의와 법치를 기꺼이 훼손한다. 그리고 헌법 제정가들이 만든 견제와 균형이란 공허한 체계는? 일어나서 현실을 직시하라. 아득한 옛날에 고안되어 현대 사회의 문제들을 다루는 데 참담할 정도로 역량이 없는 복잡다단한 정부구조일 뿐이다.

아테네인들이 옳았다. 민주주의는 자기 파괴의 씨앗을 품고 있다. 낡은 정부의 실패가 강력한 반-시스템적 반응을 촉발시키고 있는 미국에서 이 씨앗들은 지금 끔찍한 열매들을 맺고 있다. 미국 민주주의는 오랜 기간 야심차게 발전해 왔다. 하지만 국민들의 필요를 충족시키지 못한다면 어떤 민주주의 정부도 지속될 수 없다. 우리도 예외는 아니다.

주

서론

1 포퓰리즘과 트럼프 승리의 사회경제적 추동력에 대해서는 William Galston, *Antipluralism: The Populist Threat to Liberal Democracy* (New Haven, CT: Yale University Press, 2018); Pippa Norris and Ronald Inglehart, *Cultural Clash: Trump, Brexit, and Authoritarian Populism* (New York: Columbia University Press, 2019); John Sides, Michael Tesler, and Lynn Vavreck, *Identity Crisis: The 2016 Campaign and the Battle for the Meaning of America* (Princeton, NJ: Princeton University Press, 2018); Diana Mutz, "Status, not Econoomic Hardship, Explains the 2016 Presidential Vote," *Proceedings of the National Academy of Sciences* 115, no. 19 (2018): E4330-E4339; William Wilkinson, *The Density Divide: Urbanization, Polarization and Populist Backlash* (Washington, DC.: Niskanen Center, 2019); David Autor, David Dorn, Gordon Hanson, and Kaveh Majlesh, "A Note on the Effect of Rising Trade Exposure on the 2016 Presidential Election," MIT Working Paper, 2017, https://economic.mit.edu/faculty/dautor/papers/inequality.

2 David Frum, *Trumpocracy: The Corruption of the American Republic* (New York: Harper, 2018); Yascha Mounk, *The People vs Democracy: Why Our Freedom Is in Danger* (Cambridge, M.A.: Harvard University Press, 2018); Norris and Inglehart, Cultural Clash.

3 포퓰리스트 선동가들에 대해서는 Michael Signer, *Demodogues: The Fight to Save Democracy from Its Worst Enemies* (New York: Palgrave Macmillan, 2009); John B. Judis, *The Populist Explosion: How the Great Recession Transformed American and European Politics* (New York: Columbia Global Reports, 2016); Cas Mudde and Cristobal Rovira Kaltwasser, *Populism: A Very Short Introduction* (New York: Oxford University Press, 2017); Jan Werner-Muller, *What Is Populism?* (Philadelphia: University of Pennsylvania Press, 2016); Karsten Grabow and Florian Hartleb, eds., *Exposing the Demogogues: Right-Wing and National Populist Parties in Europe* (Brussels: Center for European Studies, 2013) 참조.

4 미국사 전체를 통해 미국 정부의 무능력에 대한 광범위한 증거들에 대해 Peter H. Schuck, *Why Government Fails So Often: And How It Can Do Better* (Princeton, NJ: Princeton University Press, 2014); Clifford Winston, *Government Failure versus Market Failure: Microeconomic Policy Research and Government Performance* (Washington, DC: Brookings Institution, 2006); Jonathan Rauch, *Government's*

End: Why Washington Stopped Working (Washington, DC: Public Affairs, 1999);
  Ferek Bok, *The Trouble with Government* (Cambridge, MA: Harvard University
  Press, 2001) 참조.
5 William G. Howell and Terry M. Moe, *Relic: How the Constitution Undermines Effective Government — and Why We Need a More Powerful Presidency* (New York: Basic Books, 2016).
6 Judis, *Populist Explosion*; Mudde and Kaltwasser, *Populism*.
7 예컨대 Paul Krugman, "Why Isn't Trump a Real Populist?" *New York Times*, June 17, 2019.
8 Nadia Urbinati, "Political Theory of Populism," *Annual Review of Political Science* 22, no. 1 (May 2019): 111-27; Judis, *Populist Explosion*; Mudde and Kaltwasser, *Populism;* Muller, *What Is Populism?*; Norris and Inglehart, *Cultural Clash*.
9 이 부분과 개관 전체에 대해 Signer, *Demogogue*; Galston, *Anti-populism*; Judis, *Populist Explosion*; Mudde and Kaltwasser, *Populism*; Muller, *What Is Populism?*; Mounk, *People vs. Democracy*; Grabow and Hartleb, *Exposing the Demogogues* 참조.
10 Mounk, *People vs. Democracy*.
11 Norris and Inglehart, *Cultural Backlash*, Kindle version, location 414.
12 포퓰리즘에 대한 앞 부분의 참고문헌들을 보라. 또한 Steven Levitsky Daniel Ziblatt, *How Democracies Die* (New York: Crown, 2018); John Sides, Michael Tesler, and Lynn Vavreck, *Identity Crisis: The 2016 Campaign and the Battle for the Meaning of America* (Princeton, NJ: Princeton University Press, 2018); Katherine J. Cramer, *The Politics of Resentment: Rural Consciousness in Wisconsin and the Rise of Scott Walker* (Chicago: University of Chicago Press, 2016); Ashley Jardina, *White Identity Politics* (New York: Cambridge University Press, 2019); Amanda Taub, "The Rise of American Authoritarianism," *Vox*, March 1, 2016; Marc J. Hetherington and Jonathan D. Weiler, *Authoritarianism and Polarization in American Politics* (Cambridge: Cambridge University Press, 2009); Karen Stenner, *The Authoritarian Dynamics* (Princeton, NJ: Princeton University Press, 2005) 참조.
13 Levitsky and Ziblatt, *How Democracies Die*.
14 Dennis F. Thompson, "Constitutional Character: Virtues and Vices in the Presidential Leadership," *Presidential Studies Quarterly*, 40, no. 1 (January 2010): 23-37.
15 의회의 병폐와 왜 대통령이 효과적인 정부의 중심이 되어야하는지에 대한 보다 구체적인 논의로 Howell and Moe, *Relic* 참조.
16 Scott C. James, "The Evolution of Presidency: Between the Promise and the Fear," in *The Executive Branch*, ed. Joel D. Aberbach and Mark A. Peterson (New York:

Oxford University Press, 2005), 3-40.
17 중대한 구조 변화의 필요성을 주장하는 (그러나 우리와는 다른 논리를 따르는) 최근 연구들에 대해 다음을 참조하라. Benjamin Paige and Martin Gilens, *Democracy in America? What Has Gone Wrong and What We Can Do about It* (Chicago: University of Chicago Press, 2017); Tom Ginsberg and Aziz Huq, *How to Save a Constitutional Democracy*(Chicago: University of Chicago Press, 2018); Sanford Levinson and Jack Balkin, *Democracy and Dysfunction* (Chicago: University of Chicago Press, 2019); Lawrence Lessig, *America Compromised* (Chicago: University of Chicago Press, 2018).
18 예컨대 Taub, "Rise of American Authoritarianism"; Sides, Tesler and Vavreck, *Identity Crisis* 참조.

1장

1 William G. Howell and Terry M. Moe, *Relic: How Our Constitution Undermines Effective Government – and Why We Need a More Powerful Presidency* (New York: Basic Books, 2016).
2 Sean Wilentz, *The Rise of American Democracy: Jefferson to Lincoln* (New York: W.W. Norton, 2005), 312.
3 Wilentz, *Rise of American Democracy*, 322-27; J. M. Opal, *Avenging the People: Andrew Jackson, the Rule of Law, and the American Nation* (New York: Oxford University Press, 2017); Walter Johnson, *River of Dark Dreams: Slavery and Empire in the Cotton Kingdom* (Cambridge, MA: Harvard University Press, 2013), 28-34.
4 19세기 초반의 시장 경제 전환에 대해서는 Charles Sellers, *The Market Revolution: Jacksonian America, 1815-1846* (New York: Oxford University Press, 1991).
5 Charles Postel, *The Populist Vision* (New York: Oxford University Press, 2007), 47.
6 Lawrence Goodwyn, *The Populist Movement: A Short History of the Agrarian Revolt in America* (New York: Oxford University Press, 1978), 8-19.
7 이 시기에 대해 자세한 내용은 다음을 참고하라. Elizabeth Sanders, *Roots of Reform: Farmers, Workers, and the American State, 1877-1917* (Chicago: Chicago University Press, 1999); Richard Franklin Bensel, *The Political Economy of American Industrialization, 1877-1900* (New York: Cambridge University Press, 2000); Richard Franklin Bensel, *Passion and Preferences: William Jennings Bryan and the 1896 Democratic National Convention* (New York: Cambridge University Press,2008).
8 노예해방 이후 남부의 정치에 대해 다음을 참조하라. C. Vann Woodward, *Origins of the New South, 1877-1913* (Baton Rouge: Louisiana State University Press,

1951); Steven Hahn, *The Roots of Southern Populism: Yeoman Farmers and the Transformation of the Georgia Upcountry, 1850-1890* (New York: Oxford University Press, 2006).

9   Noam Maggor, *Brahmin Capitalism: Frontiers of Wealth and Populism in America's First Gilded Age* (Cambridge: Harvard University Press, 2017); Postel, *Populist Vision*; Michael Kazin, *The Populist Persuasion: An American History* (New York: Basic Books, 1995).

10 Richard Hofstadter, *The Age of Reform: From Bryan to FDR* (New York: Vintage Books, 1955).

11 특히 Sanders, *Roots of Reform*을 참조하라.

12 Nancy McLean, "The Leo Frank Case Reconsidered: Gender and Sexual Politics in the Making of Reactionary Populism," *Journal of American History* 78, no. 3 (December 1991); 920.

13 다음을 참조하라. Jackson Lears, *Rebirth of a Nation: The Making of Modern America, 1877-1920* (New York: HarperCollins, 2009); James Q. Whittman, *Hitler's American Model: The United States and the Making of Nazi Race Law* (Princeton, NJ: Princeton University Press, 2017).

14 Stephen Skrowneck, *Building a New American State* (New York: Cambridge University Press, 1982).

15 루스벨트와 뉴딜에 대해서는 다음을 참조하라. William E. Leuchtenberg, *Franklin D. Roosevelt and the New Deal, 1932-40* (New York: Harper and Row, 1963); Ira Katznelson, *Fear Itself: The New Deal and the Origins of Our Time* (New York: W.W.Norton, 2013).

16 Benjamin Alpers, *Dictators, Democracy, and American Public Culture: Envioning the Totalitarian Enemy, 1920s-1950s* (Chapel Hill: University of North Carolina Press, 2003) 참조.

17 Alan Brinkley, *Voices of Protest: Huey Long, Father Coughlin, and the Great Depression* (New York: Random House, 1982).

18 Frederick C. Turner and José Enrique Miguens, eds., *Juan Perón and the REshaping of Argentina* (Pittsburgh: University of Pittsburgh Press, 1983).

19 Sebastian Edwards, *Left Behind: Latin America and the False Promise of Populism* (Chicago: University of Chicago Press, 2010); Kirk Hawkins, *Venezuela's Chavismo and Populism in Comparative Perspective* (Cambridge: Cambridge University Press, 2010).

20 예컨대 Kurt Weyland, "Latin America's Authoritarian Drift: The Threat from the Populist Left," *Journal of Democracy* 24, no. 3 (2013); 13-32 참조.

21 Steven Levitsky and Daniel Ziblatt, *How Democracies Die* (New York: Crown,

2018); Seymour Martin Lipset, "Some Requisites of Democracy: Economic Development and Political Legitimacy," *American Political Science Review* 53, no. 1 (March 1959): 69-105; Adam Przeworski, Michael E. Alvarez, Jose Antonio Cheibub, and Ferdinando Limongi, *Democracy and Development: Political Institutions and Well-Being in the World, 1950-1990* (Cambridge: Cambridge University Press, 2000); Charles Boix Susan C. Stokes, "Endogenous Democratization," *World Politics* 55, no. 4 (July 2003): 517-49; Ronald Inglehart and Christian Welzel, *Modernization, Cultural Change, and Democracy* (Cambridge: Cambridge University Press, 2005).

22 Stephen Marglin and Juliet B. Schor, eds., *The Golden Age of Capitalism: Reinterpreting the Postwar Experience* (Oxford: Oxford University Press, 1990).

23 David Singh Grewal and Jedediah S. Purdy, "Inequality Reconsidered," *Theoretical Inquiries in Law* 18, no. 1 (February 2017): 64.

24 이 전 세계적 폭풍이 복지국가에 미친 충격과 이에 대한 대응에 대해서는 다음을 참조하라. Paul Pierson, ed., *The New Politics of the Welfare State* (New York: Oxford University Press, 1971); Evelyne Huber and John D. Stephens, *Development and Crisis of the Welfare State* (Chicago: University of Chicago Press, 2001); Peter Stark, "The Politics of Welfare State Retrenchment: A Literature Review," *Social Policy and Administration* 40, no. 1 (2006): 104-20.

25 Manfred B. Steger and Ravi K. Roy, *Neoliberalism: A Very Short Introduction* (New York: Oxford University Press, 2010).

26 EU와 그 정치적, 경제적 문제점들에 대해서는 다음을 참조. Neil Nugent, T*he Government and Politics of the European Union*, 7th ed. (London: Red Globe Press, 2017); Judis, *Populist Explosion*.

27 Martin Jacque, "The Death of Neoliberalism and the Crisis in Western Politics," *Guardian*, August 21, 2016.

28 Judis, *Populist Explosion*; Christian Dustmann and Tommaso Frattini, "Immigration: The European Experience," in *Immigration, Poverty, and Socioeconomic Inequality*, ed. David Card and Steven Raphael (New York: Russel Sage, 2013).

29 Saara Koikkalainen, "Free Movement in Europe: Past and Present, Migration Information Source," *Migration Information Source*, April 21, 2011, https://www.migrationpolicy.org/article/free-movement-europe-past-and-present; Tejvan Pettinger, "Free Movement of Labour-Advantages," *Economics Help*, June 25, 2017, https://www.economichelp.org/blog/1386/economics/free-movement-of-labour/; John Kenan, "Open Borders in the European Union and Beyond: Migration Flow and Labor Market Implication," Working Paper (Cambridge, MA: National Bureau of Economic Research, 2017).

30 Will Arts and Loek Halman, "National Identity in Europe Today: What the People Feel and Think," *International Joural of Sociology* 35, no. 4 (December 2005): 69-93.

31 Deborah Reed-Danahay and Caroline B. Brettel, eds., *Citizenship, Political Engagement, and Belonging: Immifrants in Europe and the United States* (New Brunswick, NJ: Rutgers University Press, 2008).

32 Karsten Grabow and Florian Hartleb, "Mapping Present-Day Right-Wing Populists," in *Exposing the Demogogues: Right-Wing and National Populist Parties in Europe*, ed. Karsten Grabow and Florian Hartleb (Brussels: Center for European Studies, 2013), 13-44.

33 European Parliament, "Asylum and Migration in the EU: Facts and Figures," June 30, 2017, http://www.europarl.europa.eu/news/en/headlines/society/20170629STO78630/eu-migrant-crisis-facts-and-figures.

34 Pew Research Center, "International Migrants by Country," 2016, https://www.pewresearch.org/global/interactives/international-migrants-by-country/; Philip Connor and Jens Manuel Krogstad, "Immigrant Share of Population Jumps in Some European Countries," *Fact Tank*, Pew Research Center, June 15, 2016, https://www.pewresearch.org/fact-tank/2016/06/15/immigrant-share-of-population-jumps-in-some-european-countries/.

35 Conrad Hackett, "Five Facts about the Muslim Population in Europe," *Fact Tank*, Pew Research Center, November 29, 2017, https://www.pewresearch.org/fact-tank/2017/11/29/5-facts-about-the-muslim-population-in-europe/.

36 예외도 있었다. 예컨대 프랑스의 사르코지(Nicolas Sarkozy)는 대통령직을 탈환하기 위해 반이민으로 입장을 바꿨으나, 실패했다.

37 Bundeskriminalamt, "Crime in the Context of Immigartion: Overview of the Situation in 2016," *BKA*, April 24, 2017, https://www.bka.de/SharedDocs/Downloads/DE/Publikationen/JahresberichteUndLagebilder/KriminalitaeImKontextVonZuwanderung/KriminalitaeImKontextVonZuwanderung-2016.html.

38 Kate Brady, "Braunschweig, Northern Germany, Uncovers 300 Cases of Welfare Fraud by Asylum Seekers," *Deutsche Welle*, January 1, 2017, https://www.dw.com/en/braunschweig-northern-germany-uncovers-300-cases-of-welfare-fraud-by-asylum-seekers/a-36969990.

39 예컨대 Megan Greene and R. Daniel Keleman, "Europe's Failed Refuge Policy," *Foreign Affairs*, June 28, 2016.

40 Richard Wike, Bruce Stokes, and Katie Simmons, "Europeans Not Convinced Growing Diversity Is a Good Thing, Divided on What Determines National Identity," Pew Research Center, July 11, 2016, https://www.pewresearch.org/

global/2016/07/11/europeans-not-convinced-growing-diversity-is-a-good-thing-divided-on-what-determines-national-identity/.

41 Bruce Stokes, "Post-Brexit, Europeans More POsitive about the EU, but Want Own Referendum on Membership" Pew Research Center, July 14, 2017, https://www.pewresearch.org/global/2017/07/14/post-brexit-europeans-more-positive-about-the-eu-but-want-own-referendum-on-membership/.

42 Pippa Norris and Ronald Inglehart, *Cultural Backlash: Trump, Brexit, and Authoritarian Populism* (New York: Cambridge University Press, 2019).

43 Amanda Taub, "The Rise of American Authoritarianism," *Vox*, March 1, 2016.

44 Norris and Inglehart, Cultural Backlash; Mounk, People vs. Democracy; "Timbro Authoritarian Populism Index," *Timbro*, February 2019, http://www.populismindex.com/wp-content/uploads/2019/02/TAP2019C.pdf; Richard Wike, Katie Simmons, Bruce Stokes, and Janell Fetterolf, "Globally, Broad Support for Representative and Direct Democracy," Pew Research Center, October 16, 2017, https://www.pewresearch.org/global/2017/10/16/globally-broad-support-for-representative-and-direct-democracy/. 특히 미국에 초점을 두고 권위주의적 가치를 다룬 연구로 Marc J. Hetherington and Jonathan D. Weller, *Authoritarianism and Polarization in American Politics* (Cambridge: Cambridge University Press, 2009); Karen Stenner, *The Authoritarian Dynamic* (Princeton, NJ: Princeton University Press, 2005)

45 유럽에서 포퓰리즘의 대두에 대해서는 많은 연구들이 있다. 가장 최근의연구들로 다음을 참고하라. Norris and Inglehart, *Cultural Backlash*; Yann Algan, Sergei Guriev, Elias Papaioannou, and Evgenia Passari, "The European Trust Crisis and the Rise of Populism," *Brookings Papers on Economic Activity* 48, no. 2 (Fall 2017): 309-400; Dani Rodrik, "Populism and the Economics of Globalization," *Journal of International Business Policy* 1, nos. 1-2 (2018): 12-33; Noam Gidron and Peter A. Hall, "The Politics of Social Status: Economic and Cultural Roots of the Populist Right," *British Journal of Sociology* 68, no. S1 (November 2017): 57-84; Vasiliki Georgiadou, Lamprini Rori, and Costas Ruomanias, "Mapping the European Far Right in the 21st Century: A Meso-level Analysis," *Electoral Studies* 54 (2018): 103-15; Christian Dustmann, Barry Eichengreen, Sebastian Otten, Andre Sapir, Guido Tabellini and Gylfi Zoega, "Populism and Trust in Europe," Vox CEPR Policy Portal, August 2017, https://www.voxeu.org/article/populism-and-trust-in-europe; Italo Colantone and Piero Stanig, "The Trade Origins of Economic Nationalism: Import Competition and Voting Behavior in Western Europe," *American Journal of Political Science* 62, no. 4 (2018): 936-53; Bruce Stokes, "Populist Views in Europe: It's Not Just the Economy," Pew Research Center, 2018; Luigi Guiso,

Helios Herrera, Massimo Morelli, and Tommaso Sonno, "Demand and Supply of Populism," CEPR Discussion Papers no. 11871, 2017.

46 William A. Galston, "The Rise of European Populism and the Collapse of the Center-Left," Brookings Institution, March 8, 2018, https://www.brookings.edu/blog/order-from-chaos/2018/03/08/thr-ride-of-european-populism-and-the-collapse-of-the-center-left/.

47 Jason Horowitz and Patrick Kingsley, "Clinton Wants Europe to Get Tough on Migration: It Already Has," *New York Times*, November 23, 2018.

48 Max Fisher, "After a Rocky 2018, Populism Is Down but Far from Out in the West," *New York Times*, January 5, 2019.

49 예컨대, John Gerring, Strom Thacker, and Carola Moreno, "Are Parliamentary Systems Better?" *Comparative Political Studies* 42, no. 3 (December 2008): 327-59; George Tsebelis, *Veto Players: How Political Institutions Work* (Princeton, NJ: Princeton University Press, 2002).

50 Dwayne Swank and Hans-Georg Betz, "Globalization, the Welfare State, and Righth-Wing Populism in Western Europe," *Socio-economic Review* 1, no. 2 (May 2003): 215-45.

51 Fisher, "After a Rocky 2018."

52 Juan J. Linz and Alfred Stepan, *Problems of Democratic Transition and Consolidation: Southern Europe, South Africa, and Post-Communist Europe* (Baltimore: Johns Hopkins University Press, 1996); Claus Offe, *The Varieties of Transition: The East European and East German Experience* (Cambridge, UK: Policy Press, 1996).

53 International Monetary Fund (IMF), World Economic Outlook (WEO) database, "Report for Selected Countries and Subjects," 2019; World Bank data, "GDP per Capita (Current US $)," 2019, https://data.worldbank.org/indicator/NY.GDP.PCAP.CD?end=2016&start=1989.

54 World Bank Data, "GDP per Capita (Current US $)," 2019, https://data.worldbank.org/indicator/NY.GDP.PCAP.CD?end=2016&start=2009.

55 Week Staff, "Hungary's Illiberal Democracy," *Week*, April 22, 2018; Marc Santora, "George Soros-Founded University Is Forced Out of Hungary," *New York Times*, December 3, 2018.

56 헝가리의 포퓰리즘 정부에 대해 구체적 설명으로 다음을 참조하라. Levitsky and Ziblatt, *How Democracies Die*; Mounk, *People vs. Democracy*; Muddle and Kaltweisser, Populism.

57 Krisztina Than, "Tens of Thousands Join Rally for Hungary's Orbán before April Vote," *Reuter*, March 15, 2018.

58 Pablo Gorondi, "UN Human Rights Chief Stands by Criticism of Hungarian Leader," *Associated Press*, March 6, 2018.
59 Patrick Kingsley, "As West Fears the Rise of Autocrats, Hungary Shows What's Possible," *New Yok Times*, February 10, 2018.
60 Mounk, *People vs. Democracy*가 폴란드 포퓰리즘에 대해 상당히 자세한 사실들을 제공한다.
61 George H. Nash, *The Conservative Intellectual Movement in America since 1945*, 30th anniversary ed. (Wilmington, DE: Intercollegiate Studies Institute, 2006); Matt Grossmann and David A. Hopkins, *Asymmetric Politics: Ideological Republicans and Group Interest Democrats* (Chicago: University of Chicago Press, 2016).
62 Eric Schickler, *Racial Realignment: The Transformatioon of American Liberalism, 1932-1965* (Princeton, NJ: Princeton University Press, 2016); Edward G. Carmines and James A Stimson, *Issue Evolution: Race and the Transformation of American Politics* (Princeton, NJ: Princeton University Press, 1989).
63 Dan T. Carter, *The Politics of Rage: George Wallace, the Origins of the New Conservatism, and the Transformation of American Politics*, 2nd ed. (Baton Rouge: Louisiana State University Press, 2000); Dan T. Carter, *From George Wallace to Newt Gingrich: Race in the Conservative Counterrevolution, 1963-1994* (Baton Rouge: Louisiana State University Press, 1996).
64 Jefferson Cowie, *Stayin' Alive: The 1970's and the Last Days of the Working Class* (New York: New Press, 2010).
65 Laura Kalman, *Right Star Rising: A New Politics, 1974-1980* (New York: Norton, 2010); Andrew Hartman, *A War for the Soul of America: A History of the Culture Wars* (Chicago: University of Chicago Press, 2015).
66 Daniel K. Williams, *God's Own Party: The Making of the Christian Right* (New York: Oxford University Press, 2010); David Hopkins, *Red Fighting Blue: How Geography and Electoral Rules Polarize America* (New York: Cambridge University Press, 2017).
67 예컨대 Geoffrey Kabaservice, *Rule and Ruin: The Downfall of Moderation and the Destruction of the Republican Party, from Eisenhower to the Tea Party* (New York: Oxford University Press, 2012).
68 Schikler, *Racial Realignment*; Carmines and Stinson, *Issue Evolution*; Nolan McCarty, Keith Poole, and Howard Rosenthal, *Polarized America: The Dance of Ideology and Unequal Riches* (Cambridge, MA: MIT Press, 2006); Matthew Levundusky, *The Partisan Sort: How Liberals Became Democrats and Conservatives Became Republicans* (Chicago: University of Chicago Press, 2009).
69 Kavaservice, *Rule and Ruin*; Matt Grossman and David A. Hopkins, *Asymmetric*

Politics: Ideological Republicans and Group Interest Democrats (Chicago: University of Chicago Press, 2016).

70 예컨대, Norris and Inglehart, Cultural Clash; John Sides, Michael Tesler, and Lynn Vavrek, Identity Crisis: The 2016 Presidential Campaign and the Battle for the Meaning of America (Princeton, NJ: Princeton University Press, 2017).

71 Taub, "Rise of American Authoritarianism"; Hetherings and Weiler, Authoritarianism and Polarization in American Politics; Karen Stenner, The Authoritarian Dynamic (Princeton: Princeton University Press, 2005).

72 Cambell J. Gibson and Emily Lennon, Historical Census Statistics on the Foreign-born Population of the United States: 1850-1990 (Washington, DC: Population Division, US Bureau of the Census, 1999).

73 Daniel Tichenor, Dividing Lines: The Politics of Immigration Control in America (Princeton, NJ: Princeton University Press, 2001), chap. 9.

74 Jeffrey Passel, "New Estimates of the Undocumented Population in the Unioted States," Migration Policy Institute, May 22, 2002, https://www.migrationpolicy.org/article/new-estimates-undocumented-population-united-states; Michael Hoefer, Nancy Rytina, and Bryan Baker, "Estimates of the Unauthorized Immigrant Population Residing in the United States: January 2007," Office of Immigration Statistics, Policy Directorate, September 2008, https://www.dhs.gov/sites/default/files/publications/Unauthorized%Immigrant%20Population%20Estimates%20in%20the%20US%20January%202007.pdf.

75 예컨대, "An Open Letter from 1,470 Economists on Immigration," New American Economy, April 12, 2017, https://www.newamericaneconomy.org/feature/an-open-letter-from-1470-economists-on-immigration/. 이민의 경제적 비용과 이익에 대해 도움이 되는 것으로 George Borjas, "The Economic Benefits from Immigration," Journal of Economic Perspectives 9, no. 2 (1995): 3-22. 다양한 경제 영역에서 이민의 장기적 효과에 대한 경험적 연구로 Sandra Sequeira, Nathan Nunn, and Nancy Qian, "Immigrants and the Making of America," Review of Economic Studis (2019).

76 US Census Bureau, Economic Indicator Division, https://census.gov/foreign-trade/guide/sec2.html#bop.

77 Dani Rodrik, The Globalization Paradox: Democracy and the Future of World Economy (New York: W. W. Norton, 2011), xvii.

78 미국 노동력 구성에 대한 자동화의 영향에 대해 다음을 참고하라. David Autor, Frank Levy, and Richard Murnane, "The Skill Content of Recent Technological Change: An Empirical Exploration," Quarterly Journal of Economics 118, no. 4 (2003): 1279-1333; Daron Autor and Pascual Restrepo, "Automation and New Tasks: How Technology Displaces and Reinstates Labor," Journal of Economic Perspectives

33, no. 2 (2019): 3-30; Joseph Zeira, "Workers, Machines, and Economic Growth," *Quarterly Journal of Economics* 113, no. 4 (1998): 1091-1117.

79 David Autor, David Dorn, Gordon Hanson, and Jae Song, "Trade Adjustment: Worker-Level Evidence," *Quarterly Journal of Economics* 129, no. 4 (November 2014): 1799-1860; David Autor, David Dorn, and Gordon Hanson, "The China Shock: Learning from Labor Market Adjustment to Large Changes in Trade," Working Paper 21906, Cambridge, MA: National Bureau of Economic Research, 2016. 또한 다음을 참조하라. Monica Prasad, *The Politics of Free Markets: The Rise of Neoliberal Economic Policies in Britain, France, Germany and the United States* (Chicago: University of Chicago Press, 2006); Greta R. Krippner, *Capitalizing on Crisis: The Political Origins of the Rise of Finance* (Cambridge, MA: Harvard UNiversity Press, 2011); John L. Campbell and Ove K. Pederson, *The Natinal Origins of Policy Ideas: Knowledge Regimes in the United States, Germany, and Denmark* (Princeton, NJ: Princeton University Press, 2014).

80 이에 대해서는 수많은 연구들이 있다. 다음을 참고하라. Daron Acemoglu, Davis Autor, David Dorn, Gordon Hanson, and Brendan Price, "Important Competition and the Great U.S. Employment Sag of the 2000s," *Journal of Labor Economics* 34, no. 1 (2016): 141-98; David Autor, David Dorn, and Gordon Hanson, "The Geography of Trade and Technology Shocks in the United States," *American Economic Review: Papers and Proceedings* 103, no. 3 (2013): 220-25; David Autor, David Dorn, and Gordon Hanson, "Untangling Trade and Technology: Evidence from Local Labor Markets," *Economic Journal* 125 (May 2015): 621-46; JOseph Parilla and Mark Muro, "Where Global Trade Has the Biggest Impact on Workers," Brookings Institution, 2016, https://www.brookings.edu/blog/the-avenue/2016/12/14/where-global-trens-has-the-biggest-impact-on-workers; Kristin Lee, "Artificial Intelligence, Automation, and the Economy," National Archives and Records Administration, December 20, 2016, https://obamawhitehousearchives.gov/blog/2016/12/20/artificial-intelligence-automation-and-economy; Stanford Center on Poverty and Inequality, "State of the Union: The Poverty and Inequality Report, 2016," *Pathways*, 2016, https://inequality.stanford.edu/sites/default/files/Pathways-SOTO-2016-2.pdf.

81 Mathematica POlicy Research, "Trade Adjustment Assistance Program (TAA)," 2011-12, https://www.mathematica-mpr.com/our-publications-and-findings/projects/trade-adjustment-assistance-evaluation; Thomas Hillard, "Building the American Workforce," Council on Foreign Relations, July 2013, https://nycfuture.org/pdf/Building_the_American_Workforce.pdf.

82 Edward Alden, *Failure to Adjust: How Americans Got Left Behind in the Global*

Economy (New York: Rowman and Littlefield, 2017).
83 Alden, *Failure to Adjust*, 107-26.
84 Benjamin Hyman, "Can Displaced Labor Be Retained? Evidence from Quasi-Random Assignment to Trade Adjustment Assistance," January 10, 2018, http://dx.doi.otg/10.2139/ssrn.3155386.
85 Ronald Brownstein, "Buchanan Links LA Riot to Immigration Problems," *Los Angeles Times*, May 14, 1992; David Rosenbaum, "The 1992 Campaign: Republican Platform; GOP Drafting Stand for Total Ban on Abortion," *New York Times*, August 11, 1992; Sam Roudman, "Pat Buchanan Is 'Delighted to Be Proven Right' by 2016 Election," *New York Times*, November 1, 2016.

2장

1 이런 식의 견해의 전형적인 예로 Marc A. Thiessen, "Relax, People: We Survived Nixon. We'll Survive Trump," *Washington Post*, November 1, 2018.
2 Mathew Graham and Milan Svolik, "When Trump Stretches Democratic Norms, Do Voters Care?," Monkey Cage, *Washington Post*, November 20, 2018, http://www.washingtonpost.com/news/monkey-cage/2018/11/20/when-trump-stretches-democratic-norms-do-voters-care/?utm_term=68682b2fe954.
3 Alexander Burns, "Pushing Someone, Rich, Offers Himself," *New York Times*, June 16, 2015.
4 David Jackman, "Trump Planned to Describe Some Mexican Migrants 'Rapist,'" *USA Today*, September 30, 2015.
5 David Cay Johnston, *The Making of Donald Trump* (Brookings, NY: Melville House, 2016); Elspeth Reeve, "A Political History of Donald Trump's Publicity (1987-2011)," *Atlantic*, April 18, 2011; PBS News Hour, "Before 2016, Donald Trump Had a History of Toying with a Presidential Run," July 20, 2016, http://www.pbs.org/newshour/show/2016-donald-trump-history-toying-presidential-run; David Freedlander, "An Oral History of Donald Trump's Almost Run for President in 2000," *New Yorker*, October 11, 2018.
6 예컨대 Emily Nussbaum, "The TV That Created Donald Trump," *New Yoker*, July 31, 2017.
7 Chris Noody, "Trump in '04: I Probably Identify More as Democrat," CNN, July 22, 2015; Philip Bump, "Donald Trump Took 5 Different Positions on Abortion in 3 Days," *Washington Post*, April 3, 2016; Jeremy Diamond, "Abortion and 10 Other Donald Trump Fip-Flops," *CNN*, April 1, 2016.
8 Theda Scokpol and Vanessa Williamson, *The Tea Party and the Remaking of*

Republican Conservatism (New York: Oxford University Press, 2012), 56-72, 194.

9   Michael Barbaro, "Donald Trump Clung to 'Birther' Lie for Years, and Still Isn't Apologetic," *New York Times*, September 16, 2016.

10 Derek Thompson, "Who Are Donald Trump's Supporters, Really?" *Atlantic*, March 1, 2016.

11 예컨대 트럼프에 대해서는 언급하고 있지 않지만 (2019년 말 현재) 선동가의 수법에 대해 열거한 Wikipedia의 "Demogoguery" 항목을 참조하라. 이에 대해서는 많은 문헌들이 존재한다. 포퓰리스트 선동가들의 스타일과 이에 대한 핵심적인 발견에 대해 다음을 참조하라. Eric Oliver and Thomas J. Wood, *Enchanted America: How Intuition and Reason Divide Our Politics* (Chicago: University of Chicago Press, 2018), 111-13; Michael Signer, *Demogogue: The Fight to Save Democracy from Its Worst Enemies* (New York: Palgrave Macmillan, 2009).

12 Gillian Brassil, "Donald Trump Tweets Like a Latin American Strongman," *Politico*, March 24, 2016; Molik Kaylan, "What the Trump Era Will Feel Like: Cues from the Populist Regimes Around the World," *Forbes*, January 10, 2017.

13 David Brady and Doug Rivers, "Decoding Trump's Supporters," *Defining Ideas*, September 15, 2015, http://www.hoover.org/research/decoding-trumps-supporters.

14 Philip Bump, "Trump Got the Most GDOP Votes Ever—Both For and Against Him—and Other Fun Facts," The Fix, *Washington Post*, June 8, 2016, http://www.washingtonpost.com/news/the-fix/2016/06/08/donald-trump-got-the-most-votes-in-gop-primary-history-a-historic-number-of-people-voted-against-him-too/?utm_term=.9087e56a5b6d.

15 John Sides, Michael Tesler, and Lynn Vavreck, *Identity Crisis: The 2016 Presidential Campaign and the Battle for the Meaning of America* (Princeton, NJ: Princeton University Press, 2017), 38.

16 수치들은 2018년 퓨 여론조사에서 나온 것인데, 이 수치는 2017년 수치이다. 그러나 추세를 보면 2016년에도 같은 수치일 것으로 보인다.

17 백인 노동 계층에 대한 여론조사로 Daniel Cox, Rachel Lienesch, and Robert P. Jones, "Beyond Economics: Fears of Cultural Displacement Pushed the White Wirking Class to Trump," PRRI, May 9, 2017; Robert P. Jones and Daniel Cox, "Beyond Guns and God: Understanding the Complexities of the White Working Class in America," PRRI, September 20, 2012.

18 Eric Oliver and Wendy Rahn, "Rise of the Trumpenvolk: Populism in the 2016 Election," *Annals of the American Academy of Political and Social Science* 667, no. 1 (August 2016): 200-201.

19 이 수치들은 "매우 동의한다"는 응답의 수치임을 주목하라. 단순한 "동의한다"는

응답의 수치는 훨씬 높다.
20 Taub, "Rise of American Authoritarianism."
21 Matthew C. MacWilliams, *The Rise of Trump: America's Authoritarian Spring* (Amherst.MA: Amherst College Press, 2016); Matthew C. MacWilliams, "Who Decides When the Party Doesn't: Authoritarian Voters and the Rise of Dinald Trump," *PS: Political Science and Politics* 49 (October 2016): 716-21.
22 Karen Stenner, *The Authoritarian Dynamic* (Princeton, NJ: Princeton University Press, 2005); Marc J. Hetherington and Jonathan D. Weiler, *Authoritarianism and Polarization in American Politics* (Cambridge: Cambridge University Press, 2009).
23 Bob Woodward, *Fear: Trump in the White House*, 2nd ed. (New York: Simon and Schuster, 2018).
24 예컨대 인정받는 보수적 저널인 *National Review*의 편집진은 공화당 예비선거 중 트럼프를 비판하는 사설을 실었다. Editors, "Against Trump," *National Review*, January 22, 2016.
25 Marty Cohen, David Karol, Hans Noel, and John Zaller, *The Party Decides: Presidential Nominations Before and After Reform* (Chicago: University of Chicago Press, 2008).
26 Nolan McCarty and Eric Schickler, "On the Theories of Parties," *Annual Review of Political Science* 21 (May 2018): 175-93.
27 Jeremy Diamond, "Trump: I Could 'Shot Somebody and I Wouldn't Lose Voters," *CNN*, January 24, 2016.
28 Lydia Saad, "Trump and Clinton Finish with Historically Poor Images," *Gallup*, November 8, 2016, http://news.gallup.com/poll/197231/trump-clinton-finish-historically-poor-images.aspx; Pew Research Center, "An Examination of the 2016 Electorate, Based on Validated Voters," August 9, 2018, http://people-press.org/2018/08/09/an-examination-of-the-2016-electorate-based-on-validated-voters/; Donald Green, Bradley Palmquist, and Eric Schickler, *Partisan Heats and Minds: Political Parties and the Social Identities of Voters* (New Haven, CT: Yale University Press, 2002); Ezra Klein, "The Hard Question Isn't Why Clinton Lost— It's Why Trimp Won," *Vox*, November 11, 2016.
29 백인 노동자 유권자들의 지리적 분포에 대해서는 Daniel Cox, Rachel Lienesch, and Robert Jones, "Beyond Economics: Fears of Cultural Displacement Pushed the Working Class to Trump," PRRI, May 9, 2017, http://www.prri.org/research/white-working-class-attitudes-economy-trade-immigration-election-donald-trump/. 또한 John Austin, "Midterm Showed That Midwestern Economic Performance Could Decide 2020 Race," Brookings Institution, January 22, 2019, http://www.brookings.edu/blog/the-avenue/2019/01/22/midterms-showed-that-midwestern-economic-

performance-could-decide-2020-race/; John Austin, "A Tale of Two Rust Belts: Diverging Economic Paths Shaping Community Politics," Brookings Institution, June 30, 2017, http://www.brookings.edu/blog/the-avenue/2017/06/30/a-tale-of-two-rust-belts-diverging-economic-paths-shaping-community-politics/.

30 William Howell, "'Rigging Ironic: More Americans Voted for Clinton," *CNN*, November 11, 2016; David Brian Robertson, *The Original Compromise: What the Constitution's Framers Were Really Thinking* (New York: Oxford University Press, 2013), chaps. 9-10.

31 Emily Elkins, "The Five Types of Trump Voters: Who Are They and What They Believe," Washington, D.C.: Democracy FundVoter Study Group, 2017.

32 예컨대 Lee Drutman, *Political Divisions in 2016 and Beyond: Tensions between and within the Two Parties* (Washington, D.C.: Democracy Fund Voter Study Group, 2017). 드러트만은 공화당 지지층만이 아니라 전체 유권자들 중 포퓰리스트들을 분류했다. 그가 추출한 포퓰리스트들은 이종과 이민 등에 대해 사회적으로 보수적이나 무역이나 부유층 증세 등에 대해서는 경제적으로 진보적이다. 그의 측정에 따르면, 트럼프 지지의 43퍼센트가 포퓰리스트로부터 나왔다. 이들의 정치 성향은 엘킨스가 트럼프의 핵심지지기반으로 추출한 투표자들의 태도와 유사하다.

33 Diana C. Mutz, "Status Threat, Not Economic Hardship, Explains the 2016 President Vote," *PNAS* 115, no. 19 (May 2018): E4330-E4339; Thomas Fergusn, Benjamine Page, Jacob Rothstein, Aturo Chang, and Jie Chen, "The Economic and Social Roots of Populist Rebellion: Support for Donald Trump in 2016," Institute for New Economic Thinking, Working Paper no. 83, October 2018, http://www.ineteconomics.org/uploads/papers/WP_83-Ferguson-et-al.pdf; Andrew Whitehead, Samuel Perry, and Joseph Baker, "Making America Christian Again: Christian Nationalism and Voting for Donald Trump in the 2016 Presidential Election," *Sociology of Religion* 79, no. 2 (Summer 2018): 147-71.

34 Alan I. Abramowitz and Steven W. Webster, "The Rise of Negative Partisabship and the Nationalization of U.S. Elections in the 21st Century," *Electoral Studies* 41 (2016): 12-22.

35 Sean Theriault, *The Gingrich Senators: The Roots of Partisan Warfare in Congress* (New York: Oxford University Press, 2013).

36 Steven Levitsky and Daniel Ziblatt, *How Democracies Die* (New Yok: Crown, 2018): 148.

37 실제로, 선거 유세를 시작하고 민주당 리더의 역할을 맡기 이전에 국무장관 시절 힐러리에 대한 호감도는 65퍼센트 내외로 오바마 대통령보다 훨씬 높았다. Jonathan M. Ladd, "Negative Partisanship May Be the Most Toxic Form of Polarization," Mischoefs of Faction, *Vox*, June 2, 2017, http://www.vox.com/mischiefs-of-

faction/2017/6/2/15730524/negative-partisanship-toxic-polarization; Alan Abramowitz and Steven W. Webster, "Negative Partisanship: Why Americans Dislike Parties but Behave Like Rabid Partisans," *Political Psychology* 39, no. 51 (February 2018): 119-35.

38 Andrew Dugan and Justin McCarthy, "Hillary Clinton's Favorable Rating One of Her Worst," *Gallop Politics*, September 4, 2015, http://news.gallop.com/poll/185324/hillary-clinton-favorable-rating-one-worst.aspx.

39 Jushua N. Zingher, "Whites Have Fled the Democratic Party: Here's How the Nation Got There," Monkey Cage, *Washington Post*, May 22, 2018, http://www.washingtonpost.com/monkey-cage/wp/2018/05/22/whites-have-fled-the-democratic-party-heres-how-the-nation-got-there/?utm_term=.0e951d6c4e51.

40 J. D. Vance, *Hillbilly Elegy: A Memoir of a Family and Culture in Crisis* (New York: HarperCollins, 2016); Arlee Russell Hochschild, *Strangers in Their Own Land: Anger and Mourning on the American Right* (New York: New Press, 2016); Jacob Hacker and Paul Pierson, *Off Center: The Republican Revolution and the Erosion of American Democracy* (New Haven, CT: Yale University Press, 2005).

41 Green, Palmquist, Schickler, Partisan Hearts and Minds; James N. Druckman and Arthur Lupia, "Preference Formation," *Annual Review of Political Science* 3 (June 2000): 1-24; Michael S. Lewis-Beck, William G. Jacoby, Helmut Norpoth, and Herbert F. Weisberg, *The American Voter Revisited* (Ann Arbor: University of Michigan Press, 2008).

42 Gabriel S. Lenz, *Follow the Leader? How Voters' Respond to Politicians' Policies and Performance* (Chicago: University of Chicago Press, 2012); Christopher H. Achen and Larry M. Bartels, *Democracy for Realists: Why Elections Do Not Produce Responsive Government* (Princeton, NJ: Princeton University Press, 2016). 이런 관점들에 대한 평가와 비판에 대해서는 Anthony Fowler, "Party Intoxication or Policy Voting?," *Quarterly Journal of Political Science*, forthcoming.

43 Pew Research Center, "As Election Nears, Voters Divided over Democracy and 'Respect,'" October 4, 2017, http://www.people-press.org/2016/10/27/as-election-nears-voters-divided-over-democracy-and-respect/.

44 Pew Reaserch Center, "Growing Partisan Gap on Gov't, Race, Immigration," October 4, 2017, http://www.people-press.org/2017/10/05/the-partisan-divid-on-political-values-grows-even-wider/overview_1-5/; Joel Rose, "Immigration Poll Shows Deep Divid over Trump's Agenda," NPR, July 16, 2018, http://www.npr.org/2018/07/16/628849355/immigration-poll-finds-deep-divid-over-trumps-agenda; RJ Reinhart, "Republicans More Positive on U.S. Relations with Russia," Gallup, July 13, 2018, http://new.gallup.com/poll/237137/republicans-positive-

relations-russia.aspx; Marrit Kennedy, "Poll Shows Increased Support for NATO on Both Sides of the Atlantic," NPR, May 23, 2017, http://www.npr.org/sections/thetwo=way/2017/05/23/5295547508/poll-shows-increased-support-for-nato-on-both-sides-of-the-atlantic.

45 Ariel Malka and Yphtak Lelkes, "In a New Poll, Half of Republicans Say They Would Support Postponing the 2020 Election If Trump Proposed It," Mankey Cage Analysis, *Washington Post*, August 10, 2017.

46 Achen and Bartels, *Democracy for Realists*.

47 예컨대, Jeremy W. Peters, "Charles Koch Takes on Trump. Trump Takes on Charles Koch," *New York Times*, July 31, 2018; Amir Tibon, "Two Prominent Jewish Republican Donors Cut GOP Ties over Trump," *Haaretz*, September 17, 2018.

48 McCay Coppins, "Trump Already Won the Midterms," *Atlantic*, November 6, 2018.

49 Daniel W. Drezner, "Can Trump Grow Up in Office?" *Washington Post*, August 3, 2017.

50 트럼프는 미국의 45대 대통령으로 선출되었다. 그러나 그로버 클리블랜드(Grover Cleveland)가 연속적이지 않게 두 번 선출되어(1885-89, 1893-97) 24대와 26대 대통령이 되었으므로, 44명만이 대통령으로 재직했다.

51 Russ Buettner and Charles V. Bagli, "How Donald Trump Bankrupted His Atlantic City Casino, but Still Earned Millions," *New York Times*, June 11, 2016.

52 David Von Drehle, "Trump's Resume Is Rife with Mob Connections," *Washington Post*, August 10, 2018.

53 Tom Hamburger, Rosalind S. Helderman, and Michael Birnbaum, "Inside Trump's Financial Ties to Russia and His Unusual Flattery of Vladimir Putin," *Washington Post*, June 17, 2016.

54 Editorial Board, "Trump Breaks His Tax Returns Promise—for the Third Year ina Row," *Washington Post*, April 16, 2018.

55 Alex Altman, "Donald Trump's Suit of Power: How thr President's D.C. Outpost Became a Dealmaker's Paradise for Diplomats, Lobbyists and Insiders," *Time*, http://time.com/donal-trump-suit-of-power/.

56 Katie BBenner, "Barr Plans to Throw $30,000 Holiday Party at the Trump Hotel in Washington," *New York Times*, August 28, 2019.

57 Maggie Haberman and Eric Lipton, "'Business as Normal': Pence's Stay at Trump Hotel in Ireland Follows a Trend," *New York Times*, September 3, 2019; Tal Axelrod, "Pence Trip to Doonbeg Cost Nearly $600,000 in Ground Transportation," *Hill*, September 11, 2019.

58 Benjamin Haas, "Ivanka Trump Secures China Trademarks on Day US President Met Xi Jinping," *Guardian*, April 19, 2017.

59 Charles V. Bagli and Jesse Drucker, "Kushners Near Deal with Qatar-Linked Company for Troubled Tower," *New York Times*, May 17, 2018.

60 Geoff West, "Revolving Door: Former Lobbyists in Trump Administration," *Open Secrets*, July 16, 2018, http://www.opensecrets.org/news/2018/07/revolving-door-update-trump-administration/.

61 Eric Lipton, "As Trump Dismantles Clean Air Rules, an Industry Lawyer Delivers for Ex-Clients," *New York Times*, August 19, 2018.

62 Peter Baker, Glenn Thrush, and Maggie Haberman, "Health Secretary Tom Price Resigns After Drawing Ire for Chartered Flights," *New York Times*, September 29, 2017.

63 Alan Rappeport, "Mnuchin Inquired about Using Government Plane for His Honeymoon," *New York Times*, September 13, 2017.

64 Steve Mufson, Jack Gillum, Aaron C. Davis, and Arelis R. Hernandez, "Small Montana Firm Lands Puerto Rico's Biggest Contract to Get the Power back on," *Washington Post*, October 23, 2017.

65 Terry M Moe, "The Politicized Presidency," in *The New Directions in American Politics*, ed. John E. Chubb and Paul E. Peterson (Washington, D.C.: Brookings Institution, 1985).

66 David Lewis, "President Trump as Chief Executive," Vanderbilt University Mimeo. 자료 출처는 outpublicservice.org.

67 Billy Perrigo, "Top Diplomat Says U.S. Has Lost 60% of Its Career Ambassadors Under President Trump," *Time*, Novemebr 9, 2017.

68 Ryan Sit, "Trump Still Hasn't Appointed a U.S. Ambassador to South Korea or Filled 56 Other Such Vacancies," *Newsweek*, March 8, 2018.

69 Elizabeth Miles and Robbie Gramer, "Mapped: The Absent Ambassadors," *Foreign Policy*, October 12, 2018.

70 Natasha Bach, "All the Acting Heads of Trump's Presidency," *Fortune*, November 27, 2019, http://fortune.com/2019/11/27/trump-acting-heads-cabinet-presidency/.

71 Woodward, *Fear*.

72 Matthew Yglesias, "Trump Said He Would Hire the Best People: Instead We Got the Trump Administration," *Vox*, February 14, 2017.

73 Stephen Collinson, "Top Trump Officials Saved the President from Himself," *CNN* Politics, November 12, 2018.

74 "I Am Part of the Resistance Inside the Trump Administration," *New York Times*, September 5, 2018.

75 Catherine Rampell, "We're Finally Learned Trump's Grand Plan for Fixing Health Care," *Washington Post*, August 2, 2018.

76. Tami Rampell, "Five Ways Trump Is Undermining Obamacare without the Courts," *CNN*, July 7, 2019.
77. Robert Pear, "Justice Dept. Says Crucial Provisions of Obamacare Are Unconstitutional," *New York Times*, June 7, 2018.
78. Katherine J. Cramer, *The Politics of Resentment: Rural Consciousness in Wisconsin and the Rise of Scott Walker* (Chicago: University of Chicago Press, 2016); Ashley Jardina, *White Identity Politics* (New York: Cambridge University Press, 2019); Hochschild, Strangers in Their Own Land; Sides, Tesler, and Vavreck, *Identity Crisis*.
79. Alana Abramson, "'The Rich Will Not Be Gaining at All,' President Trump Pledges Not to Give the Wealthy a Tax Cut," *Fortune*, September 13, 2017.
80. Jeet Heer, "Art Laffer and the Intellectual Rot of the Republican Party," *New Republic*, October 18, 2017.
81. Sidney Milkis and Nicholas Jacobs, "'I Alone Can Fix It': Donald Trump, the Administrative Presidency, and Hazard of Executive-Centered Leadership," *Forum* 15, no. 3 (November 2017): 583-613.
82. Juliet Elperin and Darla Cameron, "How Trump Is Rolling Back Obama's Legacy," *Washington Post*, January 20, 2018.
83. Economist, "Donald Trump's Judicial Appointments May Prove His Most Enduring Legacy," *Economist*, January 13, 2018; Christina Kinane, "Control without Confirmation: The Politics of Vacancies in Presidential Appointments," paper presented at the Annual Meeting of the American Political Science Association, September 1, 2018.
84. Kevin Schaul and Kevin Uhrmacher, "How Trump Is Shifting the Most Important Courts in the Country," *Washington Post*, September 4, 2018; Deanna Paul, "'Keep Those Judges Coming': Conservatives Praise Trump's Success in Filling the Courts," *Washington Post*, November 16, 2018.
85. Tim Worstall, "100% of Economists Asked Said Import Tariffs Were Not a Good Idea," *Forbes*, December 23, 2016.
86. John Seungmin Kuk, Deborah Seligsohn, and Jiakun Jack Zhang "Why Republicans Don't Push Back on Trump's China Tariffs—in One Map," Monkey Cage, *Washington Post*, August 7, 2018, http://www.washingtonpost.com/news/monkey-cage/wp/2018/08/07/why-republicans-dont-push-back-on-trumps-china-tariffs-in-one-map/?utm_term=.f9f477c43979; Buegess Everett, "'I'd Like to Kil'em: GOP Takes on Trump Tariffs," *Politico*, July 3, 2018.
87. Julie Hirschfeld Davis, "Trump Calls Some Unauthorized Immigrants 'Animals' in Rant," *New York Times*, May 16, 2018.

88 Justin Wise, "US Chamber of Commerce Calls for Trump to End Family Separations at Border," *Hill*, June 19, 2018.
89 Pew Research Center, "Shifting Public Views on Legal Immigration into the US," June 28, 2018, http://www.people-press.org/2018/06/28/shifting-public-views-on-legal-immigration-into-the-u-s/. 수치는 합법적 이민자들이 아니라 미등록 이민자들에 대한 설문의 결과이다.
90 Rick Klein, "Trump Said 'Blame on Both Sides' in Charlotteville, Now the Anniversary Puts Him on the Spot," *ABC News*, August 12, 2018; Jane Coasten, "Two Years of NFL Protests, Explained," Vox, September 4, 2018; David Nakamura, "Trump's Insult toward Black Reporters, Candidates Echo 'Historic Playbooks' Used against African Americans, Critics Say," *Washington Post*, November 9, 2018.
91 Calvin TerBeek, "Dog Whistling, the Color-Blind Jurisprudential Regime and the Constitutional Politics of Race," *Constitutional Commentary* 30 (Winter 2015): 167-93.
92 Charlie Savage, "By Demanding an Investigation, Trump Challenged a Constraints on Hos Power," *New York Times*, May 21, 2018.
93 Ben Jacobs, "Matt Whitaker: Session's Replacement a Longtime Critic of Mueller Inquiry," *Guardian*, November 7, 2018.
94 John Wagner, "Trump Says He Has 'Absolute Right' to Pardon Himself of Federal Crimes but Denies Any Wrongdoing," *Washington Post*, June 4, 2018.
95 Peter Baker, "Mueller's Investigation Erases a Line Drawn after Watergate," *New York Times*, March 26, 2019.
96 Delvin Barrett, "Attorney General Nominee Wrote Memo Criticizing Mueller Obstruction Probe," *Washington Post*, December 20, 2018.
97 Devlin Barrett and Matt Zapotosky, "Mueller Complained That Barr's Letter Did Not Capture 'Context' of Trump Probe," *Washington Post*, April 30, 2019.
98 Priscilla Alvarez, "Barr Frames Releases of Mueller Report in Trump's Language," *CNN*, April 18, 2019.
99 예컨대 Seth Hettena, *Trump/Russia: A Definitive History* (Brooklyn, NY: Melville House, 2018); Luke Harding, *Collusion: Seekret Meetings, Dirty Money, and How Russia Helped Donald Trump Win* (New York: Vintage, 2017); Seth Abramson, *Proof of Collusion: How Trump Betrayed America* (New York: Simon and Schuster, 2018).
100 Jacqueline Thompson, "Trump Warns Mueller against Investigating His Family's Finances beyond Russia Probe," *Hill*, July 19, 2017; Amelia Thompson-DeVeaux, "How Will the Supreme Court Rule in the Battle over Trump's Tax Returns?," *FiveThirtyEight*, December 3, 2019, http://fivethirtyeight.com/features/how-will-

the-supreme-court-rule-in-the-battle-over-trumps-tax-returns/.
101 예컨대 Alan Rappeport, "Justice Dept. Backs Mnuchin's Refusal to Hand over Trump's Tax Returns," *New York Times*, June 14, 2019.
102 예컨대, Mark Joseph Stern, "The Justice Department's Disgraceful Effort to Shield Trump from House Subpoenas," Slate, August 6, 2019, http://slate.com/news-and-politics/2019/08/justice=department-mazars-subpoena-trump-barr.html.
103 전체 보고서는 다음에서 볼 수 있다. http://intelligence.house.gov/uploadedfiles/20190812_-_whistleblower_complaint_unclass.pdf.
104 의회의 소환장에 대한 트럼프의 법적 주장과 전면 거부에 대해서는 David R. Lurie, "Bill Barr's 애 Tells the Courts and Congress to Get Lost," Daily Beast, December 25, 2019, http://www.thedailybeast.com/attorney-general-william-barrs-department-of-justice-tells-the-courts-and-congress-to-get-lost-in-new-filings.
105 Cai Weiyi and Alicia Parlapiano, "Testimony and Evidence Collected in the Trump Ompeachment Inquinry," New York Times, November 26, 2019, http://www.nytimes.com/interactive/2019/10/04us/politics/president-trump-impeachment-inquiry-html.
106 사태의 전개 과정에 대해 Tamara Keith, "Trump, Ukraine, and the Path to the Impeachment Inquiry," NPR.org, October 12, 2019, http://www.npr.org/2019/10/12/768935251/trump-ukraine-and-the-path-to-the-impeachment-inquiry-a-timeline; Viola Gienger and Ryan Goodman, "Timeline: Trump, Giuliani, Biden, and Ukrainegate (Updated)," JustSecurity.org, January 2, 2020, http://www.justsecurity.org/66271/timeline-trump-giuliani-bidens-and-ukrainegate/. 특히 거래조건에 대해서는 Eric Lipton, Maggie Haberman, and Mark Mazzetti, "Behind the Ukraine Aid Freeze: 84 Days of Conflict and Confusion," *New York Times*, December 29, 2019, http://www.nytimes.com/2019/12/29/us/politics/trump-ukraine-military-aid.html.
107 Aaron Blake, "McConnell Indicates He'll Let Trump's Lawyers Dictate Trump's Impeachment Trial," *Washington Post*, Dcember 13, 2019, http://www.washingtonpost.com/politics/2019/12/13/mcconnell-says-hell-let-trumps-white-house-dictate-trumps-impeachment-trial/.
108 Nicholas Fandos and Catie Edmondson, "As a Post-impeachment Trump Pushes the Limit, Republicans Day Little," *New York Times*, February 12, 2020; Philip Rucker and Paul Kane, "Trump Escalates Campaign of Retribution as Republicans Shrug," *Washington Post*, February 11, 2020.
109 예컨대 Thomas Esdall, "Trump's Tool Kit Does Not Include the Constitution," *New York Times*, February 8, 2018.
110 Philip Bump, "A New Peak in Trump's Efforts to Foster Misinformation,"

      Washington Post, July 25, 2018.
111 Michico Kakutani, *The Death of Truth: Notes on Falsehood in the Age of Trump* (New York: Tim Duggan Books/Penguin Random House, 2018).
112 David M. Herszenhorn and Lili Bayer, "Trump's Whiplash NATO Summit," *Politico*, July 12, 2018.
113 Peter Baker and Michael D. Shear, "Trump's Blasts Upend G-7, Alienating Oldest Allies," *New York Times*, June 9, 2018.
114 John Mearsheimer, *The Great Delusion: Liberal Dreams and International Realities* (New Haven, CT: Yale University Press, 2018); Steven Walt, *The Hell of Good Intentions: America's Foreign Policy Elites and the Decline of U.S. Power* (New York: Farrar, Strauss, and Giroux, 2018).
115 Greg Miller, "Trump Has Concealed Details of His Face-to-Face Encounters with Putin from Senior Officials in Administration," *Washington Post*, January 13, 2019.
116 David Leonhardt, "A Complete List of Trump's Attempts to Play Down Coronavirus," *New York Times*, March 15, 2020.

3장

1 Jeremy Diamond, "Trump: I'm Afraid the Election's Goimngh to Be Rigged," *CNN*, August 2, 2016.
2 선거인단에 대한 상세한 비판으로 George Diamond, *Why the Electoral College Is Bad for America*, 2nd ed. (New Haven: Yale University Press, 2011).
3 Jacob Hacker and Paul Pierson, *American Amnesia: Hoe the War on Government Led Us to Forget What Made America Prosper* (New York: Simon and Schuster, 2017).
4 Peter H. Schuck, *Why Government Fails So Often and How It Can Do Better* (Princeton, NJ: Princeton University Press, 2014).
5 이 문제에 대한 최근의 논의로 Frances Lee and Nolan McCarty, *Can America Govern Itself?* (New York: Cambridge University Press, 2019).
6 이런 정치의 사례들과 그 정책적 결과에 대해서는 Amy Zegart, "The Domestic Politics of Irrational Intelligence Oversight," *Political Science Quarterly* 126, no. 1 (Spring 2011): 1-25; Rebecca Thorpe, *The American Warfare State: The Domestic Politics of Military Spending* (Chicago: University of Chicago Press, 2014).
7 그렇다고 헌법 제정가들이 자유지상주의자(Libertarian)였다는 것은 아니다. 그들은 국민들의 복지를 위한 광범위한 규제를 원했었다. 하지만 그들은 이런 권한을 주정부와 지방 정부에 맡겼는데, 이는 가장 긴급한 사회적 문제들이 그 범주에 있어서 지역적이었기 때문이었다. William Novak, *The People's Welfare: Law and Regulation*

in Nineteenth-Century America (Chaple Hill: University of North Carolina Press, 1996).

8   Thomas Jefferson, *The Declaration of Independence and Letters, Addresses, Excerpts and Aphorisms* (St. Louis, MO, 1904). 그에 대한 경외심과 존경에도 불구하고, 매디슨 역시 헌법에 대해 의구심이 있었으며, 후대가 자신들이 만든 헌법을 수정해 주기를 희망했다. Jeremy Bailey, *James Madison and Constitutional Imperfection* (New York: Cambridge University Press, 2015).

9   Peri Bailey, *Remaking the Presidency: Roosevelt, Taft, and Wilson, 1901-1916* (Lawrence: University Press of Kansas, 2009).

10 사회보장제(Social Security)가 대표적인 사례이다. 이 프로그램에 대한 법안은 의회가 통과시켰으나, 그 고안을 한 것은 백악관이 임명한 독립적인 전문가들로 구성된 경제안전위원회(Committee on Economic Security)였다. David Kennedy, *Freedom from Fear: The American People in Depression and War, 1929-1945* (New York: Oxford University Press, 2001), 262-71.

11 이 조항은 어떤 보편적 건강 보험 체계에도 존재하는 역선택 문제를 다루기 위해 필요하다. 병든 사람들은 가입하려 들고 건강한 사람들은 가입하지 않으려고(비용 지불을 하지 않으려고) 하는데, 그 결과 이 보험 체계에서는 병든 사람들만 가입하게 되고 대부분의 사람들은 가입하지 않으며 엄청난 비용이 들어 시장 실패 속에 무너지게 된다. 보편적 건강 보험은 모든 사람이 가입해야만 작동할 수 있고 비용을 감당할 수 있게 되는 것이다.

12 상세한 설명을 위해 Steven Brill, *America's Bitter Pill: Money, Politics, Backroom Deals, and the Fight to Fix Our Broken Healthcate System* (New York: Random House, 2015).

13 Chris Riotta, "GOP Aims to Kill Obamacare Yet Again after Failling 70 Times," *Newsweek*, July 29, 2017.

14 Berjy Sarlin, "Experts: The GOP Health Care Plan Just Won't Work," *NBC News*, March 8, 2017.

15 Brett Neely, "Find Out Where Members of Congress Stood on the Health Care Bill," *NPR*, March 10, 2017.

16 Julia Manchester, "GOP Strategist: House Republicans Divided by Factions," *Hill*, July 27, 2018.

17 Press Release, "Jordan Annouces Plan to Reintroduce 2015 Obamacare Repeal Bill," March 7, 2017, http://jordan.hpuse.gov/news/documentsingle.aspx?DocumentID=398101.

18 Dylan Scott and Sarah Kliff, "Why Obamacare Repeal Failed," *Vox*, July 31, 2017.

19 Sarah Kliff, "The Obamacare Repeal Bill the House Just Passed, Explained," *Vox*, May 3, 2017.

20 Benjy Sarlin, "Experts: The GOP Health Care Plan Just Won't Work," *NBC News*, March 8, 2017. 이 평가는 5월 4일에 법안이 채택되기 직전에 일부 수정된 법안에 대한 것이다.
21 Congressional Budget Office, "Congressional Budget Office Cost Estimate. HR1628: American Health Care Act of 2017," May 24, 2017, http://www.cbo.gov/system/files/115th-congress-2017-2018/cosyestimate/hr1628aspassed.pdf.
22 Sarah Kliff, "The Better Care Reconciliation Act: The Senate Bill to Repeal and Replace Obamacare, Explained," *Vox*, June 26, 2017; Fox News, "Senate Health Care Bill: How Is It Different from the House's Legislation?," *Fox News*, June 23, 2017.
23 상원과 하원의 다양한 법안들과 그 지지자들과 반대자들에 대해서는 Julie Rovner, "Timeline: Despite GOP's Failure to Repeal Obamacare, the ACA Has Changed," *Kaiser Health News*, April 5, 2018; "American Health Care Act of 2017," Wikipedia, 접속일: July 12, 2019, http://en.wikipedia.org/wiki/American_Health_Care_Act_of_2017; Rachel Roubin, "Timeline: The GOP's Failed Effort to Repeal Obamacare," *Hill*, September 26, 2018; Sarah Kliff, "The Better Care Reconciliation Act," *Vox*, June 26, 2017.
24 Dylan Scott, "Why Senate Republicans Couldn't Repeal Obamacare," *Vox*, July 28, 2017.
25 John Holahan, Linda J. Blumberg, and Erik Wang, "Changes in Marketplace Premium, 2017-2018," Urban Institute, March 2018; Rabah Kamal, Michelle Long, and Ashley Semanskee, "Tracking 2019 Premium Changes on ACA Exchanges," Henry J. Kaiser Family Foundation, June 6, 2018; Linda Blumberg, Matthew Buettgens, and Robin Wang, "Potential Impact of Short-Term Limited-Duration Policies on Insurance Coverage, Premiums, and Federal Spending," Urban Institute, March 2018.
26 Blumberg, Buettgens, and Wang, "Potential Impact."
27 Congressional Budget Office, "The 2018 Long-Term Budget Outlook," CBO report, June 26, 2018.
28 Benjy Sarlin, "Obamacare Barely Survived 2017. How's 2018 Look?," *NBC News*, December 30, 2017.
29 Eric Patashnik, *Reforms at Risk: What Happens After Major Policy Changes Are Enacted* (Princeton, NJ: Princeton University Press, 2008), 53.
30 Lewis Jacobson, "Did House Committee Bar Democratic Witness on Tax Bill?" *Politifact*, November 22, 2017.
31 David Choi, "'Irresponsible, Reckless, Unjust, and Just Plain Cruel': Democrats Blast GOP Tax Bill after It Passes," *Business Insider*, December 20, 2017.

32　John Cassidy, "The Passage of the Senate Republican Tax Bill Was a Travesty," *New Yorker*, December 2, 2017.
33　Lee Fang, "Special Giveaways in Tax Cut Bill Benefit Family Members and Colleagues of Key GOP Senators," *Intercept*, December 1, 2017.
34　Adam Looney, "Who Benefits from the 'Craft Beverage' Tax Cuts? Mostly Foreign and Industrial Producers," Brookings Institution, January 3, 2018.
35　Taylor Lincoln, *Swamped: More Than Half the Members of Washington's Lobbying Corps Have Plunged into the Tax Debate*, Report, Public Citizen, December 1, 2017, 1-10.
36　Ron Wyden, "S.236-115th Congress(2017-2018): Craft Beverage Modernization and Tax Reform Act of 2017," January 30, 2017, http://www.congress.gov/bill/115th-congress/senate-bill/236.
37　FEC, "Browse Individual Contributions," http://www.fec.gov/data/individual-contributions/?+two_year_transaction_period=2018&two_year_transaction_period=2016&committee_id=C00458463&min_data=01'2F01%2F2015&max_date=12%2F2016&contributor_employer=fierce.
38　US Senate, "LD-2 Disclosure Form," http://soprweb.senate.gov/index.cfm?event=getFilingDetails&filingID=07948E5E-B335-4EAD-9F6A-9020BF8277C7&filingTypeID=69.
39　Lee, "Special Giveaways."
40　Danny Vinik, "The Easter Eggs Hidden in the New Tax Bill," *Politico*, November 16, 2017.
41　Lee, "Special Giveaways."
42　Vinik, "Easter Eggs."
43　Tax Cuts and Jobs Act, Pub. L. No. 115-97, 131 Sat. 2054(2017), http://www.congress.gov/115/plaws/publ97/PLAW-115publ97.pdf.
44　Robinson Meyer, "The GOP Tax Bill Could Forever Alter Alaska's Indigenous Tribes," *Atlantic*, December 2, 2017.
45　이 지역에서 석유 시추를 허용하는 것은 상원의원이 된 첫날부터 리사 머코우스키의 목표였으며, 그녀 이전에 상원의원이었던 그녀의 아버지 프랭크 머코우스키는 상원 재직 21년간 이 보호구역의 석유 시추 허용을 위해 애를 썼으며, 이 두 사람 모두 엑손(Exxon)이나 쉘(Shell), BP 같은 주요 석유회사들과 밀접한 연관관계를 가지고 있었다. 가스와 석유 산업은 머코우스키가 사원 의원으로 재직하는 동안 140만 달러의 정치 자금을 기부했다. 알래스카에서 석유를 채굴하는 코노코필립스(ConocoPhillips)사는 머코우스키에게 84,000달러를 기부했는데, 그녀와 아버지와 자매를 통해 그녀와 밀접한 관계를 맺고 있다. 이 회사의 정부 관계 담당 부사장인 러키스트(Andrew Lundquist)는 머코우스키의 자매가 일하는 자선 단체

워터폴 재단(Waterfall Foundation)의 이사이다. 런키스트는 오랫동안 알래스카에서 석유 채굴을 확대하기 위해 애를 썼는데, 프랭크 머코우스키의 가족끼리 친한 친구이다. 사실, 프랭크 머코우스키는 런키스트의 이전 고용주였다. 말할 필요도 없이 리사 머코우스키는 에너지 산업과 강한 연관관계를 맺고 있다. "Sen. Lisa Murkowski — Campaign Finance Summary," *Open Secrets*, 2019년 7월 12일에 접속, http://www.opensecrets.org/members-of-congress/summary?cid=N00026050&cycle=CAREER; Alec McGillis, "'Somebody Intervened in Washington,'" *ProPublica*, December 21, 2015.

46 첫 세 가지 항목에 대해서는 US Congress, House Permanent Select Committee on Intelligence, Report on Russian Active Measures, 115 Cong. H.R. Rep.22. 트럼프 편향성에 대한 마지막 항목에 대해서는 Department of National Intelligence, "Background to 'Assessing Russian Activities and Intentions in Recent US Elections': The Analytic Process and Cyber Incident Attribution," January 6, 2017, 10-11, http://www.dni.gov/files/documents/ICA_2017_01.pdf.

47 예컨대 Department of Homeland Security, "Joint Statement from the Department of Homeland Security and the Office of the Director of National Intelligence on Election Security," October 7, 2016.

48 Department of National Intelligence, "Background to 'Assessing Russian Activities,': 10-11.

49 Jason Zengerle, "How Devin Nunes Turned the House Intelligent Committee Inside Out," *New York Times Magazine*, April 24, 2018.

50 Zengerle, "Devin Nunes."

51 Tessa Styart, "How the House Intelligence Committee Collapsed on Adam Schiff," May 24, 2018.

52 Brett Samuels, "Trump: Nunes May Be Recognized as 'Great American Hero,'" *Hill*, February 5, 2018.

53 Zengerle, "Devin Nunes."

54 누네스와 라이언이 워터게이트 이래 이런 식의 행태를 최저 수준으로 밀어붙였지만, 의회 역사에 전례가 없었던 것은 아니다. 이전에 러시아 정보기관이 이와 유사한 성과를 거두었을 때는 의회가 매카시(Joseph McCarthy) 상원의원의 과격하고 파괴적이며 명백히 정치적인 주장들로 뒤덮였었다. Ellen Schrecker, *Many Are the Crimes: McCarthyism in America* (Princeton, NJ: Princeton University Press, 1998).

55 Ronald Soble, "Ex-FBI Agent Miller Guilty of Espionage," *Los Angeles Times*, October 10, 1990.

56 Jeff Stein, "House Committee Subpoenas Treasury Secretary Steven Mnuchin and IRS Commissioner Charles Rettig over Trump Tax Returns," *Washington Post*, May 10, 2019.

57 Racheal Bade and Seung Min Kim, "Trump and His Allies Are Blocking More Than 20 Separate Democratic Probes in an All-Out War with Congress," *Washington Post*, May 11, 2019.

58 Thomas Mann and Norman Ornstein, *It's Even Worse Than It Looks: How the American Constitutional System Collided with New Politics of Extremism* (New York: Basic Books, 2016), 4.

59 이에 관해서는 Katznelson, *Fear Itself*; Sidney Milkis and Jerome Mileur, eds., *The New Deal and the Triumph of Liberalism* (Amherst: University of Massachusetts Press, 2002); Alan Brinkley, *The End of Reform: New Deal Liberalism in Recession and War* (New York: Vinrage, 1996); Michael McGerr, *A Fierce Discontent: The Rise and Fall of the Progressive Movement in America* (New York: Oxford University Press, 2003); Stephen Skowronek, Stephen M. Engel, and Bruce Ackerman, eds., *The Progressives' Century: Political Reform, Constitutional Government, and the Modern American State* (New Haven, CT: Yale University Press, 2016).

60 The Associated Press-NORC Center for Public Affairs Research, "UChicago Harris/AP-NORC Poll shows 66 percent thonk major structural changes are needed to U.S. system of Government," May 2, 2019, http://www.apnorc.org/PDFs/Harris%20Poll%20Survey%203/uchicagoharrisapnorcpoll3release.pdf.

61 Pew Research Center, "Little Public Support for Reductions in Federal Spending," April 11, 2019, http://www.people-press.org/2019/04/11/little-public-support-for-reductions-in-federal-spending/.

62 여러 해 전까지 거슬러 올라가도, GSS(Geberal Social Survey)는 다수의 정부 프로그램들의 지출 증대에 대한 지지가 일관되게 높았다는 것을 보여준다. 이 자료들은 http://gssdataexplorer.norc.org/trends/Current%20Affairs.

63 William A. Galston, "The Populist Challenge to Liberal Democracy," *Journal of Democracy* 29, no. 2 (April 2018): 5-19.

64 Michael J. Klarman, *The Framers' Coup: The Making of the United States Constitution* (New York: Oxford University Press, 2016); Louis Michael Seidman, *On Constitutional Disobedience* (New York: Oxford University Press, 2013); Sanford Levinson, *Our Undemocratic Constitution: Where the Constitution Goes Wrong* (and How We the People Can Correct It) (New York: Oxford University Press, 2008); Robert Dahl, *How Democratic Is the American Constitution?* (New Haven, CT: Yale University Press, 2003); William N. Eskridge and Sanford Levinson, eds., *Constitutional Stupidities, Constitutional Tragedies* (New York: New York University Press, 1998).

65 예외적으로 Sotirios Barbar, *Constitutional Failure* (Lawrence: University Press of

Kansas, 2014); James Sundquist, *Constitutional Reform and Effective Government*, rev. ed. (Washington, DC: Brookings Institution Press, 1992).

66 물론 어떤 척도로 보나 지난 4반세기 동안 정부의 규모는 극적으로 증대되었다. 고용 인력의 수나 행정 기관들의 수, 또는 정책 개입의 수준에서 볼 때, 현재의 정부는 건국 당시보다 엄청나게 크다. 하지만 중요한 것은 이 모든 변화들이 동일한 헌법 구조 위에 만들어졌다는 점이다. 헌법 구조는 재구성되지 않았다. 의회는 제1의 정부기구로 남아 있고, 하원과 상원은 여전히 지역구와 주의 이익을 실어 나르고, 제1조에 규정된 입법 절차는 대부분 그대로이며, 대통령은 여전히 제한된 명시적 권력 위에서 행동한다.

67 Sanford Levinson, *Constitutional Faith* (Princeton, NJ: Princeton University Press, 2011), 14.

68 Pew Research Center, "Public Trust in Government: 1958-2019," December 14, 2019; J. Eric Oliver and Thomas J. Wood, *Enchanted America: How Institution and Reason Divide Our Politics* (Chicago: University of Chicago Press, 2018), 178-81.

69 Walter W. Powell and Paul J. DiMaggio, eds., *The New Institutionalism in Organizational Analysis* (Chicago: University of Chicago Press, 1991); Douglas C. North, "Institutions," *Journal of Economic Perspectives* 5 (Winter 1991): 92-112; Jack Knight and Itai Sened, eds., *Explaining Social Institutions* (Ann Arbor: University of Michigan Press, 1995); Gary W. Cox and Matthew D. McCubbins, *Setting the Agenda: Responsible Party Government in the U.S. House of Representatives* (New York: Cambridge University Press, 2005).

70 여론에 대한 연관된 증거로 Dino Christensen and Douglas Kriner, "The Factors Shaping Public Support for Unilateral Action," *American Journal of Political Science* 61, no. 2 (April 2017): 335-49. 광범위한 실험적 여론조사 자료를 바탕으로 크리스텐슨과 크라이너는 이렇게 결론짓는다. "미국인들의 당파성이라는 악마가 그들이 원칙적으로 받아들이는 견제와 균형이라는 천사를 짓누른다"(13). 일방적 행동에 대한 여론의 보다 원칙적인 차원에 대해서는 Andrew Reeves and John C. Rogowski, "The Public Cost of Unilateral Action," *American Journal of Political Science* 62, no. 2 (April 2018): 424-40.

71 여기에 상당히 연관되는 보다 논리적인 주장이 있다. 우리가 4장에서 논의할 단일 행정부론(theory of unitary executive)이 그것이다. 이 이론은 레이건 재임 초기에 시작되었고 수년간 보수적 법학자들과 공화당 대통령들에 의해 개발되고 받아들여졌는데, 행정부에 대한 대통령의 제한받지 않는 권력을 주장한다. 하지만 민주당 대통령이 들어서면 공화당은 이런 주장을 완전히 잊은 듯이 대통령의 과도한 개입을 비난한다. 또한 민주당은 이 이론을 전혀 받아들이지 않았다. 단일 행정부론에 대해 Stephen Skowronek, "The Conservative Insurgency and Presidential Power: A Developmental Perspective on the Unitary Executive," *Harvard Law Review* 122, no. 8 (October 2009): 2070-103.

72 예컨대, Matt Grossman and David A. Hopkins, *Asymmetric Politics: Ideological Republicans and Group Interest Democrats* (Chicago: University of Chicago Press, 2016).
73 Coral Davenport, "Scott Pruitt, Under Fire, Plans to Initiate a Big Environmental Rollback," *New York Times*, June 14, 2018.
74 Nicholas Confessore, "Mick Mulvaney's Master Class in Destroying a Bureaucracy from Within," *New York Times Magazine*, April 16, 2019.
75 Darryl Fears, "It's Been a Rough Year for Interior Secretary Ryan Zinke—and It's Still January," *Washington Post*, January 29, 2018.
76 Laura Meckler, "The Education of Betsy DeVos: Why Her School Choice Agenda Has Not Advanced," *Washington Post*, September 4, 2018; Mark Huelsman, "Betsy Devos Is Failing an Entire Generation of Students," CNN, October 19, 2018.

4장
1 모든 정부 관리들 중에서 대통령만이 국가적 고려를 하는 유일한 존재라고 주장하는 것은 아니다. 연방 정부 관료들 중 많은 수의 임명직 관리들과 공무원들이 대통령처럼 행동한다. 예컨대 수십 년 전에 제도 개혁가들이 인식했던 것처럼(Arthur Twining Hadley, *The Education of the American Citizen*, [New York: Charles Scribner's Sons, 1901], 79), 연준(Federal reserve)은 경제적 국가이익에 주의를 기울이는 데 있어서 의회보다 훨씬 낫다. 그렇지만 연준이나 다른 독립적 기구들에 비해 의회에 더 종속되어 있는 관료들은 불가피하게 핵심 의원들의 지역적, 단기적 관심을 반영할 수밖에 없다. 나아가 선출직 중에서는 다른 누구보다도 대통령이 국가 이익을 더 대변한다. 민주주의의 통제를 받지 않는 기술관료적 국가를 상정하지 않는 한, 대통령이야말로 국가 이익을 증진시킬 수 있는 최고의 기회가 되는 것이다.
2 Don Fehrenbacher and Virginia Fehrenbacher, eds., *Recollected Words of Abraham Lincoln* (Stanford, CA: Stanford University Press, 1996), 413.
3 이 점에 대해서는 Daniel Hopkins, *The Increasingly United States: How and Why American Political Behavior Nationalized* (Chicago: University of Chicago Press, 2018).
4 대통령의 특수주의(particularism)에 대한 연구로 John Hudak, *Presidential Pork: White House Influence over the Distribution of Federal Grants* (Washington, DC: Brookings Institution Press, 2014); Douglas Kriner and Andrew Reeves, *The Particularistic President: Executive Branch Politics and Political Inequality* (New York: Cambridge University Press, 2015), 2; Kenneth Lowande, Jeffrey Jenkins, and Andrew Clarke, "Presidential Particularism and U.S. Trade Policy," *Political Science Resesarch and Methods* 6, no. 2 (April 2018): 265-81.

5   Herbert Croly, *The Promise of the American Life* (New Brunswick, NJ: Transaction, 19930; Henry Jones Ford, *The Rise and Growth of American Politics: A Sketch of Constitutional Development* (New York: Macmillan, 1898); Woodrow Wilson, *Congressional Government: A Study in American Politics*, 15th ed. (Boston: Houghton Mifflin, 1913). 혁신주의 운동 전반에 대해서는 Robert Weibe, *The Search for Order* (New York: Hill and Wang, 1967); Michael McGerr, *A Fierce Discontent* (New York: Free Press, 2003); Jack H. Knott and Gary J. Miller, *Reforming Bureaucracy: The Politics of Institutional Choice* (New York: Pearson, 1987); Sydney Milkis, *Theodore Roosevelt, the Progressive Party, and the Transformation of American Democracy* (Lawrence: University Press of Kansas, 2009).

6   Ford, *Rise and Growth of American Politics*, 194.

7   Ford, *Rise and Growth of American Politics*, 250.

8   Ford, *Rise and Growth of American Politics*, 283.

9   John A. dearborn, "The Foundations of the Modern Presidency: Presidential Representation, the Unitary Executive Theory, and the Reorganization Act of 1939," *Presidential Studies Quarterly* 49, no. 1 (March 2019): 185-203; John Dearborn, "The 'Proper Organs' for Presidential Representation: A Fresh Look at the Budeget and Accouonting Act of 1921," *Journal of Policy History* 31, no. 1 (January 2019): 1-41; John Dearborn, "The Representative Presidency: The Ideational Foundations of Institutional Development and Durability," PhD diss., Yale University, 2019; Jeremy Bailey, *The Idea of Presidential Representation: An Intellectual and Political History* (Lawrence: University Press of Kansas, 2019); Gary Gregg, *The Presidential Republic: Executive Representation and Deliberative Democracy* (Lanham, MD: Rowman and Littlefield, 1997); Kathy Smith, "The Representative Role of the President," *Presidential Studies Quaterly* 11, no. 2 (Spring 1981): 203-13.

10 William Howell and Terry Moe, *Relic: How the Constitution Undermines Effective Government, and Why We Need More Powerful Presidency* (New York: Basic Books, 2016).

11 Steven Levitsky and Daniel Ziblatt, *How Democracies Die* (New York: Crown, 2018).

12 Sahil Chinoy, "What Happened to America's Political Center of Gravity," *New York Times*, June 26, 2019.

13 David Frum, "An Exit from Trumpocracy," *Atlantic*, January 18, 2018, http://www.theatlantic.com/politics/archive/2018/frum-trumpocracy/550685/.

14 예컨대 Steven Brill, *America's Bitter Pill: Money, Politics, Backroom Deals, and the Fight to Fix Our Broken Healthcare System* (New York: Random House, 2015);

Diane Evans, "Policy and Pork: The Use of Pork Barrel Projects to Build Policy Coalitions in the House of Representatives," *American Journal of Political Science* 38, no. 4 (November 1994): 894-917.

15 Charles Cameron, *Veto Bargaining: Presidents and the Politics of Negative Power* (New York: Cambridge University Press, 2000).

16 이 정책 개혁에 대한 자세한 설명은 Howell and Moe, *Relic*, chap. 4.

17 Douglas Irwin, *Clashing over Commerce: A History of US Trade Policy* (Chicago: University of Chicago Press, 2017); Susanne Lohmann and Sharyn O'Halloran, "Divided Government and U.S. Trade Policy: Theory and Evidence," *International Organization* 48, no. 4 (Autumn 1994): 595-632; I. M. Destler, "U. S. Trade Policy-Making in the Eighties," in *Politics and Economics in the Eighties*, ed. Alberto Alesina and Geoffrey Carliner (Chicago: University of Chicago Press, 1991); IGM, "Free Trade," IGM Forum—Chicago Booth, March 13, 2012.

18 이런 구체적인 것들에 대해서는 다양한 논의와 평가가 필요하다. 전반적인 신속처리권을 도입하기 전에 개혁가들은 대통령의 제안이 법이 되기 전에 의원들에게 얼마만큼의 시간이 허용되어야 할지, 정상 참작이 될 상황에서 의원들이 대통령에게 연장을 요청할 가능성과 대통령이 일단 제안한 것을 철회하는 과정, 또 한 의회 회기 내에 대통령이 제안할 수 있는 시기나 횟수 등에 대해 진지하게 고려해야 한다.

19 이에 대해 Carl Hulse, *Confirmation Bias: Inside Washington's War over the Supreme Court, from Scalia's Death to Justice Kavanaugh* (New York: HarperCollins, 2019).

20 Richard S. Beth, Elizabeth Rybicki, and Michael Greene, "Cloture Attempts on Nominations: Data and Historical Development through November 20, 2013," Congressional Research Service, September 28, 2018, http://www.senate.gov/CRSpubs/83d4b792-d34b-4215-be6d-4a3c4e976d2b.pdf; Nolan McCarty amd Rose Razaghian, "Advice and Consent: Senate Responses to Executive Branch Nominations 1885-1996," *American Journal of Political Science* 43, no. 4 (October 1999): 1122-43; Anne Joseph O'Connell, "Vacant Offices: Delays in Staffing Top Agency Positions," *Southern California Law Review* 82 (2009): 913-1000; Ian Ostrander, "The Logic of Collective Inaction: Senatorial Delay in Executive Nominations," *American Journal of Political Science* 60, no. 4 (September 2015): 1063-76.

21 William Howell, *Power without Persuasion: The Politics of Direct Presidential Action* (Princeton, NJ: Princeton University Press, 2003); Fang-Yi Chiou and Lawrence Rothenberg, *The Enigma of Presidential Power: Parties, Policies and Strategic Uses of Unilateral Action* (New York: Cambridge University Press, 2017).

22 Terry Moe and William Howell, "The Presidential Power of Unilateral Action,"

Journal of Law, Economics, and Organizations 15, no 1 (March 1999): 132-79; Howell, Power without Persuasion.
23 1945년 이후 안보 국가의 제도적 진화에 대해서는 Michael J. Hogan, *A Cross of Iron: Harry S. Truman and the Origins of the National Security State, 1945-1954* (New York: Cambridge University Press, 1998).
24 예컨대 Ronald Kessler, *The Bureau: The Secret History of the FBI* (New York: St. Martin's Press, 2002).
25 Peter Baker, "Mueller's Investigation Erases a Line Drawn after Watergate," *New York Times*, March 26, 2019.
26 Michael Schmidt and Maggie Haberman, "Trump Wanted to Order Justice Department to Prosecute Comey and Clinton," *New York Times*, November 20, 2018.
27 Hadas Gold, "Report: Trump Asked Gary Cohn to block AT&T-Time Warner Merger," *CNN*, March 4, 2019.
28 Mark Landler and Katie Benner, "Trump Wants Attorney General to Investigate Sources of Anonymous Time Op-Ed," *New York Times*, September 7, 2018.
29 Jonathan Chait, "Trump Is Making the Department of Justice into His Own Private Goon Squad," *New York Magazine*, April 17, 2018.
30 Michael S. Schmidt and Julie Hirschfeld Davis, "Trump Asked Sessions to Retain Control of Russia Inquiry after His Recusal," *New York Times*, May 29, 2018.
31 Eugene Kiely, "Why Did Trump Fire Comey?" FactCheck.org, May 11, 2017.
32 Michael Bender, "Trump Won't Say If He Will Fire Sessions," *Wall Street Journal*, July 25, 2017.
33 John Solomon and Buck Sexton, "Trump Says Exposing 'Corrupt' FBI Probe Could Be 'Crowning Achievement' of Presidency," *Hill*, September 18, 2018.
34 Michael Shear and Julian Bames, "Revoking Clearance, Trump Aims Presidential Power at Russia Inquiry," *New York Times*, August 16, 2018.
35 Julie Hirschfeld Davis and Eileen Sullivan, "Trump Praises Manafort, Saying 'Unlike Michael Cohen' He 'Refused to Break,'" *New York Times*, August 22, 2018.
36 Katie Benner, "Barr Escalates Criticism of Mueller Team and Defends Trump," *New York Times*, May 31, 2019; Mark Joseph Benner, "The Justice Department's Disgraceful Effort to Shield Trump from House Subpoenas," *Slate*, August 6, 2019.
37 Fred Benner, "Dan Coats Lost His Job for Telling Trump the Truth," *Slate*, August 1, 2019.
38 Zachary B. Wolf, "Trump's Cabinet Chaos Hits the Nation's Top Spies," *CNN*, August 10, 2019.
39 David Rhode, "Trump's Message to U.S. Intelligence Officials: Be Loyal or Leave,"

New Yorker, July 29, 2019.
40   Shane Harris and Ellen Nakashima, "Trump Again Nominates Rep. John Ratcliff to Be Director of National Intelligence," *Washington Post*, February 28, 2020.
41   제안할 수 있는 개혁들 중 유망한 것에 대해서는 "No 'Absolute Right' to Control DOJ: Constitutional Limits on White House Interference with Law Enforcement Matters," *Protect Democracy*, March 2018, http://assets.documentcloud.org/documents/4498818/2018-Protect-Democracy-No-Absolute-Right-to.pdf.
42   Steven G. Calabresi and Christopher S. Yoo, *The Unitary Executive: Presidential Power from Washington to Bush* (New Haven, CT: Yale University Press, 2008); Steven G. Calabresi and Christopher S. Yoo, "The Unitary Executive during the First Half-Century," *Case Western Reserve Law Review* 47, no. 4 (Summer 1997): 1451-62; Christopher Yoo, Steven G. Calabresi, and Anthony J. Colangelo, "The Unitary Executive in the Modern Era, 1945-2004," *Iowa Law Review* 90, no. 2 (January 2005): 601-732; Steven G. Calabresi, "Some Normative Arguments for the Unitary Executive," *Arkansas Law Review* 48, no. 1 (1995): 24-71; Steven G. Calabresi and Saikrinsha B. Prakash, "The President's Power to Execute the Law," *Yale Law Journal* (October 1994): 541.
43   이 점에 대해 Stephen Skowronek, "The Conservative Insurgency and Presidential Power: A Developmental Perspective on the Unitary Executive," *Harvard Law Review* 122, no. 8 (October 2009): 2070-103; Amanda Hollis-Brusky, "Helping Ideas Have Consequences: Political and Intellectual Investment in the Unitary Executive Theory, 1981-2000," *Denver University Law Review* 89, no. 1 (2011): 197-244.
44   Lawrence Lessig and Cass Sunstein, "The President and the Administration," *Columbia Law Review* 94, no. 1, (January 1994): 1-123.
45   연방주의자 협회의 영향력에 대해 Steven Teles, *The Rise of the Conservative Legal Movement* (Princeton, NJ: Princeton University Press, 2008); Amanda Hollis-Brusky, *Ideas with Consequences: The Federalist Society and the Conservative Counterrevolution* (New York: Oxford University Press, 2015).
46   단일 행정부론에 대한 비판으로는 Peter M. Shane, "The Originalist Myth of the Unitary Executive," *University of Pennsylvania Journal of Constitutional Law* 19, no. 2 (December 2016); Louis Fisher, "The Unitary Executive: Ideologu versus the Constitution," in *The Unitary Executive and the Modern Presidency*, ed. Ryan J. Barilleaux and Christopher S. Kelley (College Station: Texas A&M Press, 2010); Charlie Savage, *Takeover: The Return of the Imperial Presidency and the Subversion of American Democracy* (Boston: Little, Brown, 2007).
47   Sean Gailmard and John W. Patty, "Slackers and Zealots: Civil Service, Policy

Discretion, and Bureaucratic Expertise," *American Journal of Political Science* 51, no. 4 (October 2007): 873-89.

48 이러한 발견은 유럽의 212개 지역에서 18,000명의 공공 부문 종사자들에 대한 방대한 연구에서 나온 것이다. Nicholas Charron, Carl Dahlsrrom, Mihaly Fazekas, and Victor Lapuente, "Careers, Connections, and Corruption Risks: Investigating the Impact of Bureaucratic Meritocracy on Public Procurement Processes," *Journal of Politics* 79 (January 2017): 89-104.

49 Joseph White, "Playing the Wrong PART: The Program Assessment Rating Tool and the Functions of the President's Budgets," *Public Administration Review* 72 (January/February 2012): 112-21; David E. Lewis, "Testing Pendleton's Premise: Do Political Appointees Make Worse Bureaucrats?," *Journal of Politics* 69, no. 4 (November 2007): 1073-88; Nick Gallo and David E. Lewis, "The Consequences of Presidential Patronage for Federal Agency Performance," *Journal of Public Administration and Theory* 22 (April 2012): 219-43.

50 Herbert Kaufman, "The Growth of the Federal Personnel System," in *The Federal Government Service*, ed. Wallace S. Sayre (Englewood Cliffs, NJ: Prentice-Hall, 1965), 7-69; Hugh Heclo, "OMB and the Presidency—the Problem of 'Neutral Competence'," *Public Interest* 38 (Winter 1975): 80-98; Hugh Heclo, *A Government of Strangers: Executive Politics in Washington* (Washington, DC: Brookings Institution Press, 1977); National Commission on the Public Service, *Leadership for America: Rebuilding the Public Service* (Washington, DC: Brookings Institution Press, 1989); David M. Cohen, "Amateur Government," *Journal of Public Administration Research and Theory* 8, no. 4 (October 1998): 450-97; National Commission on the Public Service, *Urgent Business for America: Revitalizing the Federal Government for the 21th Century* (Washington, DC: Brookings Institution Press, 2003); Ezra Suleiman, *Dismantling Democratic States* (Princeton, NJ: Princeton University Press, 2003).

51 David Lewis, "Testing Pendleton's Premise," *Journal of Politics* 69, no. 4 (November 2007): 1075.

52 예컨대 Terry M. Moe, "The Politicized Presidency," in *The New Direction in American Politics*, ed. John E. Chubb and Paul E. Peterson (Washington, DC: Brookings Institution Press, 1985), 235-71; Gailmard and Patty, "Slackers and Zealots," 873-89.

53 Thomas Skypek, "Trump's Biggest Challenge Is the Appointee Gap," *National Interest*, May 6, 2018.

54 David E. Lewis, *The Politics of Presidential Appointments: Political Control and Bureaucratic Performance* (Princeton, NJ: Princeton University Press, 2008), 98.

55 Lewis, *The Politics of Presidential Appointment*.
56 Gary E. Hollibaugh, "The Incompetence Trap: The (Conditional) Irrelevance of Agency Expertise," *Journal of Public Administration and Theory* 27, no. 2 (April 2016): 217-35; Camille Tuutti, "How to Spot a Turkey Farm," *FCW*, January 14, 2013.
57 Lewis, *The Politics of Presidential Appointments*, 62-63.
58 Carl Dahlstrom and Mikael Holmgren, "The Politics of Political Appointments," University of Gothenburg Working Papers Series, 2015.
59 B. Guy Peters, *The Politics of Bureaucracy: An Introduction to Comparative Public Administration* (New York: Routledge, 2018). 프랑스에서는 관료제를 정치와 분리시키려는 경향이 덜하다.
60 Dahlstrom and Holmgren, "The Politics of Political Appointments,"
61 이 문제에 대한 대중적 저술로 Michael Lewis, *The Fifth Risk* (New York: W.W.Noerton, 2018).
62 이 영역에 대한 다양한 개혁에 대해서는 Preet Bharara and Christine Whitman, "Proposals for Reform, Volume II," Brennan Center's National Task Force on Rule of Law and Democracy, 2019, http://www.brennancenter.org/our-work/policy-solutions/proposals-reform-volume-ii-national-task-force-rule-law-democracy.
63 이에 대한 상세한 논의는 Sidney Milkis and Nicholas Jacob, "'I Alone Can Fix It': Donald Trump, the Administrative Presidency, and Harzard of Executive-Centered Leadership," *Forum* 15, no 3 (2017): 583-613.
64 대통령의 일방적 권한에 대한 사법부의 견제에 대해서는 Howell, *Power without Persuasion*, chap. 6; Sharece Thrower, "The President, the Court, and Policy Implementation," *Presidential Studies Quarterly* 47, no. 1 (2017): 122-45; Shep Melnick, *Between the Lines: Interpreting Welfare Rights* (Washington, DCL Brookings Institution Press, 1994).
65 관료들은 대통령이 고려할 일방적 지침들을 만드는 것뿐 아니라, 규칙 제정 과정에도 상당한 영향을 미친다. Rachel Potter, *Bending the Rules: Procedural Politicking in the Bureaucracy* (Chicago: University of Chicago Press, 2019).
66 Andrew Rudalevige, *Executive Orders and the Executive Branch* (Princeton, NJ: Princeton University Press, forthcoming).
67 일방적 행동에 대한 의회의 견제에 대해 Michele Barber, Alexander Bolton, andSharece Thrower, "Legislative Constraints on Executive Unilateralism in Separation of Powers Systems," *Legislative Studies Quarterly* 44, no. 3 (2019); Michelle Belco and Brandon Rottinghaus, *The Dual Executive: Unilateral Orders in a Separated and Shared Power System* (Palo Alto, CA: Stanford University Press, 2017); Alexander Bolton and Sharece Thrower, "Legislative Capacity and Executive

Unilateralism," *American Journal of Political Science* 60, no. 3 (2016): 649-63; Chiou and Rothenberg, *The Enigma of Presidential Power*; Sharece Thrower, "To Revoke or Not Revoke? The Political Determinants of Executive Order Longevity," *American Journal of Political Science* 61, no. 3 (2017): 642-56.

68 "Report of the Special Committee on the Termination of the National Emergency," Senate Report 93-549.

69 이런 권한에 대한 최근의 요약으로 Elizabeth Goitein, "The Alarming Scope of the President's Emergency Powers," *Atlantic*, January/February 2019.; Elaine Halchin, "National Emergency Powers," Congressional Research Service Report for Congress, August 5, 2019, 98–505.

70 Goitein, "Alarming Scope of the President's Emergency Powers"; William J. Olson and Alan Woll, "Executive Orders and National Emergencies: How Presidents Have Come to 'Run the Country' by UsurpingLegislative Power," *Policy Analysis*, no. 358, October 28, 1999.

71 Elizabeth Goitein, "Trump's Hidden Powers," Brennan Center for Justice, December 5, 2018, https://www.brennancenter.org/analysis/emergency-powers.

72 Louis Fisher, *Presidential War Power*, 3rd ed. rev. (Lawrence: University Press of Kansas, 2013).

73 이런 기본적인 요소들을 담고 있는 개혁 법안으로 2019년 상원에 제출되고 많은 공익집단들이 지지한 Article One Act, S. 764를 참조하라. Liz Hempowicz, "Bipartisan Coalition Urges Senate Leadership to Allow a Vote on Emergency Powers Reform," POGO, September 24, 2019, https://www.pogo.org/letter/2019/09/bipartisan-coalition-urges-senate-leadership-to-allow-a-vote-on-emergencypowers-reform/.

74 William Howell and Jon Pevehouse, *While Dangers Gather: Congressional Checkson Presidential War Powers* (Princeton, NJ: Princeton University Press, 2007); Doug Kriner, *After the Rubicon:Congress, Presidents, and the Politics of Waging War* (Chicago: University of Chicago Press, 2010).

75 Jennifer Elsea and Matthew Weed, "Declarations of War and Authorizations for the Use of Military Force: Historical Background and Legal Implications," *Congressional Research Service*, April 18, 2014.

76 부시와 오바마는 2001년부터 2016년까지 수행된 비밀 군사 작전들을 정당화하기 위해 AUMF를 37번 이상 활용했다. Matthew Weed, "Presidential References to the 2001 Authorization for Use of Military Force in Publicly Available Executive Actions and Reports to Congress," Congressional Research Service, May 11, 2016, https://fas.org/sgp/crs/natsec/pres-aumf.pdf.

77 이 영역에서 최근의 개혁 시도들 중 하나로 the Project on Government Oversight, the Open Society Policy Center, Demand Progress, and the R Street Institute 등이

포함된 공익집단들의 초당적 연합체가 전쟁과 관련하여 의회의 권한을 복구하기 위한 다양한 개혁들을 촉구하는 서한을 발표했다. https://www.legbranch.org/reclaiming-congress-war-powers/.

78 Kriner, *After the Rubicon.*
79 Kathleen Dean Moore, *Pardons: Justice, Mercy and the Public Interest* (New York: Oxford University Press,1989).
80 Jeffrey Crouch, *The Presidential Pardon Power* (Lawrence: University Press of Kansas, 2009).
81 이런 남용을 줄이기 위한 최근의 의회의 시도에는 2019년 초 애덤 쉬프(Adam Schiff)가 발의한 개혁안이 포함되는데, 이 개혁안은 모든 사면에 대해 대통령과 친인척이 연루된 모든 수사 정보를 공개하도록 되어 있다. https://schiff.house.gov/news/press-releases/schiffintroduces-legislation-to-prevent-abuse-of-presidential-pardons. 그리고 이 법안을 위한 공익단체들의 활동에 대해서는 https://freespeechforpeople.org/wp-content/uploads/2019/03/Letter-supporting-andrecommending-improvements-to-Schiff-bill-on-pardons.pdf.
82 Carl Dahlstrom, Victor Lapuente, and Jan Teorell, "Dimensions of Bureaucracy: A Cross-National Dataset on the Structure and Behavior of Public Administration," University of Gothenburg Working Papers Series, 2010.
83 Jeremy Venook, "Trump's Interests vs. America's, Dubai Edition," *Atlantic*, August 9, 2017.
84 Tina Nguyen, "Eric Trump Reportedly Bragged about Access to $100 Million in Russian Money," *Vanity Fair*, May 8, 2017.
85 Jan Wolfe, "Why an Unbuilt Moscow Trump Tower Caught Mueller's Attention," *Reuters*, March 18, 2019.
86 Jordain Carney, "Warren, Dems Push Bill to Force Trump to Shed Conflicts of Interest," *Hill*, January 9, 2017.
87 Jonathan H. Adler, "Opinion: Why CREW's Emoluments Clause Lawsuit Against President Trump Still Has Standing Problems," *Washington Post*, April 19, 2017.
88 정치에서 돈의 역할은 수많은 경험적 연구들의 주제였다. 하지만 이런 연구들이 지니고 있는 측정의 어려움과 논리적 추정의 난제 때문에 연구들이 발견한 결과는 혼재되어 있다. 의회 행태에 대한 선거 자금 기부의 영향을 분석한 최근의 훌륭한 연구들은 아무런 관계도 발견하지 못한 바 있다. (예컨대 Anthony Fowler, Haritz Garro, and Jörg Spenkuch, "Quid Pro Quo? Corporate Returns to Campaign Contributions," *Journal of Politics*, forthcoming; Alexander Fouirnaies and Anthony Fowler," Do Campaign Contributions Buy Favorable Policies? Evidence from the Insurance Industry," University of Chicago, Harris School of Public Policy, mimeo, 2019). 하지만 주 의회들에서 선거 자금 기부 금지가 가져 온 체계적 효과에 대해 Andrew Hall,

"Systemic Effects of Campaign Spending: Evidence from Corporate Contribution Bans in US State Legislatures," *Political Science Research and Methods* 4, no. 2 (May 2016): 343-59. 그렇지만 어젠다 설정이나 잠재적 후보자들의 출마 의지, 정치인들의 시간 배분, 정치적 추문들의 발생에 미친 돈의 영향 등, 중대한 연구 영역은 아직 충분히 분석되지 않았다.

89 Jasmine Lee, "How States Moved toward Stricter Voter ID Law," *New York Times*, November 3, 2016; Vann R. Newkirk II, "How Voter ID Laws Discriminate," *Atlantic*, February 18, 2017; Eric Bradner, "Discriminatory Voter Laws Have Surged in Last 5 Years, Federal Commission Finds," *CNN*, September 12, 2018.

90 이 점에 대해서는 Katznelson, *Fear Itself*.

91 Jon Meacham, *The Soul of America: The Battle for Our Better Angels* (New York: Random House, 2018); William Galston, *Anti-pluralism: The Populist Threat to Liberal Democracy* (New Haven, CT: Yale UniversityPress, 2018); Michael Signer, *Demagogue: The Fight to Save Democracy from Its Worst Enemies* (New York: St. Martin's Press, 2009).

92 Pew Research Center, "Wide Gender Gap, Growing Educational Divide in Voters' Party Identification," March 20, 2018.

93 Norris and Inglehart, *Cultural Backlash*의 주장과 증거들을 참고하라. 또한 잉글하트의 다른 저서도 참고하라. Ronald Inglehart, *The Silent Revolution: Changing Values and Political Styles among WesternPublics* (Princeton, NJ: Princeton University Press, 1977).

94 Pew Research Center, "The Generation Gap in American Politics," March 1, 2018.

95 Kim Parker, Nikki Graf, and Ruth Igielnik, "Generation Z Looks a Lot Like Millennials on Key Social and Political Issues," Pew Research Center, January 17, 2019.

96 Stanley Greenberg, *RIP GOP* (New York: St Martin's, 2019).

97 Norris and Inglehart, *Cultural Backlash*; Ronald Inglehart, *Cultural Evolution: People's Motivations Are Changing, and Reshaping the World* (New York: Cambridge University Press, 2018).

98 Norris and Inglehart, *Cultural Backlash*.

99 국민들이 요구하는 정책들을 추진하는 데 있어서 민주당이 지니는 이점에 대해 Matt Grossmann, *Red State Blues: How the Conservative Revolution Stalled in the States* (New York: Cambridge University Press, 2019).

100 Pew Research Center, "Views of Government's Performance and Role in Specific Areas," November 23, 2015, https://www.people-press.org/2015/11/23/3-views-of-governments-performance-and-role-in-specific-areas/.

101 The Associated Press-NORC Center for Public Affairs Research, "The Link between

Government Performance and Attitudes toward the U.S. Democratic System," May 2019, http://www.apnorc.org/projects/Pages/The-LinkBetween-Government-Performance-and-Attitudes-Toward-the-U-S-Democratic-System.aspx.

102 Terry Moe and William Howell, "The Presidential Power of Unilateral Action," *Journal of Law, Economics and Organizations* 15, no. 1 (1999): 132-79; Gregory Wawro, *Legislative Entrepreneurship in the U.S. House of Representatives* (Ann Arbor: University of Michigan Press, 2000); E. ScottAdler, *Why Congressional Reforms Fail: Reelection and the House Committee System* (Chicago: University of Chicago Press, 2002).

103 James Lindsay, *Congress and the Politics of U.S. Foreign Policy* (Baltimore: Johns Hopkins University Press, 1994); "The War Powers Resolution: Concepts and Practice," Congressional Research Service, March 8, 2019; "The War Powers Resolution: Presidential Compliance," Congressional Research Service, September 12, 2012.

104 이에 대해서는 Louis Fisher, *Congressional Abdication on War and Spending* (College Station: Texas A&M Press, 2000).